JN438929

혼인 무효 소송법

혼인 무효 소송법
婚姻 無效 訴訟法

교회인가 2021년 2월 9일
제1판 제1쇄 펴낸날 2021년 2월 22일

지은이 • 한영만
펴낸이 • 원종철
펴낸곳 • 가톨릭대학교출판부

주소 • 03083 서울시 종로구 창경궁로 296-12
전화 • 02-740-9718
전송 • 02-745-9793
전자우편 • cukpress@catholic.ac.kr
홈페이지 • http://press.catholic.ac.kr
등록번호 • 제 300-1989-1호(1989년 1월 13일)

ISBN 978-89-7108-342-0 93230

값 13,000원

혼인 무효 소송법

婚姻 無效 訴訟法

한영만 지음

가톨릭대학교출판부

독자들에게

인간 사회의 기초는 가정이며, 가정은 혼인에 기초하여 시작된다. 이러한 혼인은 본질적으로 창조주이신 하느님께서 제정하시어 그 뜻에 따라 부과된 사회적 제도로서, 단일성과 불가 해소성이라는 본질적인 특성을 지닌다. 그리고 신자들 사이에서 혼인은 성사의 품위로 올려진다.[1]

그럼에도 불구하고 교회 안에 역시 이 혼인 생활의 위기가 날로 증가하여 파경에 이르는 경우가 많은 것이 현실이다. 교회는 이렇게 파경에 이른 혼인 생활에 처한 사람들이 자신들의 혼인에 대한 무효성을 주장하는 이들의 합법적 청구를 받아들여 검토하고 판결을 내린다.

이 책은 바로 혼인 무효 소송에 대한 교회법 규범을 민사 소송 절차 형식에 따라서 논하는 책이다. 교회법전에 혼인 무효 소송법에 해당하는 규범들이 존재하지만, 이 소송에 접근하는 사람들이나 소송법에 따라서 판결을 내려야 하는 법관들이 일목요연하게 참조하도록 구성되어 있지 않다. 다만 사항의 본성상 방해되지 아니하는 한 재판법 총칙과 보통 민사 재판의 교회법 조문들을 적용하도록 규정하고 있을 뿐이다.[2]

이런 문제는 1917년 교회법전의 혼인 무효 소송법에서도 동일

---

1) 참조: 사목 헌장 48항; 교회법 제1056조.
2) 참조: 교회법 제1691조 3항.

하게 발견되는 현상이었다.[3] 1917년 교회법이 지니고 있던 이런 한계를 극복하고자 교황청 성사규율성성은 1936년 8월 15일에 훈령「섭리의 어머니」(*Provida Mater*)를 발표하였다.[4] 가톨릭 교회의 법원들은 1983년 교회법전이 발표되기 전까지 큰 틀에서 이 훈령에 의거하여 혼인 무효 소송 사건들을 심리하였다. 물론 1983년 교회법전이 발표되기 전에 성 바오로 6세 교황께서는 1971년 3월 28일에「혼인 소송 사건」(*Causas Matrimoniales*)을 발표하시어 1917년 교회법전에 제시되었던 혼인 무효 소송 절차를 대체하였다.[5]

조금 전 언급했던 것처럼 1983년 교회법전 역시 혼인 무효 소송에 관한 규범은 1917년 교회법전의 형식을 벗어나고 있지 않기 때문에「섭리의 어머니」의 형식을 따라 법원의 재판관들과 그 밖의 사법 기관들에게 도움이 될 만한 훈령이 필요했고, 이를 위하여 여러 해 동안의 준비 끝에 교황청 교회법평의회는 2005년 1월 25일에 훈령「혼인의 존엄」(*Dignitas Connubii*)을 발표하기에 이른다.[6]

그러나 프란치스코 교황께서는 2015년 8월 15일에 자의 교서「온유한 재판관이신 주 예수님」(*Mitis Iudex Dominus Iesus*)을 발표하시어 1983년 교회법전의 혼인 무효 소송법을 개정하셨다. 어쩌면 이 자의 교서는 세계주교대의원회의 임시 총회를 통해서 참

3) Cf. CIC/1917 Cann.1960-1992.

4) Cf. *AAS* 28[1936], pp.313-361.

5) Cf. *AAS* 63[1971], pp.441-446.

6) 참조: 교황청 교회법평의회,「혼인의 존엄」(*Dignitas Connubii*, 2005.1.25.), 주교회의 교회법위원회 옮김, 한국천주교중앙협의회, 2008.

석 주교들이 "더 신속하고 접근이 용이한 재판"[7]을 요구한 것에 대한 응답이라고도 할 수 있을 것이다. 교황님의 이 자의 교서에는 "혼인의 무효를 용이하게 하는 것이 아니라 소송 절차를 합당하게 단순화시켜서 신속하게 진행하도록 장려하여, 자신들의 분명한 신분 상태가 명료해지기를 고대하는 신자들이 지연된 재판 판결로 불확실함이라는 어둠 속에서 오랫동안 고통 받지 않게 되도록"[8] 파경에 이른 이들을 돌보려는 사목적 의도가 반영되어 있다. 이 자의 교서는 총 여덟 가지 기본 지침들을 제시하고 있는데 단 한 차례의 무효 판결의 집행, 주교의 책임 아래 단독 재판관, 재판관인 주교 자신의 책임성 강조, 간략한 소송 절차, 관구장좌 상소, 주교회의의 고유 임무, 사도좌에로의 상소, 동방 가톨릭 교회를 위한 조치 원칙이 여기에 속한다.[9]

이 문헌 역시 1983년 교회법전의 혼인 무효 소송법을 대체했지만, 그 형식은 교회법전의 배열과 동일하게 작성되어 있다. 다시 말해서 2005년에 발표된 훈령「혼인의 존엄」(*Dignitas Connubii*)과 같은 형태가 아니라는 뜻이다.

이 책「혼인 무효 소송법」(婚姻無效訴訟法)은 2005년에 발표된 훈령「혼인의 존엄」에 개정된 혼인 소송법을 반영하여 법원 관계자들이 소송 절차를 진행하는 데에 도움을 주고자 집필되었다.

---

7) 참조: 세계주교대의원회의 제3차 임시 총회 보고서, 48항.

8) 참조: 교황 프란치스코, 자의 교서「온유한 재판관이신 주 예수님 - 혼인 무효 선언 소송 사건들에 관한 교회 법전 규범들의 개정에 관하여」(*Mitis Iudex Dominus Iesus*, 2015.8.15.),『혼인 무효 선언을 위한 새로운 규범』, 한국천주교주교회의, 2016, 55쪽.

9) 참조: 위의 책, 56-59쪽.

비록 훈령「혼인의 존엄」은 1983년 혼인 무효 소송법에 기초하여 작성된 문헌이지만 변경된 부분들을 감안하면 현재에도 소송 실무상 상당히 유용한 측면이 있다. 이 책을 통하여 혼인 무효 소송에 관심 있는 분들과 법원 관계자들께서 미약하나마 도움을 받으시기를 기대해 본다.

2021년 2월 2일 주님 봉헌 축일에
가톨릭대학교 교회법대학원에서
한영만 스테파노 신부

차 례

독자들에게 5

제1편 가톨릭 혼인과 그 무효 소송의 본질

제1장 혼인의 본질
1. 혼인의 개념과 혼인 제도의 신적 기원 · 24
2. 혼인의 목적 · 26
3. 혼인의 본질적 특성 · 27

제2장 유효하고 합법적인 혼인을 위한 요소
1. 혼인하려는 이들의 자격 · 29
1.1. 혼인 무효 장애 · 30
1.1.1. 하느님의 법에 따라 관면될 수 없는 장애 · 30
1.1.2. 사도좌만 관면할 수 있는 장애 · 31
1.1.3. 교회의 보편법에 따른 혼인 장애이지만
한국 사제가 특별 권한에 의하여 관면할 수 있는 장애 · 31
1.2. 국법상 무효이거나 금지된 혼인 · 31
1.2.1. 국법상 무효인 혼인 · 31
1.2.2. 국법상 취소가 되는 혼인 · 32
1.3. 한국 사제들이 실제적으로 관면할 수 있는 장애 · 32
2. 합의 · 33
2.1. 혼인 합의 본질 · 33
2.2. 충분한 혼인 합의 · 34
2.3. 합의 표명 · 35
2.4. 혼인 무능력자 · 36

2.5. 무지나 착오에 의한 합의의 흠결 · 36
2.5.1. 법에 대한 착오(error iuris) · 36
2.5.1.1. 혼인의 본질에 대한 무지 · 36
2.5.1.2. 의지를 결정지우는 착오 · 37
2.5.1.3. 혼인 무효의 인식이나 의견 · 37
2.5.2. 사실에 대한 착오(error facti) · 37
2.5.2.1. 사람에 대한 착오 · 37
2.5.2.2. 사람의 자질에 대한 착오 · 38
2.5.2.3. 사기로 인한 자질에 대한 착오 · 38
2.5.3. 공포에 의한 합의의 흠결 · 39
2.5.3.1. 물리적 폭력(暴力: vis physica)과 공포(恐怖: metus) · 39
2.5.3.2. 부모에 대한 경외심(metus reverentialis) · 39
2.5.4. 가장에 의한 합의의 흠결 · 40
2.5.4.1. 가장(假裝: simulatio) · 40
2.5.4.2. 성사의 품위와 혼인 자체에 대한 배제 · 40
2.5.4.3. 성사 선익에 대한 배제 · 41
2.5.4.4. 부부 선익에 대한 배제 · 41
2.5.4.5. 신의 선익에 대한 배제 · 42
2.5.4.6. 자녀 선익에 대한 배제 · 42
2.5.5. 조건부 합의 · 42
2.5.5.1. 미래에 대한 조건부 합의의 흠결 · 43
2.5.5.2. 과거와 현재에 대한 조건부 합의의 흠결 · 43
3. 형식 · 44
3.1. 통상적 형식과 특별 형식 · 44
3.2. 혼인 주례자 · 45
3.3. 혼인 거행 장소와 그 기록 · 46
4. 혼인의 효과 · 46

제3장 혼인 무효 소송법의 특성
1. 사법적 소송 절차로서 혼인 무효 소송 · 49

2. 특수 민사 소송 절차로서 혼인 무효 소송 · 50

제2편 통상적 혼인 소송 절차

제1장 가톨릭 혼인 무효 소송법 총칙
1. 교회 재판권의 범위 · 54
2. 교회 법원의 판결에 의한 무효 선언과
   구두 쟁송 절차 배제 원칙 · 56
3. 사도좌 대심 법원과 형식 결여의 증거 조사 · 57

제2장 소송의 주체
제1절 법원 · 58
1. 관할권 · 58
1.1. 무관할권 · 59
1.2. 교황에게 유보된 혼인 소송 · 62
1.3. 혼인 무효 소송의 관할 법원들 · 62
1.4. 주소에 대한 확인 · 65
1.5. 연관된 소송의 법원 · 66
1.6. 제2심의 관할권 · 66
1.7. 선착수(先着手)의 법원 · 67
1.8. 정지된 소송 사건 · 68
1.9. 관할권의 분쟁 및 조정 · 68
1.10. 관할권에 대한 항변 · 68
2. 법원 · 69
2.1. 총설 · 69
2.2. 제1심 법원들과 교구 연립 제1심 법원 · 72
2.3. 제2심 법원 · 74
2.4. 로마 공소 법원 · 75
2.5. 법원 간의 협력 · 77
2.6. 합의제 재판부 구성과 그 평결(評決) · 79

2.7. 재판관들의 사법권의 행사 · 81
2.8. 법원의 구성 및 전반적 원칙 · 82
2.8.1. 법원의 구성과 관리 및 그 임명권 · 82
2.8.2. 겸임 불가 원칙 및 새로운 직무 설정 금지 · 83
2.9. 재판관 · 84
2.9.1. 개념 · 84
2.9.2. 사법 대리와 부사법 대리 · 84
2.9.3. 재판관들 · 86
2.9.4. 합의제 재판부 · 86
2.9.4.1. 합의제 재판부의 의무 · 88
2.9.4.2. 재판장(praeses)의 의무 · 89
2.9.4.3. 주심관(ponens seu relator)의 의무 · 91
3. 그 밖의 사법 기관 · 92
3.1. 예심관 · 92
3.2. 배심관 · 94
3.3. 검찰관과 성사 보호관 · 95
3.3.1. 성사 보호관과 검찰관의 임명 · 95
3.3.2. 혼인 무효 소송에서 성사 보호관 · 96
3.3.3. 혼인 무효 소송에서 검찰관의 개입 · 98
3.3.4. 그 밖의 성사 보호관과 검찰관의 관여 · 99
3.4. 법원 사무처장과 공증관 · 100
3.4.1. 법원 사무처 · 100
3.4.2. 사무처장 · 100
3.4.3. 공증관 · 101
3.4.4. 법원 사무처장과 공증관의 임면 · 102
4. 화해와 제척, 기피, 회피 규범 및 법원 직원들의 의무 · 103
4.1. 화해 종용 · 103
4.2. 제척, 기피, 회피 · 104
4.3. 기피에 대한 판정 · 106
4.4. 소송의 신속한 종결 원칙 · 107

4.5. 비밀 준수 의무 · 107
4.6. 뇌물 수수 금지 · 108
4.7. 직무 위반에 따른 그 처벌 · 108
5. 재판의 장소 및 심리 순서 · 109
5.1. 정규 재판 장소 · 109
5.2. 심판의 순서 · 110
5.3. 연기적 항변 · 110
5.4. 관할권에 대한 항변 · 111
5.5. 재판 비용 · 112
6. 기한 및 연기 · 112
6.1. 법정, 재정, 약정 기한 · 112
6.2. 재판 연기 · 114
7. 법정 참석이 허가되는 사람들 및 기록 문서의 작성과 보관 양식 · 114
7.1. 법정 참석자와 법정에서 지킬 규범 · 114
7.2. 재판 기록 문서 · 116
7.3. 기록 문서의 서명 · 116
7.4. 문서의 등본, 번역본 · 116
7.5. 재판 문서의 보관 · 117

제2절 소송 당사자 · 118
1. 소송 당사자인 배우자들 및 혼인을 공격할 권리 · 118
1.1. 당사자 개념 · 118
1.2. 소송 계류 중 당사자의 사망 · 119
1.3. 당사자들의 소송 절차 참여와 응소 · 119
1.4. 의사능력 결여자 및 심신 박약자와 미성년자의 법정 대리인 · 120
1.5. 국가 권위에 의한 법정 대리인 · 122
1.6. 법정 대리인 임명, 추인권 및 재결서 · 122
2. 소송상의 대리인과 변호인 · 123
2.1. 소송 대리인 및 변호인들 명부 · 123
2.2. 법률 자문 제도 · 123

2.3. 법적 보조 제도로서 소송 대리인과 변호인 선임 및 그 자격 · 124
2.4. 소송 대리인과 변호인의 수 · 126
2.5. 소송 대리인과 변호인의 의무 · 126
2.6. 소송 대리인과 변호인의 위임장 제시 의무 · 127
2.7. 소송 대리인 임무의 한계 · 127
2.8. 소송 대리인과 변호인의 해임 및 배척 · 128
2.9. 소송 대리인과 변호인에게 금지된 사항들 · 128
2.10. 소송 대리인과 변호인의 배임죄에 대한 처벌 · 129

제3장 소송의 개시
제1절 소의 제기 · 131
1. 소송 청구의 필요성과 소 제기의 방식 · 131
1.1. 소장 기재 사항 · 133
1.2. 소장에 첨부될 사항들 · 136
2. 소장의 심사 · 136
2.1. 소장의 심사권자 · 136
2.2. 소장 수리와 각하 · 137
3. 법 자체로 인한 소장의 수리 · 140
4. 새로운 소장의 제출 및 각하된 소장에 대한 소원 · 140
5. 재판부 구성 · 141

제2절 소환과 재판 기록 문서의 통지 · 142
1. 1차 소환과 이에 대한 통지 · 142
1.1. 피청구인에 대한 소환 · 142
1.2. 법에 따른 소장 수리에 따른 소환 · 145
1.3. 소환의 통지와 그 확인 · 145
1.4. 소환의 효과 · 146
1.5. 소환과 통지에서 준수되어야 할 원칙 · 147
1.5.1. 통지 방법 · 147
1.5.2. 소송 능력이 없는 이를 위한 소환 및 통지 · 147

1.5.3. 소환 당사자의 거주지 불명 · 148
1.5.4. 소환장 및 사법적 문서의 통지 수신 거부 · 148
1.5.5. 기록 문서들에 대한 통지의 의무 · 149
2. 소송 시비점(쟁점)의 설정 · 150
2.1. 소송 시비점(쟁점)의 확정 · 150
2.2. 시비점 확정 기준 · 152
2.3. 시비점 서식의 변경 · 153
2.4. 소송의 예심 조사를 위한 채비 · 154
3. 당사자들의 결석 · 154
3.1. 피청구인의 불출석 · 154
3.2. 피청구인의 지각 출석 · 155
3.3. 청구인의 불출석과 지각 출석 · 156
3.4. 결석한 자에 대한 통지 의무 · 157

제3절 소송 시행의 정지 · 157
1. 소송 시행의 정지 및 소멸, 그 포기 · 157
1.1. 배우자 사망에 의한 소송의 정지 · 159
1.2. 법정 대리인이나 소송 대리인의 임무 종지로 인한 소송 시행의 정지 · 159
1.3. 중간 소송 사건으로 인한 시행의 정지 · 160
1.4. 소송 시행의 소멸 · 160
1.5. 소송의 포기 · 162
1.6. 소송 시행의 소멸이나 포기된 소송의 신규 청구 · 163
2. 의문 중에 있는 성립되고 미완결된 혼인 소송의 정지 · 163

제4장 증거
제1절 총설 · 166
1. 거증(挙証) 책임 · 166
2. 증거 채택과 그 제한, 문서 공개 및 증인 · 166
3. 각하된 증거 채택의 허부 문제 · 167

4. 성사 보호관과 보호인의 심문과 문서 열람 권리 · 168
5. 증거 수집 착수 원칙 · 169
6. 증언 청취 방식 · 170

제2절 법정 심문 · 170
1. 심문 장소 · 170
2. 심문 대상자의 소환과 출석 · 171
3. 심문 대상자에 대한 질문 요점들 · 171
4. 개별 심문의 원칙과 예외적 대질 심문 · 172
5. 심문자의 범위 · 172
6. 심문 대상자의 선서와 비밀 준수 · 173
7. 심문 사안과 그 방식 · 173
8. 심문 내용에 대한 사전 통지 불허 원칙과 그 예외 · 173
9. 구두 답변 원칙과 그 예외 · 174
10. 번역 및 통역 · 174
11. 증언의 기록 · 175
12. 공증관의 기록 의무와 서명 · 175
13. 재심문 · 176

제3절 증거의 종류 · 177
1. 당사자들의 진술 · 177
1.1. 당사자에 대한 심문 · 177
1.2. 법정 자백(法廷自白:confessio iudicialis) · 178
1.3. 진술의 효력과 그 한계 및 그 보충적 진술과 증거 · 178
1.4. 재판 밖 자백 외의 자백 · 179
1.5. 착오나 강제된 자백의 무효성 · 180
2. 서증 · 180
2.1. 문서의 종류: 공문서의 공신력 · 180
2.2. 서신 · 181
2.3. 익명 문서들의 가치 · 182

2.4. 훼손된 문서 · 182
2.5. 문서의 증명력 · 182
2.6. 공유 문서 제출 명령 · 183
2.7. 문서 제출 의무 면제 · 183
3. 증인 · 183
3.1. 증인이 제시하는 증거 · 183
3.2. 진실 진술 의무와 답변의 면제 · 184
3.3. 증인의 자격 · 185
3.4. 증인으로서 능력자 · 185
3.5. 증인 채택권 · 186
3.6. 증인들의 명단 및 채택된 증인의 성명 통지 · 187
3.7. 증언에 대한 평가 기준 · 187
3.8. 증언의 가치와 직무상의 증언 · 188
4. 감정 · 189
4.1. 감정인 활용 범위 · 189
4.2. 감정인의 선임 · 189
4.3. 감정인의 의무 · 191
4.4. 성교 불능 장애 심사를 위한 감정인의 역할 · 192
4.5. 혼인 합의의 무능력자에 대한 감정인의 역할과 그 제한성 · 192
4.6. 감정인의 호출 · 193
4.7. 감정 결과에 대한 재판관의 평가 · 193
5. 추정(推定) · 194

제5장 중간 소송 사건
제1절 중간 소송의 제기 · 196
1. 중간 소송의 개념 · 196
2. 중간 소송의 제기와 심사 · 197
3. 기각에 대한 소원 청구 · 197
4. 기각 재결 불복 소원 청구에 대한 재판부의 판정 · 198
5. 중간 소송에 검찰관의 개입 · 199

제2절 중간 소송의 판결 · 199
1. 합의제 재판부의 판결(per sententiam collegii)에 의한 중간 소송의 판정 · 199
2. 합의제 재판부 재결(per decretum)에 의한 중간 소송 판정 · 200
3. 단독 재판관을 통한 중간 소송 사건 판정 · 200
4. 중간 판정에 대한 취소나 정정 · 201
5. 중간 소송에 대한 결정에 대한 상소 불가 원칙 · 201

제6장 기록 문서의 공표, 증거 제출 마감 및 소송의 변론
제1절 기록문서의 공표 · 202
1. 재결을 통한 기록문서의 공표 · 202
2. 문서 열람권 목적과 방어권 보호 · 203
3. 문서 공표와 열람 장소 · 204
4. 당사자와 성사 보호관의 추가 문서 제출 · 205

제2절 증거 제출 마감 · 205
1. 예심 조사의 종결 · 205
2. 예심 조사 종료에 대한 재결상 주의 · 206
3. 증거 보충 · 206

제3절 소송 사건에 대한 변론 · 208
1. 서면 변론 · 208
2. 소송 사건 문서의 이외의 정보 · 209
3. 변론의 진행 · 209
4. 답변서에 대한 성사 보호관의 최종 심리권 · 210
5. 구두 변론 · 210
6. 변론 포기 · 211

제7장 소송의 종료
제1절 판결의 확정 · 212

1. 판결에 있어서 재판관의 윤리적 확실성 · 212
2. 합의제 재판부의 평의(評議) · 213
3. 판결서 작성 원칙 · 215
4. 판결서의 네 가지 주된 내용들 · 216
5. 판결서의 격식 · 217
6. 판결서 작성 시 유의 사항 · 219
7. 금혼령 · 220
8. 재판관의 유고 시 그 서명 문제 · 221
9. 종국 판결 규칙에 대한 중간 판결에의 준용 · 221

제2절 판결의 선고 · 221
1. 판결의 공표 · 221
2. 판결의 송달 · 222
3. 종국 판결의 기속력 · 223
4. 판결의 경정 · 223
5. 재결 · 225
6. 중간 판결이나 재결이 지닌 종국 판결의 효력 · 225

제3절 재판 비용 및 무상 변호 · 226
1. 재판 비용의 무상성 원칙 · 226
2. 무상 변호 · 227

제4절 첫 혼인 무효 판결의 집행력과 그 기록 · 228
1. 첫 혼인 무효 판결의 집행력 · 228
2. 무효 판결의 기록 · 229

제8장 상소심 절차
제1절 상소심 총칙 · 230
1. 합의제 재판부 구성 의무 · 230
2. 상소 제기권 · 230

3. 상급심 법원 · 231
4. 상급심의 소송 절차 방식 · 232

제2절 판결 무효 확인의 항고 · 233
1. 판결 무효 확인 항고와 항고권자 · 233
2. 구두 쟁송 절차로 심리된 혼인 무효 판결의 환송(還送) · 234
3. 보정될 수 없는 판결 무효 · 235
4. 보정될 수 있는 판결 무효 · 236
5. 무효 항고의 재판관 · 237
6. 판결 무효 확인의 항고 기한 · 238
7. 항고 심리 재판부 형태 · 238
8. 무효 확인된 판결 · 239

제3절 상소(항소) · 239
1. 상소권자 · 239
2. 상소권에 대한 문제 · 240
3. 상소 불가 판결들 · 240
4. 상소의 제기 기한 · 242
5. 상소 법원 · 243
6. 로마 공소 법원에 제기된 상소 · 243
7. 상소 수속 진행과 상소 포기 · 244
8. 상소심의 진행 · 245
9. 상소의 대상 범위 · 246
10. 상소심의 효과 · 246
11. 소의 신규 제기(Nova propositio causae) · 248

제9장 문서에 의한 소송 절차
1. 문서 소송의 개념 · 250
2. 문서 소송 절차의 관할권 및 중요 법률 · 250
3. 문서 소송 절차를 위한 소장 기재 사항 · 251

4. 문서 소송 절차에서 소환과 성사 보호관의 개입 · 252
5. 성교 불능이나 형식의 결함 확인 · 252
6. 문서 소송에 대한 상소권 · 253
7. 문서 소송 절차에 대한 제2심 · 253

제3편 주교 앞에서 이루어지는 간략한 혼인 소송 절차

제1장 소송의 개시
1. 소송 개시 전 조사 혹은 사목적 조사 · 256
1.1. 사목적 조사의 목적 · 256
1.2. 사목적 조사의 주체 · 259
2. 소장의 제출 · 259
2.1. 혼인을 공격할 자 · 259
2.2. 소장의 형식 · 260
3. 소장에 대한 사법 대리의 평가 · 263
4. 사법 대리의 재결 · 268
4.1. 시비점 서식의 확정 · 269
4.2. 예심 조사관과 배심관 임명 · 270

제2장 증거
1. 증명을 위한 개정 소집 · 272
2. 간략한 혼인 소송에서 증거 수집 · 272
3. 증거 수집의 수단 · 276
3.1. 당사자들의 진술 · 277
3.1.1. 당사자들의 진술 의무 · 277
3.1.2. 당사자들의 진술의 증거적 가치 · 277
3.2. 증언 · 280
3.3. 서증 · 282
3.4. 감정인 · 283

제3장 소송의 종료
1. 판결 전 이행해야 할 주교의 임무 · 284
2. 주교의 판결 · 286
3. 판결문의 형식과 이유 근거 · 287

제4장 상소심 절차
1. 주교의 판결에 대한 상소 · 291
2. 상소권자와 상소 법원 · 292

제1편

가톨릭 혼인과 그 무효 소송의 본질

제1장
혼인의 본질

1. 혼인의 개념과 혼인 제도의 신적 기원

혼인에 대한 개념 정의를 내리기 위해서 우리는 두 가지 관점에서 바라보아야 하겠는데, 하나는 비영세자들의 혼인까지 포함하는 모든 혼인은 서약 또는 계약이라는 관점과, 다른 하나는 혼인은 그리스도께서 설립하신 성사라는 관점이다.

혼인은 한 남자와 한 여자가 합의를 통해 맺는 계약(contractus matrimonialis) 또는 서약(foedus matrimoniale)[1]이다. 계약으로서 혼인은 '성립되는 행위로서 혼인matrimonium in fieri seu actus'과 '성립

1) 혼인을 일종의 계약으로 바라볼 때 사용되는 단어는 제2차 바티칸 공의회 이후 변화되었다. 공의회 이전에는 '계약contractus'이라는 표현을 사용하다가, 이후에는 '서약foedus'이라는 표현을 사용하게 되었는데, 이런 변화는 'contractus'라는 표현이 근대 법률 체계 안에서 주로 권리와 의무의 교환을 취하는 경제적 상관관계를 의미할 때 많이 사용되기 때문이고, 따라서 가톨릭 혼인의 의미를 더욱 심층적으로 표현하고자 'foedus'를 사용하기 시작했다. 교회는 'foedus'를 사용함으로써 남자와 여자의 결합으로 이루어지는 혼인 계약을 하느님과 이스라엘 사이에 맺어진 계약, 그리고 그리스도와 교회 사이에 맺어진 계약으로 표현하고자 했다. 다시 말해서 한 남자와 한 여자 사이에 이루어지는 혼인을 단순한 법률적 관계로만 이해할 소지가 있는 계약주의적 경향을 극복하고자 했던 지향이 이런 변화의 근저에 있었던 것이다. 그렇지만 현 교회법전은 공의회의 정신을 이어받아 서약이라는 용어를 사용하면서도 두 용어 모두를 사용하고 있으며, 모두 혼인을 성립시키는 법률 행위를 나타내는 개념으로 사용된다. 참조: 1917년 교회법 제1012조; 제2차 바티칸 공의회, 현대 세계의 교회에 관한 사목 헌장「기쁨과 희망」(*Gaudium et Spes*)(이하 '사목 헌장'),『제2차 바티칸 공의회 문헌』, 한국천주교중앙협의회, 2012, 48항; 교회법 제1055조; 한영만,『이젠 둘이 아닌 한 몸』, 가톨릭대학교출판부, 2002, 8쪽.

된 신분으로서 혼인matrimonium in facto seu status'으로 여겨질 수 있다.

'성립되는 행위로서 혼인matrimonium in fieri seu actus'은 일종의 유효하고 적법한 합의 행위인데, 다시 말해서 한 남자와 한 여자 사이에 자녀 출산과 평생 공동 운명체를 위해 적합한 행위를 목적으로 서로에게 독점적이고 영구한 상호 권리를 동반하는 행위이다. '성립된 신분으로서 혼인matrimonium in facto seu status'은 한 남자와 한 여자의 결합이며 동거이기에, 그 자체로 영구한 유대 속에 머무는 신분이다.[2)]

혼인은 또한 주 그리스도에 의하여 영세자들 사이에서는 성사가 된다. 성사로서의 혼인 안에 서약자들의 합의를 통하여 혼인의 의무를 올바르게 완수하기 위한 은총이 부부들에게 수여된다.[3)] 그러므로 영세자들 사이에서는 그 자체로 성사가 아닌 유효한 혼인 계약은 존재하지 아니한다.[4)]

그러므로 계약으로서의 혼인과 성사로서의 혼인은 하나의 실재를 이루는 것이며, 영세자들 사이에서는 성사가 아닌 혼인 계약은 있을 수 없다. 또한, 혼인 계약이 아닌 성사는 존재하지 않으며, 성사와 혼인 계약은 분리될 수 없는 하나의 실재인 것이다.[5)]

---

2) 참조: 정진석, 『교회법 해설 4』, 가톨릭대학교출판부, 2020, 571쪽; 한영만, 앞의 책, 7쪽 ; Adolf Tanquery, *Brevior Synopsis Theologiae Dogmaticae*, Desclee & Socii, Romae, 1946, pp.724-725.

3) Cf. A. Tanquery, *op.cit.*, p.746.

4) 참조: 교회법 제1055조 2항.

5) 참조: 교회법 제1055조; Cf. Luigi Chiappetta, *Il Codice di Diritto Canonico:*

또 한 가지 주목해야 할 점은 혼인의 신적 기원에 대한 것이다. “하느님께서는 사랑의 당신 계획을 인류 안에 실현하시고자 혼인을 설정하셨다.”[6] 다시 말해서 혼인이 비록 당사자들 사이의 서약으로 이루어진다고 해도 혼인에 대한 소명은 창조주 자체의 손으로 이루어진 남자와 여자의 본성 그 자체에 새겨져 있기에 순전히 인간적 제도만이 아니고, 하느님의 질서를 따르는 견고한 제도로서 혼인은 이해되어야 한다.[7]

2. 혼인의 목적

가톨릭 혼인이 지향하는 목적은 부부 선익과 자녀 출산 및 교육이다.[8] 혼인은 바로 그 서약을 통하여 한 남자와 한 여자가 서로 그 본연의 목적을 지향하며 이루는 가정, 곧 평생 공동 운명체이기 때문에 이 공동체에 대한 이해 안에서 그 목적이 함께 이해되어야 한다.

가정은 “하느님의 계획 안에서 부부 생활과 부부애로 깊이 맺어진 공동체”[9]로서 이 공동체의 “내적 원리와 힘은 사랑”[10]이다. 이 사랑은 부부간에 간직하고 보호되어야 할 것으로서 인격 전체의

---

commento giuridico-pastorale vol.2., EDB, Bologna, p.262.

6) 참조 : 바오로 6세, 회칙 「인간 생명」(*Humanae Vitae*, 1968.7.25.), 한국천주교중앙협의회, 2018, 8항.

7) 참조 : 창세 1,28; 2,24; 마태 19,6; 사목 헌장 48항; 요한 바오로 2세, 『가톨릭 교회 교리서』, 한국천주교중앙협의회, 2008, 1603항.

8) 참조 : 교회법 제1055조 1항.

9) 참조 : 사목 헌장, 48항; 요한 바오로 2세, 사도적 권고 「가정 공동체」(*Familiaris consortio*, 1981.11.22.), 한국천주교중앙협의회, 2008, 17항.

10) 참조 : 「가정 공동체」, 18항.

모든 부분을 포괄하는 것이며, 그렇기 때문에 부부 사랑은 "한 인간을 구성하는 육체와 본능의 요구, 감정과 애정의 힘, 정신과 의지의 소망 등을 수반"[11]하며, 부부는 "육체의 일치를 넘어 한마음과 한 영혼을 이루는 깊은 인격적 일치를 도모한다.

그리고 부부애는 결정적으로 서로에게 자신을 선사하기에 상호간의 신의와 불가 해소성을 요청한다."[12] 부부는 서로에게 자신을 완전히 바치는 사랑인 육체적 결합을 통하여 완전한 자기 증여를 표현하고, 이런 자신들의 성적 결합을 통해 인간 생명의 선물을 전달할 때에 창조주 하느님의 창조 능력과 부성에 참여하게 된다.[13]

부부는 새로운 생명의 창조와 교육을 지향하는 평생 공동 운명체를 이루는 바, 새로이 태어난 자녀들을 사회적이고 종교적인 전반적 차원에서 교육시켜야 할 중대한 의무를 지니며, 이런 자녀 교육에 대한 부부의 의무는 그 출산과 연결된 중대한 부부의 의무가 된다.[14]

3. 혼인의 본질적 특성

혼인의 본질적 특성은 단일성과 불가 해소성이다.[15] 혼인의 단일성이란 한 남자와 한 여자의 결합을 의미하고, 그렇기 때문에 복

11) 참조:「인간 생명」, 9항;「가정 공동체」, 13항.
12) 참조:「인간 생명」, 9항;「가정 공동체」, 13항.
13) 참조:「가정 공동체」, 28항; 요한 바오로 2세,『가톨릭 교회 교리서』, 2367.
14) 참조:「가정 공동체」, 36항; 한영만, 앞의 책, 13-14쪽.
15) 참조:교회법 제1056조.

혼제에 따른 결합이나 일부다처제에 따른 결합, 일처다부제에 따른 결합은 배제되며, 이런 종류의 남녀 결합들은 혼인이 아닌 것이다. [16]

혼인의 불가 해소성이란 한 번 유효하게 맺어진 혼인은 절대로 풀릴 수 없다는 것을 뜻하며, 이는 부부 전 생애 동안 지속되고 부부 한 편의 죽음이 아니면 풀리지 않는 혼인 유대를 절대적으로 만드는 본질적 특성이다.[17] 이러한 혼인의 불가 해소성은 부부 당사자들의 합의로도 해소될 수 없으며, 어떤 인간 권력이나 공권력의 재판에 의해서도 해소될 수 없는 것이기에, 비록 국법상 이혼이 인정되는 국가에서 부부가 합법적으로 이혼하였다고 해도 교회법상 혼인의 유대는 소멸되지 아니한다.[18]

---

16) 복혼제(復婚制: polygamia)는 복수의 남편과 복수의 아내의 결합을 말한다. 복혼제에는 일부다처와 일처다부가 있다. 일부다처(一夫多妻: polygynia)는 한 남편과 여러 아내들의 결합을 말한다. 일처다부(一妻多夫: polyandria)는 한 아내와 여러 남편들의 결합을 말한다. 일부일처제(一夫一妻: monogamia)란 자연법에 따라 한 남자와 한 여자의 결합이다. 참조: 정진석, 앞의 책, 568-567쪽.

17) 참조: 교회법 제1141조.

18) 참조: 정진석, 앞의 책, 570쪽.

제2장
유효하고 합법적인 혼인을 위한 요소

교회법에 따르면, "혼인은 법률상 자격 있는 사람들 사이에 합법적으로 표명된 당사자들의 합의로 이루어지며, 이 합의는 어떠한 인간 권력으로도 대체될 수 없다."[19]고 규정된다. 교회법은, 유효하고 합법적인 혼인이 되기 위해서 자격, 합의, 형식이라는 세 가지 요소가 충족되어야 한다고 정해 놓고 있다. 우리는 이 장에서 이러한 세 가지 요소에 대해서 살펴볼 것인데, 이런 접근은 혼인법을 논하려는 것이라기보다 혼인 무효 소송에 관계되는 이들이 항상 고려해야 할 기초적인 내용을 한 번 점검하는 데에 그 목적이 있다.

1. 혼인하려는 이들의 자격

자격을 말하기에 앞서, 모든 이는 법으로 금지되지 않는 한 혼인을 맺을 자연법상의 권리를 누린다는 점을 기억할 필요가 있다.[20] 그러나 이런 결혼권(Jus connubii)은 절대적인 것이 아니라 혼인의 그 사회적 성격 때문에 혼인 제도를 보호하기 위하여 중대하고 정당한 이유들로 제한될 수 있는 것이며,[21] 교회나 국가는 이런 제한

19) 참조: 교회법 제1057조 1항.

20) 참조: 교회법 제1058조.

21) 결혼권은 결혼을 할 권리이며, 여기에는 상대를 선택할 자유도 포함되는 자연법상 권리이기에, 이것이 제한되는 법률들에 대한 해석은 교회법 제18조

들을 법으로 제정하여 결혼 능력이 없는 사람에 대한 혼인을 금지하고 있다. 다시 말해서 이런 교회나 국가의 결혼권에 대한 법률적 제한들은, 부부가 혼인을 이루는 서약의 합의 능력만이 아니라 장차 부부로서 살아가는 데에 요구되는 능력을 전제로 혼인의 자격을 규정함으로써 사회적 제도로서 혼인을 보호하려고 한다.[22)]

교회는 부부 당사자들과 미래의 자녀들 및 공동체에 유해하리라고 평가되는 환경이나 조건을 하느님의 법으로나 인간의 법으로 금지하여 왔고, 이를 혼인 무효 장애라고 부른다.[23)] 그렇지만 교회는 혼인 당사자들의 유익을 위하여 혼인성사의 가치를 손상시키지 아니하면서 혼인 장애를 관면[24)]하는 경우가 있다. 만일 어떤 사람이 혼인 무효 소송을 법원에 제기했을 경우에, 그 소장을 심리하는 과정에서 혼인 장애 문제와 그 관면에 대한 부분도 함께 검토해야 할 만큼 이 문제는 중요한 문제이기도 하다.

1.1. 혼인 무효 장애

1.1.1. 하느님의 법에 따라 관면될 수 없는 장애는 다음과 같다.[25)]

① 직계 또는 방계 2촌의 혈족 장애(자연법; 교회법 제1078조 3항, 제1091조)

② 성교 불능 장애(자연법; 교회법 제1084조)

에 따라서 좁게 해석되어야 한다. Cf. AA.VV., *Código de Derecho Canónico*, EUNSA, 2018, p.662.

22) 참조: 정진석, 앞의 책, 578쪽.

23) 참조: 정진석, 앞의 책, 629-630쪽.

24) 관면이란 정당하고 합리적인 이유가 존재할 때 법률적 의무로부터 해제시키는 것을 뜻하며, 혼인 장애에 대한 관면도 교회법 제85-93조에 따라서 주어진다.

25) 참조: 한국천주교주교회의, 『한국 천주교 사목 지침서』, 한국천주교중앙협의회, 1995, 제108조.

③ 혼인 유대 장애(마태 19,6; 마르 10,9; 교회법 제1085조)

1.1.2. 사도좌만 관면할 수 있는 장애는 다음과 같다.

④ 성품 장애(교회법 제1078조 2항, 제1087조)

⑤ 수도 종신 서원 장애(교회법 제1078조 2항, 제1088조)

⑥ 범죄 장애(교회법 제1078조 2항, 제1090조)

1.1.3. 교회의 보편법에 따른 혼인 장애이지만 한국 사제가 특별 권한에 의하여 관면할 수 있는 장애는 다음과 같다.[26)]

① 혼인 적령 : 남 16세, 여 14세(교회법 제1083조)

② 근친 : 직계 혈족과 사촌까지의 방계 혈족(교회법 제1091조)

③ 인척 : 직계의 인척(교회법 제1092조)

④ 내연 관계 : 직계 1촌의 혈족(교회법 제1093조)

⑤ 양자 관계 : 직계 또는 방계 2촌의 법정 혈족(교회법 제1094조)

⑥ 유괴 장애 : 유괴된 여자에게 강요된 혼인(교회법 제1089조)

⑦ 미신자 장애 : 신자와 비영세자와의 혼인(교회법 제1086조)

⑧ 혼종 혼인 : 가톨릭 신자와 비가톨릭 영세자 사이의 혼인 (교회법 제1124조)

1.2. 국법상 무효이거나 금지된 혼인

1.2.1. 국법상 무효인 혼인

① 근친: 8촌 이내의 혈족(친양자의 입약 전의 혈족을 포함한다) 사이의 혼인(제809조); 양부모계의 직계 혈족 관계가 있었던 자 사이의 혼인(제815조)

② 인척: 직계 인척 관계가 있거나 있었던 자 사이의 혼인(제815조)

26) 참조:「전국공용 교구사제 특별권한」, 제15조.

1.2.2. 국법상 취소가 되는 혼인

① 혼인 적령(適齡): 남녀 모두 만 18세(제807조, 제816조, 제817조); 미성년자나 피성년후견인은 부모나 후견인의 동의가 필요하다(제808조, 제816조, 제819조)

② 근친(近親): 6촌 이내의 혈족의 배우자, 배우자의 6촌 이내의 혈족, 배우자의 4촌 이내의 혈족의 배우자인 인척이거나 이러한 인척이었던 자 사이의 혼인(제809조, 제816조, 제817조, 제820조)

③ 양자(養子): 6촌 이내의 양부모계의 혈족이었던 자와 4촌 이내의 양부모계의 인척이었던 자 사이의 혼인(제809조, 제816 조, 제817조, 제820조)

④ 중혼(重婚): 배우자 있는 사람(제810조, 제816조, 제818조)

⑤ 사기 및 강박(詐欺 및 强迫): 사기 및 강박으로 인한 혼인(제816조, 제823조)

⑥ 악성 질병 및 기타 이유(惡性 疾病 및 기타 이유): 혼인 당시 당사자 일방에 부부생활을 계속할 수 없는 악질 기타 중대 사유가 있음을 알지 못하고 한 혼인(제816조, 제822조)

1.3. 한국 사제들이 실제적으로 관면할 수 있는 장애

사제는 비록 교회법상으로 그 장애가 관면되더라도 교구 직권자의 허락 없이는 국법상 금지된 혼인을 주례하지 말아야 한다.[27] 그러므로 비록 교회법상 앞서 제시한 것처럼 사제가 관면할 수 있는 장애들이라고 해도 그것이 국법상 무효이거나 금지된 혼인인 경우 관면하지 말아야 할 것이므로, 실질적으로 한국의 사제들이

---

27) 참조: 교회법 제1071조; 『한국 천주교 사목 지침서』 제109조.

관면할 수 있는 장애는 미신자 장애와 혼종 혼인 금지 장애뿐이다.

2. 합의

2.1. 혼인 합의 본질

당사자들의 합의는 혼인의 '생성 원인(生成原因: causa efficiens)'[28]으로서 혼인을 성립시키는 근본적 요소다. 그래서 "혼인은 법률상 자격 있는 사람들 사이에 합법적으로 표명된 당사자들의 합의로 이루어지는 것이다."[29] 혼인을 성립시키는 합의는 다음과 같은 성격의 중요성을 지닌다:

- 합의는 혼인을 성립시키는 구성적 요소로서 가치를 지닌다. 합의는 혼인을 존재하게 하는 법률적 행위로서, 이것 없이 혼인은 존재할 수 없다는 의미에서 혼인을 성립시키는 구성적 가치를 지닌다.
- 혼인 합의는 혼인을 성립시키기 위하여 절대적으로 필요한 것이다. 혼인은 그 당사자들의 합의가 전제되지 아니하면 존재할 수 없으며, 이는 혼인의 계약적 관점으로 볼 때 당연한 결과이다. 다시 말해서 서로 계약을 맺는 당사자들이 계약 내용에 대하여 서로 동의하는 의지가 결여된 채로 맺은 계약은 성립될 수 없는 것이기 때문이다.

---

28) 혼인 합의의 성격을 표현할 때 서양어에서 자주 등장하는 이 용어는 보통 효능인이라고 번역되는 경우가 많은데, 합의가 혼인을 존재하게 만드는 원인이라는 점에서 생성 원인이라고 번역되는 것이 혼인법에 있어서 더 적합한 것으로 보인다. 참조: 정진석, 앞의 책, 573쪽.

29) 교회법 제1057조 1항.

혼인 합의는 다른 무엇으로 대체될 수 없는 성격의 것이다. "혼인 합의는 한 남자와 한 여자가 혼인을 성립시키기 위하여 철회할 수 없는 서약으로 서로 자기 자신을 주고받는 의지 행위이다."[30] 곧 혼인을 존재하도록 하는 생성 원인으로서 합의는 당사자들의 자유로운 의지의 행사인 것이지, 그것을 대체하는 그 어떤 다른 사람이나 권력이 대신 혼인 서약을 맺을 수 없다. 그러므로 혼인 합의는 한 남자가 자기 부인되는 사람에게 자신을 건네는 행위이며, 한 여자가 자기 남편 되는 사람에게 자신을 건네는 행위로서 서로를 주고받는 의지 행위이다.

2.2. 충분한 혼인 합의

필요 요건들이 갖추어진 합의는 혼인을 이루는 데 충분한 것이 된다.[31] 혼인을 생성시키는 데 충분한 것으로 여겨지는 혼인 합의는 대략 다음의 여섯 가지 요소가 충족될 때에 충분한 합의로 인정되어 왔다[32]:

- 당사자들이 서로를 주고받는 것을 원한다는 참된 또는 내심의 합의이어야 한다. 그러므로 순전히 외적이거나 가장된 합의는 충분한 합의가 아닌 것이다. 혼인 계약의 본질에 속하는 것들 가운데 아무것도 배제하지 않겠다는 한 암묵적인 합의라도 충분하다.

---

30) 교회법 제1057조 2항.

31) 만일 충분한 합의로서 인정되는데 어떤 흠결 때문에 자연법상 무효인 합의로 맺은 혼인을 그 어떤 실정법도 유효한 것으로 인정할 수 없다는 것이다. Cf. AA.VV., op.cit., p.661.

32) Cf. F. Cappello, *Tractatus Canonico-Moralis de Sacramentis*, Vol.5, Romae, Marietti, 1961, pp.543-544.

- 자유롭게 결정한 합의이어야 한다. 다시 말해서 정신으로 온전히 인지하고 자유로운 의지로 결정한 합의이어야 한다는 것이다.
- 당사자들 서로가 주고받는 상호적 합의이어야 한다.
- 합의는 감지될 수 있도록 표명되어야 한다.
- 합의를 할 수 있는 능력자들이 맺은 합의이어야 한다.
- 구체적인 한 사람과 맺은 합의이어야 한다.

2.3. 합의 표명

혼인을 이루기 위해서는 법률상 자격 있는 사람들이 마음으로만 내적으로 합의를 하는 것으로 충분하지 아니하며, 그것을 합법적으로 말로써 표시해야 하고 말을 할 수 없는 경우, 이와 동일시되는 몸짓으로 표시해야 하며 본당 사목구 주임으로부터 믿을 만하다고 입증된 통역자를 통해서 표시되어야 한다.[33] 그리고 혼인 합의 표명은 당사자들이 직접 또는 대리인을 통해 동시에 혼인식에 참석해야 하는데, 대리인을 통해서 합의 표명을 하려면 당사자 자신으로부터 지명되고 특별위임을 받아서 대리인이 직접 합의를 표명해야 한다.[34]

그리고 혼인 무효의 인식이나 의견이 합의를 반드시 배제하지 아니하므로, 혼인이 비록 장애나 형식의 결함으로 무효하게 맺어졌다고 해도 이미 표명된 합의는 그 취소가 확인되기 전까지 존속하는 것으로 추정된다.[35]

---

33) 참조: 교회법 제1057조 1항, 제1104조 2항, 제1106조.
34) 참조: 교회법 제1105조 1항, 2항, 3항, 제1071조 1항, 제1104조 1항.
35) 참조: 교회법 제1100조, 제1107조.

2.4. 혼인 무능력자

교회법 제1095조는 다음과 같은 이들은 혼인을 맺는 데에 무능력자들이라고 규정한다:

① 충분한 이성의 사용이 결여되어 있는 이[36]

② 서로 주고받을 혼인의 본질적 권리와 의무에 대한 분별력이 중대하게 모자라는 이[37]

③ 심리적 원인 때문에 혼인의 본질적 의무를 질 수 없는 이[38]

2.5. 무지나 착오에 의한 합의의 흠결

2.5.1. 법에 대한 착오(error iuris)

2.5.1.1. 혼인의 본질에 대한 무지

"어떤 것을 모르는 사람은 어떠한 방법으로든지 그것을 원할 수도 동의할 수도 없다."[39] 그렇기 때문에 유효한 혼인 합의를 위해서는 당사자들이 혼인의 본질에 대해서 최소한의 인식을 가져야 하며, 그 인식의 내용은 먼저 혼인이 남자와 여자가 평생 공동 운명체를 이룬다는 점이다. 이 공동체는 남, 여 사이의 성적 결합으로 자녀 출산을 지향한다. 이 점에 대한 최소한의 인식에 대한 무지는 사춘기 이후에는 추정되지 않는다. 교회법 제1096조는 다음과 같이 이런 무지에 대해 다음과 같이 규정하고 있다:

"제1096조 ① 혼인 합의가 이루어질 수 있으려면, 반드시 혼인 당사자들이 혼인이란 남자와 여자 사이의 어떤 성적 협력으로 자녀 출산을 지향하는 평생 공동 운명체라는 것을 적어도 모르지 아

---

36) 참조: 제1095조 1호.

37) 참조: 제1095조 2호.

38) 참조: 제1095조 3호.

39) F. Cappello, *op.cit.*, pp.507-508.

니하여야 한다.

② 이러한 무지는 사춘기 이후에는 추정되지 아니한다."

2.5.1.2. 의지를 결정지우는 착오

혼인 합의에 흠결을 내는 혼인의 본질에 대한 무지나 착오와는 달리 혼인의 본질적 특성, 곧 단일성과 불가 해소성, 그리고 성사적 품위에 대한 착오와 무지는 합의를 손상시키지 아니한다. 그러나 이런 착오나 무지가 의지를 결정짓는 것이면 혼인을 무효로 하며 이것을 교회법 제1099조는 다음과 같이 규정한다:

"제1099조 혼인의 단일성이나 불가 해소성 또는 성사적 품위에 관한 착오는, 의지를 결정지우는 것이 아니라면 혼인 합의를 훼손하지 아니한다."

2.5.1.3. 혼인 무효의 인식이나 의견

만일 혼인 합의를 맺는 당사자들이 참된 합의를 했다면, 비록 그들이 어떤 장애나 형식의 결여로 맺는 혼인에 무효의 인식이나 의견을 지닌다고 해도 교환한 합의를 무효로 만들지는 아니한다. 이것은 혼인의 본질적 특성이나 어떤 요소를 적극적인 의지 행위로 배제하는 것과는 다른 것이며, 교회법 제1100조는 다음과 같이 규정하고 있다:

"제1100조 혼인 무효의 인식이나 의견은 혼인 합의를 반드시 배제하는 것은 아니다."

2.5.2. 사실에 대한 착오(error facti)

2.5.2.1. 사람에 대한 착오

혼인 서약은 특정된 한 남자와 한 여자가 서로 교환하는 합의를 통하여 이행되면서 혼인을 성립시킨다. 그렇기 때문에 혼인을 맺기로 특정된 사람에 대한 착오는 합의 상대 주체에 대한 착오이므로 혼인 자체를 무효로 한다. 사람에 대한 착오에 대하여 교회법 제1097조 1항은 다음과 같이 규정한다:

"제1097조 ① 사람에 대한 착오는 혼인을 무효로 한다."

2.5.2.2. 사람의 자질에 대한 착오

사람의 자질이란 그 인격을 형성하는 데 영향을 주는 성품과 바탕이라고 여겨지며, 여기에는 도덕적, 신체적, 사회적, 종교적 자질 등이 포함될 수 있고, 이런 것들은 혼인을 구성하는 본질적 요소라기보다 우연적 요소이기 때문에 그것이 혼인의 단순한 원인이었다는 것만으로 혼인을 무효로 만들지는 아니한다. 단지 그 자질 자체가 혼인 서약의 중대하고 직접적인 것으로 혼인 합의의 분명한 의지를 결정짓는 것이면, 혼인을 무효로 만들 수 있다. 교회법 제1097조 2항은 이를 다음과 같이 정의 내린다:

"제1097조 ② 사람의 자질에 대한 착오는 그것이 계약의 원인이었더라도 혼인을 무효로 하지 아니한다. 다만 이 자질이 직접 주요하게 지향되었으면 그러하지 아니하다."

2.5.2.3. 사기로 인한 자질에 대한 착오

어떤 목적을 달성하기 위하여 다른 사람에게 중요한 사실 관계를 은폐하여 속이는 고의적인 행위를 사기 또는 기만이라고 한다. 그렇기 때문에 혼인 생활에 중대한 혼란을 발생시킬 수 있는 어떤 자질을 속이면서 혼인 합의를 맺는 경우, 그 혼인은 무효가 된다. 교회법 제1098조는 이를 다음과 같이 규정 내린다:

"제1098조 부부 생활의 공동 운명체를 본성상 중대하게 혼란시킬 수 있는 상대편의 어떤 자질에 관하여 혼인 합의를 얻기 위한 범의에 속아서 혼인하는 이는 무효하게 맺는 것이다."

2.5.3. 공포에 의한 합의의 흠결

2.5.3.1. 물리적 폭력(暴力: vis physica)과 공포(恐怖: metus)

폭력이란 일종의 물리적 힘으로서, 이것에 반대하는 저항을 억압하기 위해 행사되는 강제적이고 물리적인 힘을 말한다. 공포란 사람의 내부에서 보이는 반응으로서, 폭력으로 인한 심리적인 위협감이다. 혼인과 관련하여 폭력이나 공포 때문에 강제적으로 혼인을 맺은 경우, 비록 그것이 의도적으로 가해진 것이 아니더라도 혼인을 무효로 만든다. 그러나 중대한 폭력이어야 하고 심각한 공포가 야기된 경우이어야 하며, 그것은 외부로부터 가해진 것으로서 혼인을 맺지 아니하면 벗어날 수 없는 것이어야 한다.

2.5.3.2. 부모에 대한 경외심(metus reverentialis)

존경심에서 우러난 공포는 혼인 당사자가 자신을 종속시키고 있는 지배자를 두려워하는 것을 말한다. 존경심으로 인한 공포의 효과를 평가하기 위해서는 의지의 자유를 극도로 감소시켰는지를 살펴보아야 할 것이고, 그것은 그 당사자와 지배자와 관계의 특성, 공포를 유발시킨 방법, 나타난 악의 중대성의 측면에서 검토되어야 할 것이다. 교회법 제1103조는 폭력이나 공포로 강제된 혼인의 무효를 규정하고 있다:

"제1103조 외부로부터의 힘이나 심한 공포 때문에, 그것이 비록 의도적으로 가해진 것이 전혀 아니라도, 그것으로부터 벗어나기 위하여 혼인을 택하도록 강제되어 맺은 혼인은 무효다."

2.5.4. 가장에 의한 합의의 흠결

2.5.4.1. 가장(假裝: simulatio)

전적 가장(simulatio totalis)이란 평생 공동 운명체인 부부 생활 자체를 적극적인 의지 행위로 한편이나 양편 모두가 배제하면서 마음과 달리 거짓으로 합의를 맺는 것을 말한다. 부분적 가장(simulatio partialis)이란 당사자들 중 한편이나 양편 모두 혼인의 본질적 요소나 특성 중에서 어떤 것, 곧 자녀 선익(bonum prolis), 신의 선익(bonum fidei), 성사 선익(bonum sacramenti)을 적극적 의지 행위로 배제하면서 혼인 합의를 하는 경우를 말한다. 교회법 제1101조 2항은 전적 가장과 부분적 가장의 내용을 다음과 같이 규정하고 있다:

"제1101조 2항 한편이나 양편 당사자가 혼인 자체나 또는 혼인의 본질적인 어떤 요소나 본질적인 어떤 특성을 적극적 의지 행위로 배제하면, 무효하게 맺는 것이다."

2.5.4.2. 성사의 품위와 혼인 자체에 대한 배제

교회법 제1055조 1항에 따르면 영세자들 사이에서 혼인은 주 그리스도에 의하여 성사의 품위로 올려지기 때문에, 성사로서 혼인의 품위는 혼인 서약의 본질적인 법률성 안에 놓이게 된다. 교회법 제1099조에서 추론해 볼 때 이 혼인의 성사로서의 품위는 혼인의 본질적 특성과 같은 것으로 여겨진다. 그러므로 교회법 제1101조 2항에 규정하고 있는 것처럼 본질적 특성 가운데 어떤 하나를 배제하는 경우 혼인은 무효가 되기 때문에, 적극적 의지 행위로 성사의 품위를 배제하면 그 혼인은 무효가 된다.[40)]

---

40) Cf. Luigi Sabbarese, *Il Matrimonio canonico nell'ordine della natura e della grazia: Commento al Codice di Diritto Canonico: Libro IV, Parte I, Titolo VII*, Urbaniana University Press, 2019, pp.102-103.

2.5.4.3. 성사 선익에 대한 배제

일반적으로 불가 해소성이란 유효하게 성립된 유대는 풀리지 아니하는 특성을 지닌다는 것이며, 혼인성사에서 불가 해소성이란 혼인 유대의 영속성을 의미하고, 이혼으로써 혼인 유대를 해소할 가능성을 배제시킨다.[41] 성사 선익[42]이란 혼인의 불가 해소성을 의미하며, 이 불가 해소성은 혼인의 본질적 특성 가운데 하나로서 이것을 적극적 의지 행위로써 배제할 경우 그 혼인은 무효가 된다.[43]

2.5.4.4. 부부 선익에 대한 배제

교회법 제1055조 1항과 제1101조 2항을 종합해 보면, 부부 선익은 평생 공동 운명체의 유효성을 위한 본질적 요소임을 알게 된다. 혼인의 본질적 의무들에는 전통적인 세 가지 선익들 외에도 부부의 선익 자체를 형성시키는 부부 선익도 포함되며 이 선익은 부부 상호간의 고정적이고 내밀한 관계 속에 자리하고 있는 선익인 것이다.[44]

---

41) Cf. Ibid., p.110.

42) 주목할 것은 혼인 무효 소송에서 그 법적 근거로 사용되는 '성사의 품위dignitas sacramentalis'와 '성사의 선익bonum sacramenti'이란 용어의 구별과 의미상의 차이점이다. '성사의 선익'은 혼인의 불가 해소성과 연관시켜서 이해되는 용어이며, '성사의 품위'는 불가 해소성과 단일성과 함께 혼인의 본질적 특성 중의 하나로 이해된다. 간략하게 말하면, 혼인 무효의 법적 근거로서 '성사 선익의 배제exclusio boni sacramenti'라는 것은 영속적인 혼인 유대를 배제한다는 것을 뜻하고, '성사의 품위 배제exclusio dignitatis sacramentalis'는 영세자들 사이에 그리스도에 의하여 성사의 품위로 들어 올려져서 더욱더 견고하게 된 '혼인 자체matrimonium ipsum'를 배제한다는 것이라 하겠다. 참조: 교회법 제1055조 1항, 제1056조, 제1101조 2항. Cf. Luigi Sabbarese, *op.cit.*, pp.102, 128; Albeto Bernárdez Cantón, *Compendio de Derecho Matrimonial Canónico*, Tecnos, 1998, p.186.

43) 참조: 교회법 제1056조, 제1101조 2항.

44) Cf. Luigi Sabbarese, *op.cit.*, p.99.

2.5.4.5. 신의 선익에 대한 배제

혼인의 본질적 특성 가운데 하나인 단일성이란 한 남자와 한 여자의 배타적 결합을 의미하며, 이것은 부부 상호간의 배타적 권리이고 상호간의 충실성이란 의무를 수반한다. 그래서 신의 선익에 대한 배제는 혼인을 무효로 만든다. 신의 선익에 대한 배제는, 한편 당사자가 이미 맺어진 혼인의 상대편과의 유대가 존재함에도 불구하고 동시에 다른 사람과 결합할 권리를 자신에게 유보시키고 행사하는 것이라 하겠다. 특별히 신의 선익은 부부 상호간의 충실성을 배제하는 것으로, 상대의 육체에 대한 배타적 권리를 배제하는 것이다.[45]

2.5.4.6. 자녀 선익에 대한 배제

혼인 서약으로서 이루어진 평생 공동 운명체는 부부의 선익과 자녀의 출산 및 교육을 목적으로 삼는다. 그러므로 자녀 선익에 대한 배제는 혼인을 무효로 만든다. 비록 혼인 당사자들이 육체적 결합하는 것에 합의한다고 해도 자녀를 출산하는 것을 배제할 때, 자녀 선익에 대한 배제로 인하여 그 혼인은 무효이다.

2.5.5. 조건부 합의

교회법 제1102조는 조건부로 맺는 합의의 효력에 대하여 규정하고 있다. 여기에서 말하는 '조건condicio'는 두 가지 의미로 구별되어 사용되고 있는데, 하나는 법률적 조건이고 다른 하나는 의도된 조건 또는 사실적 조건이다. '법률적 조건condiciones iuris'은 어떤 법률 행위의 효과나 유효성을 위하여 법으로 규정된 요건들을

45) Cf. Albeto B. Cantón, op.cit., p.183.

의미하고, '사실적 조건condiciones facti'은 한편 당사자나 양편 당사자 모두가 어떤 법률적 행위를 위해 실질적으로 내세운 요건들을 말한다.[46] 사실적 조건은 어떤 법률적 행위에 결부된 외적 상황인 것이다. 효과 면에서 볼 때 조건은 정지시키는 효과나 취소시키는 효과를 낸다.[47]

2.5.5.1. 미래에 대한 조건부 합의의 흠결

혼인 합의를 미래에 관한 조건부로 맺을 경우, 그 혼인은 무효가 된다. 교회법 제1102조 1항은 다음과 같이 미래에 대한 조건부 합의의 무효성을 말한다:

"제1102조 1항 : 혼인은 미래에 관한 조건부로 유효하게 맺을 수 없다."

2.5.5.2. 과거와 현재에 대한 조건부 합의의 흠결

과거의 조건은 혼인 합의가 있기 전에 생겼거나 또는 과거의 상황이 기초한 조건이며, 현재의 조건이란 혼인 합의 당시에 생기거나 있는 상황에 기초한 조건이다.[48] 과거나 현재의 조건들은 그 실제적 존부에 따라 혼인의 유효성이 결정된다. 그렇지만 혼인 합의에 현재 또는 과거의 조건을 적법하게 첨가하려면 교구 직권자로부터 문서로 작성된 허가를 얻어야 하는데, 이런 서면 허가는 조

46) Rev. F. Cappello S.J 신부는 '조건'을 좁은 의미와 넓은 의미로 다음과 같이 구분하기도 한다: "Sensu lato, si iam quando ponitur actus, ab ipsa pendet utrum consensus sit efficax an inefficax, ideoque actus validus an invalidus. [...]. Sensu stricto, si valorem suspendit seu in posterum differt, et ideo respicit eventum fururum et incertum." Cf. F. Cappello, op.cit., p.603.

47) Cf. Luigi Chiappetta, op.cit., pp.362-363.

48) 참조: 정진석, 앞의 책, 736쪽.

건부 혼인을 억제하려는 취지가 있고 조건이란 것이 혼인의 유효성에 관련된 것이니만큼 외적 법정에서 입증될 수 있게 하려는 의도가 있다.[49] 교회법 제1102조 2항, 3항은 과거, 현재에 대한 조건과 이에 대한 서면 허가에 대하여 다음과 같이 규정한다:

"제1102조 2항 과거 또는 현재에 관한 조건부로 맺은 혼인은 그 조건부의 것이 존재 하는가 아니하는가에 따라 유효하거나 무효하다.

3항 : 그러나 제2항에 언급된 조건은 교구 직권자의 서면 허가가 없는 한, 적법하게 붙일 수 없다."

3. 형식

3.1. 통상적 형식과 특별 형식

교회법상 형식의 관면을 받을 경우를 제외하고 유효한 혼인을 거행하기 위해서 교회법적 형식이 준수되어야 하고, 이런 형식의 준수는 가톨릭 신자들 사이의 혼인뿐만이 아니라 한편만이 가톨릭 신자인 혼인의 경우도 구속한다.[50] 교회법적 형식에는 통상적 형식과 특별 형식이 있으며 통상적 형식은 교회법 제1108조 1항에 규정된 것처럼 혼인 당사자들과 주례자와 두 명의 증인의 입회를 요구하고 있다:

"제1108조 1항 : 교구 직권자나 본당 사목구 주임 또는 이 두 사람 중 한 사람으로부터 위임받은 사제나 부제가 주례하고 또한 2명의 증인들 앞에서, 아래의 교회법 조문들에 명시된 규칙에 따

49) 참조: 같은 책, 737쪽.

50) 참조: 교회법 제1059조, 제1117조, 제1127조 2항.

라 맺어지는 혼인만이 유효하다. 다만 제144조, 제1112조 제1항, 제1116조 및 제1127조 제1항과 제2항에 언급된 예외 규정은 보존된다."

특별 형식이란, 유효한 혼인을 위해서는 주례자 성직자와 두 명의 증인들이 요구되는데, 예외적으로 증인들 앞에서만 이루어지는 혼인도 유효한 것으로 인정하는 형식을 말하며, 이는 죽을 위험이 있거나 그런 상황이 1개월간 지속될 것이 신중하게 예견될 때에만 지극히 제한적으로 인정되는 형식을 뜻한다.[51]

3.2. 혼인 주례자

혼인의 주례자는 그 자리에 입회하여 혼인 당사자들의 합의의 표명을 요청하고 그것을 교회의 이름으로 접수하는 이를 뜻한다.[52] 라틴 교회의 경우는 혼인을 주례하는 자는 교구 직권자, 본당 사목구 주임, 또는 이들로부터 위임받은 사제나 부제이며, 상황이 요구하고 주교회의의 찬성을 거친 후 성좌로부터 허가를 받은 경우 평신도들도 혼인의 주례자가 될 수도 있다.[53] 프란치스코 교황은 자의 교서「교회법전들 사이의 일치」(*De concordia inter Codices*)를 통해서 제1108조 3항을 신설했는데, 이에 따르면 혼인 주례권이 오직 사제에게만 유보된 경우가 있다. 동방 교회법 제828조 1항에 따르면 교구 직권자나 본당 사목구 주임이나 이 두 사람 중 한 사람으로부터 혼인을 축복할 권한을 수여받은 사제가 주례하고 적어도 두 명의 증인 앞에서 거룩한 예법으로 거행된 혼인만이

---

51) 참조: 교회법 제1116조.

52) 참조: 교회법 제1108조 2항.

53) 참조: 교회법 제1112조 1항.

유효하다고 규정하고 있다. 그 2항에서는 거룩한 예법이란 혼인을 주례하고 축복하는 사제의 개입 자체로 거룩한 것으로 된다고 규정한다. 동방 교회의 경우 사제는 혼인 당사자들의 합의 표명을 요청하고 그것을 교회의 이름으로 받아들이기 위해 혼인을 주례하면서 축복한다. 다시 말해서 혼인을 거행하는 것은 사제와 합의를 주고받는 당사자들이고, 사제의 개입은 혼인의 유효성을 위한 교회법적 형식의 본질적 부분인 것이다. 그렇기 때문에 오로지 사제만이 동방 교회 신자들 사이의 혼인이거나 또는 라틴 교회 신자와 가톨릭이든 비가톨릭이든 동방 교회 신자 사이의 혼인을 유효하게 주례할 수 있다. 그래서 교회법 제1108조 3항은 다음과 같이 규정한다:

"제1108조 3항 : 오로지 사제만이 동방 교회 신자들 사이의 혼인이거나 또는 라틴 교회 신자와 가톨릭이든 비가톨릭이든 동방 교회 신자 사이의 혼인을 유효하게 주례한다."

3.3. 혼인 거행 장소와 그 기록

앞서 언급한 교회법적 형식의 본질적 내용들 외에도 혼인이 거행되어야 할 장소, 그리고 거행 후 그 사실에 대한 기록도 교회법 규정에 따라 이행되어야 한다.[54]

4. 혼인의 효과

능력 있는 사람들이 교회법적 형식을 준수하면서 표명한 합의

54) 참조: 교회법 제1118조-제1123조.

로써 유효하게 이루어진 혼인으로부터 그 본성상 영구적이고 독점적인 유대가 부부 사이에 발생한다.[55] 이러한 영구적이고 독점적인 혼인 유대는 그 혼인이 성립되고 완결된 것이면 사망 이외에 어떤 인간적 권력으로나 이유로도 해소될 수 없다.[56] 또한 혼인의 효과로는 부부 사이의 의무와 권리 관계가 발생하는 것을 들 수 있다. 혼인 서약으로써 부부는 평생 공동 운명체를 이루기 때문에 이 공동체에 속하는 것들에 대하여 동등한 의무와 권리를 누리는데, 여기에는 기본적 의무와 권리로서 부부애의 표현이자 창조주 하느님의 창조 사업의 협력의 한 모양인 성적 결합을 포함하여 동거 및 부양, 상호 협력, 인격적 관계 등이 포함된다.[57]

그리고 혼인은 부부에게 자녀들에 대한 중대한 권리와 의무를 부여한다. 자녀에 대한 부부의 권리는 부부 선익과 자녀 출산 및 그 교육을 지향하는 평생 공동 운명체에 근거한 권리로서, 이는 타인이나 국가 권력으로부터 강탈되거나 침해당하거나 삭감될 수 없는 권리이다.[58] 자녀들은 양육받고 교육받을 권리가 있다.[59] 이런 자녀 교육은 신체적이고 사회적이며 종교 및 윤리 교육까지 포함하는 전인적 교육을 뜻하며, 교회법은 부모들에게 자녀 교육과 관련하여 몇 가지 의무나 권리를 명시하고 있다.[60]

마지막으로 합법적이고 유효한 혼인은 자식들의 합법성과도 연관된다. 합법의 자녀란 유효한 혼인에 의한 자녀들뿐만 아니라 오

55) 참조: 교회법 제1134조.
56) 참조: 교회법 제1141조.
57) 참조: 교회법 제1135조; 정진석, 앞의 책, 828쪽.
58) 참조: 정진석, 같은 책, 835-836쪽.
59) 참조: 교회법 제217조.
60) 참조: 교회법 제226조 2항, 제774조 2항, 제793조, 제797조, 제798조.

인된 혼인에서 잉태되거나 출생한 자녀들도 포함된다.[61] 불법의 자녀들이란 합법적이고 유효한 혼인이 아닌 무효한 혼인이나 불법적 동거 생활 중에 잉태되거나 출생한 자녀들을 뜻한다.[62] 이런 자녀들은 부모의 뒤이은 유효한 혼인이나 오인된 혼인에 의하여, 성좌의 답서에 의하여 합법화되고 합법화된 자녀들은 교회법상 합법의 자녀들과 동등시된다.[63]

---

61) 참조: 교회법 제1137조.

62) 참조: 정진석, 앞의 책, 851쪽.

63) 참조: 교회법 제1139조, 제1140조

제3장
혼인 무효 소송법의 특성

1. 사법적 소송 절차로서 혼인 무효 소송

교회에서 혼인은 특별히 영세자들 사이에서는 그 서약으로 말미암아 주 그리스도에 의하여 성사의 품위로 올려진다.[64] 그렇기 때문에 혼인은 전체 교회 공동체에서 중요한 의미를 지니며, 부부들의 순수 사익적 차원을 넘는 사안에 속한다. 그 결과 부부들의 사익적 차원과 교회 공동체의 공익적 차원에서 그 최상의 법률인 '영혼 구원'이라는 목적에 응답하기 위하여 실패한 혼인에 대한 대응은 공적 성격이 매우 짙게 드리워져 있다.[65]

이러한 혼인은 법의 혜택을 누리기 때문에, 비록 혼인의 유효성에 대하여 의문이 든다고 해도 그 반대가 증명되기까지는 유효한 것으로 추정된다.[66] 따라서 혼인 무효 소송은 기본적으로 한편 배우자나 양편 배우자 모두 자신들의 혼인에 대한 실패를 전제로 외적 법정에서도 그 영혼 구원이라는 선익을 누릴 수 있도록 혼인의 무효성을 진리에 근거하여 찾는 사법적 도구인 것이다.[67] 그래서 교회는 혼인 유대의 무효성에 대한 법률적 사실을 선언하거나 선언하지 아니하는 데 있어서 굉장히 엄격한 절차를 원하며, 재판관

64) 참조: 교회법 제1055조 1항.
65) Cf. Manuel J. Arroba Conde, *Diritto Processuale Canonico*, EDIURCLA, 1993, Roma, p.519.
66) 참조: 교회법 제1060조.
67) Cf. Manuel J. Arroba Conde, *op.cit.*, p.518.

이 개입하여 윤리적 확실성을 근거로 진리에 상응하는 판결을 내리도록 사법적 소송 절차를 따른다.[68)]

2. 특수 민사 소송 절차로서 혼인 무효 소송

이러한 혼인 무효 소송은 '특수한 민사 소송'이며, 혼인의 무효성을 선언하기 위한 사법적 절차라고 그 성격을 정의 내릴 수 있겠다. 교회법 제1691조 3항에 따르면 혼인 무효 소송은 그 절차 규범에 있어서 재판법 총칙과 보통 민사 재판의 규범들이 적용되어야 한다. 단 사항의 본성상 방해되지 않는 범위 내에서 재판법 총칙과 보통 민사 재판의 규범들을 따른다.

보통 민사 재판(judicium contentiosum ordinarium)이란 것은 특수 민사 재판도 전제하는 말일 수 있으며, 혼인 무효 소송은 특수 민사 재판에 속한다고 볼 수 있다. 교회법 제1425조 1항 1호는 민사 소송들 가운데 성품의 유대에 관한 소송과 혼인의 유대에 관한 소송을 포함시키고 있는데, 사람의 신분에 관한 소송 사건들에 관해서는 특별 규범이 준수되어야 한다는 점을 고려하면 혼인 무효 소송은 특수한 민사 재판에 속한다고 말할 수 있고, 이것은 혼인의 무효를 선언하기 위한 사법적 절차에 속하는 특수한 민사 재판이라 하겠다.[69)]

---

68) Cf. Daneels. F, "La natura propria del processo di nullità matrimoniale", in AA.VV., *La Nullità del Matrimonio: Temi processuali e sostantivi in occasione della DIGNITAS CONNUBII*, EDUSC, 2005, pp.21-22.

69) Cf. *Ibid.*, p.24.

일반적으로 민사 소송이란 "개인적 견지에서 사권의 존재를 확정하여 사권의 보호, 국가적 견지에서는 사법 질서의 유지를 목적으로 하는 재판 절차"[70]라고 정의된다. 교회법은 민사 재판의 대상으로 자연인들이나 법인들의 권리 곧 대인적 권리의 추구와 자연인들이나 법인들의 권리를 옹호하는 대물적 권리 옹호, 그리고 작위, 부작위, 사건의 존재나 종지를 선언하는 법률적 사실에 대한 선언으로 삼고 있다.[71] 일반적으로 보통 민사 소송은 개인의 법률적 불확실성이나 법률 주체들 사이에 비정상적 관계 때문에 발생한 분쟁에 의하여 성립된다는 것을 전제하지만, 단순히 어떤 법률적 사실에 대한 선언 또한 민사 소송의 대상이다.[72]

혼인 무효 소송은 민사 소송의 특수한 절차로서, 그 법률적 사실, 구체적으로 혼인의 무효성에 대한 선언을 위한 소송이다. 혼인 무효 소송 또는 재판은 그 무효성이라는 법률적 사실에 대한 선언이기 때문에 반드시 관계 당사자들의 분쟁 상태에 있어야 하는 것은 아니며, 형사 소송이 아니기 때문에 무효성의 선언이 실패한 혼인에 대한 책임성을 발견하여 선언하는 것도 아니다.[73] 따라서 혼인 무효 소송은 항상 두 당사자 사이의 다툼을 전제하지 아니한다. 교회법 제1683–1687조에서 다루고 있듯이, 양편 당사자들의 공동 소송 청구를 고려해 볼 때 두 당사자들 사이의 다툼을 전제로

---

70) 이시윤,『新民事訴訟法』, 박영사, 2020, 92쪽.

71) 참조: 교회법 제1400조 1항 1호; 정진석,『교회법 해설 6』, 가톨릭대학교출판부, 2020, 37쪽.

72) 물론 법률적 사실의 선언에서도 당사자들 사이의 분쟁(한편은 대가를 지불했다고 하고, 다른 한편은 이를 부정하는 등)을 전제하는 법률적 선언도 있을 수 있겠다. Cf. Manuel J. Arroba Conde, op.cit., p.49.

73) Cf. Daneels. F, *op.cit.*, p.24.

혼인 무효 소송이 제기되는 것은 아니다.

민사 소송 가운데 특수한 소송으로서 혼인 무효 소송은 법률적 사실에 대한 선언을 재판 대상으로 삼는다는 점에서 반드시 당사자들의 다툼을 전제하지 아니하며, 단순하게 혼인 유대의 존부를 심리하여 판결하는 재판이다. 다시 말해서 혼인 무효 소송은 참으로 혼인 유대가 존재하지 않았었다는 점을 밝히는 데 그 목적이 있다. 그러므로 혼인 무효 소송은 한 번 적법하고 유효하게 성립되고 완결된 혼인이 수반하는 그 불가 해소성에 근거한 영구한 혼인 유대의 진리를 배제하는 판결을 추구할 수 없는 것이라 하겠다.[74] 그러므로 혼인 무효 소송에 참여하는 사람들은 모두 그가 재판관이든 성사 보호관이든, 당사자들이든 모두 진리에 근거한 혼인 유대의 존부를 밝히는 데 노력해야 할 것이다.[75]

---

74) Cf. Manuel J. Arroba Conde, "Apertura verso il processo amministrtivo di nullita matrimoniale e diritto di difes delle parti", in *Apollinaris* 75(2002), pp.751-752.

75) Cf. Daneels. F, *op.cit.*, pp.18, 20-21, 22, 24.

제2편

통상적 혼인 소송 절차

제1장
가톨릭 혼인 무효 소송법 총칙

1. 교회 재판권의 범위

교회 법원에 혼인 무효 소송이 제기된 경우에 심리할 수 있는 소송들은 크게 세 가지 부류이다.

1.1. 영세자들 사이의 혼인 무효 소송은 교회 재판관에게 교회의 고유한 권리로서 속한다.[1]

영세자들 가운데서도 가톨릭 영세자들의 혼인 무효 소송 사건들은 교회 재판관의 고유한 권리로 재판하는데, 이것은 이들의 혼인이 주 그리스도에 의하여 성사의 품위로 올려졌기 때문이다.[2]

1.2. 비가톨릭 영세자나 비영세자들 사이의 혼인 무효 소송도 교회 재판관이 재판할 수 있다.[3]

– 비가톨릭 영세자들 사이의 혼인 무효 소송

세례는 받았지만 가톨릭 교회와 온전한 친교를 지니지 않고 있는 교회 공동체 신자들이 혼인을 거행할 당시에 그들이 속했던 교회 공동체에 효력을 가졌던 법(고유한 법은 없지만)에 의하여 맺었다면, 교회 재판관은 거행 시 준수했던 법률에 따라서 혼인의 무효

---

1) 참조: 교회법 제1671조 1항.

2) 참조: 교회법 제1055조, 제1059조.

3) 참조: 교황청 교회법평의회, 「혼인의 존엄」(*Dignitas Connubii*, 2005.1.25.), 주교회의 교회법위원회 옮김, 한국천주교중앙협의회, 2008, 제3조 2항.

소송을 재판할 수 있다.[4] 혼인의 거행 형식과 관련해서는 혼인 거행 당시 당사자들이 속해 있던 교회 또는 교회 공동체에서 규정되었거나 또는 인정된 그 어떤 형식들도 교회는 인정한다.[5] 다만, 당사자들 가운데 한 명이 비가톨릭 동방 교회의 신자이어서 고유한 거룩한 전례에 따라서 그 혼인이 거행되었어야 한다.[6] 이들에 대한 국가 법정의 이혼 판결과 그에 대한 비가톨릭 교회 공동체의 인정은 가톨릭 교회에 받아들여질 수 없고, 단지 그 비가톨릭 영세자들이 교회법 제1476조와 제1672조에 따라서 가톨릭 교회 법원에 자신들의 혼인 무효 소송을 제기하는 경우에 가톨릭 교회 재판관은 이를 판결할 수 있다.

– 비영세자들 사이의 혼인 무효 소송

비영세자들 사이의 혼인은 자연법으로도 규제되지만, 혼인 당사자들이 구속되는 국가 법률이나 합법적으로 인정된 관습법에 의해서도 구속된다.[7] 교회는 그 어떤 공적 형식으로든 맺어진 혼인 계약도 해소 불가한 것으로 여긴다. 이런 경우에 교회 재판관은 교회 소송법에 따라서 무효 소송을 진행하며, 하느님 법을 준수하면서 혼인 당시 당사자들을 구속했던 법 규범에 따라서 그 무효성을 판결한다.[8] 가톨릭 교회는 자연법에 따른 혼인이나 합법적인 비가톨릭 영세자들의 이혼 판결을 받아들이지 아니한다.[9]

---

4) Cf. Pio Vito Pinto, "Gli Articoli preliminari 1-7 della DIGNITAS CONNUBII" in AA.VV., *Il Giudizio di Nullità Matrimoniale dopo L'istruzione "DIGNITAS CONNUBII"- Parte Seconda*, LEV, 2007, p.22.

5) 참조:「혼인의 존엄」, 제4조 1항 1호.

6) 참조:「혼인의 존엄」, 제4조 1항 2호.

7) Cf. Pio Vito Pinto, *op.cit.*, p.23.

8) 참조:「혼인의 존엄」, 제4조 2항.

9) Cf. Pio Vito Pinto, op.cit., p.23.

1.3. 순전히 국법상의 효과들만 가지는 혼인 소송 사건들도 교회 재판관이 심리하고 재판할 수 있다.[10]

혼인의 순전히 국법상 효과에 대해서는 국가 권력의 관할이 보존되기 때문에 혼인의 단지 국법상의 효과들에 관한 소송 사건들은 국가의 재판권에 속하지만, 중간 소송으로서 부수적인 것으로 다루어지는 경우에는 교회 재판관에 의해서도 심리되고 재판될 수 있다.[11] 혼인의 국법상 순전한 효과들이란, 혼인의 본질이나 본질적 특성 및 본질적 요소들을 제외한 경제적인 재산권 문제나, 지참금, 상속 문제, 성명의 변경 등에 관한 효과들을 의미한다. 그런데 국법상의 이런 효과들에 대해서 교회 재판관이 심리하고 재판하려면 오직 개별법으로 정해져 있고 그 문제들이 혼인 무효 소송의 본안과 비교할 때 부수적이고 중간 소송 형태로 다루어지는 경우라야 한다.[12]

2. 교회 법원의 판결에 의한 무효 선언과 구두 쟁송 절차 배제 원칙

이러한 소송 사건들은 관할권이 있는 법원의 판결을 통해서만 결정될 수 있다.[13] 관할 법원은 교회법 제1404–1405조의 규범과 교회법 제1672조에 따라서 결정되고 무관할의 법원이 판결한 것은 경우에 따라서 보정 가능한 상대적 무관할권이든지 아니면 보정될 수 없는 절대적 무관할권이 되든지 한다.

---

10) 참조: 교회법 제1671조 2항.

11) 참조: 교회법 제1059조, 제1671조 2항.

12) Cf. Luigi Chiappetta, *Il Codice di Diritto Canonico: commento giuridico-pastorale* vol.3., EDB 3 ª, Bologna, 2011, pp.219-220.

13) 참조:「혼인의 존엄」, 제5조 1항.

그리고 법으로 배제되지 아니하는 한, 모든 소송 사건들은 구두 쟁송 절차로 처리될 수 있지만 혼인 무효 소송은 구두 쟁송 절차로 다루어질 수 없고 만약에 구두 쟁송 절차로 다루어지면 그 재판 행위는 무효가 된다.[14)]

3. 사도좌 대심 법원과 형식 결여의 증거 조사

혼인 무효 소송 사건은 관할 법원의 판결을 통해서만 결정될 수 있다고 규정한다. 그런데 예외적으로 사도좌 대심 법원은 무효성이 명백한 혼인 무효 소송 사건을 재결로써 결정할 수 있는 특별 권한을 지닌다. 또한 대심 법원은 조사 또는 더욱더 신중한 조사가 요구되는 소송 사건에 대해서는 관할 법원으로 그 사건들을 이송시켜야 하고, 또 필요하다면 법 규정에 따라서 무효 소송을 준비할 다른 법원으로 이송시켜야 한다.[15)]

14) 참조: 교회법 제1656조, 제1690조.

15) 참조:「혼인의 존엄」, 제5조 2항.

제2장
소송의 주체

제1절
법원

1. 관할권

가톨릭 교회에서 '관할'[16)]이란 재판관들이나 재판부가 지닌 사

16) 가톨릭 교회에서 '관할'이라는 말은 통상적으로 라틴어 'jurisdictio'을 번역한 것인데, 사법 영역에서 '관할'이라는 한국어는 라틴어 'forum'이라는 단어에 라틴어 형용사 'competens'를 첨가하여 재판권을 가진 '관할 법정' 또는 '관할 법원'이라는 의미로 사용되고 있다. 초기 로마법에서 'jurisdictio'는 왕에게 속한 최고권(imperium)의 일부였으나, 후기 로마법에서는 고위 관료들에게 속한 권한으로, 그다음에는 황제에게 속한 권한으로 이해되었다. 이 'imperium'은 어떤 분쟁이 있는 경우에 법률을 선언하는 'ius dicere' 재판권을 포함하고 있다가, 점차적으로 어떤 특정 지역에 대한 정치적, 법률적 권력의 총체를 의미하게 되었다. 현대 국가법에서는 초기 로마법의 의미를 수용하여 '관할iurisdictio'이라는 용어는 분쟁을 판단하고 해결하는 사법부에 속한 권한을 뜻하는 반면, 교회법에서는 후기 로마법의 의미로서 곧 재판하는 것만이 아니라 교회라는 사회에 대한 모든 통치권을 의미하게 되었다. 그래서 교회법에서 'iurisdictio'란 교회의 영적이고 사도적인 특별한 목적을 위해 신자들의 활동과 교회 기구를 통치하는 공적 권한으로서의 통치권으로 이해되어 왔다. 그러나 현재 교회는 이 통치권의 용어를 'iurisdictio'라는 단어보다는 'munus regendi(통치직무)'의 일부인 'potestas regiminis(통치권)'로 사용하고 있고, 현재 교회법에서 'iurisdictio'라는 단어가 국가법에서처럼 '재판권(potestas iudicialis)'으로 사용되는 경우는 오직 세 군데(교회법 제1417조, 제1469조, 제1512조)뿐이다. 민사 소송법상 관할은 여러 법원들 사이에서 어떤 법원이 특정의 소송 사건에 대한 재판권을 행사할 수 있는지, 곧 재판권의 분담 관계를 정해 놓은 것이라 하겠다. 즉 관할권은 재판권의 존재를 전제로 어느 법원이 재판권을 행사

법권의 구체적 영역으로서 어떤 소송 사건을 판결할 수 있는 권능을 말하는데, 교회 법원들에 분장되어 있는 사법권의 구체화라고 정의될 수 있고, 현재 교회법에서는 'forum'이라는 단어와 함께 사용되면서 법원이 누리는 구체적 재판권을 의미한다.[17] 어떤 소송 사건이 구체적 법원의 관할권 아래 놓여 관할권이 확정되면 더 이상 다른 법원은 그 소송 사건에 대해서 재판할 권리가 없게 되는 무관할권 법원이 된다는 의미에서 관할은 중요한 개념이라 하겠다.[18]

1.1. 무관할권

모든 법원이 모든 소송 사건에 대해서 관할권을 가지는 것이 아니며, 이러한 관할권에 결함이 생기면 그것을 무관할권이라고 말하고, 이는 어떤 특정한 소송을 다루고 재판하는 데 필요한 권한의

할 수 있느냐 하는 재판권의 분장 관계를 정해 놓은 것이다. 참조: 이시윤, 『新民事訴訟法』, 박영사, 2020, 92쪽; Cf. Manuel J. Arroba Conde, *Diritto Processuale Canonico*, EDIURCLA, 1993, Roma, pp.78-79, 84-85.

17) 교회에서 사법권은 입법, 행정, 사법을 분리하여 권력의 독단적 행사를 방지하고 법에 종속시키는 삼권 분립이 견지되는 국가법과는 대조적으로, 하나의 '통치권potestas regiminis'에 세 분야에 대한 세 법률적 기능(입법, 사법, 행정)이 구분되어 있을 뿐이고, 이것은 가톨릭 교회의 교계 제도의 신학적 기초에 근거한 구분이며, 이 원리에 의하여 세 가지 기능이 행사되는 것이다. 교회법 제135조 1항, 3항은 통치권을 입법권, 사법권, 집행권(행정권)으로 구별하고 있고, 적법성의 원칙과 독단적 권력 행사 방지라는 원칙에 의하여 세 가지 기능들을 수행하도록 규제하고 있다. 이런 맥락에서 사법권은 통치권의 일부이며, 구체적 분쟁 상황에서 법률을 선언하는 권한이고, 이것은 법률이 정한 대로 행사되어야 한다. 교회의 사법권은 분쟁이 되는 권리관계를 정하고, 법을 위반한 경우에 형벌을 선언하는 공적 통치권의 일부이며, 이것은 보통 대리권의 형태로 특정 지역이나 특정 사람을 위한 법원을 통하여 행사된다. 참조: 교회법 제135조 1항; Cf. Manuel J. Arroba Conde, *op.cit.*, pp.81-82.

18) Cf. Manuel J. Arroba Conde, *Ibid.*, p.85.

결여를 뜻한다.[19)]

무관할권에는 절대적 무관할권과 상대적 무관할권이 있다. 절대적 무관할권은 어떤 특정 법원만이 특정 소송 사건을 심리할 수 있는 경우를 뜻하며, 이런 한계는 법으로 정해져 있고 이에 대한 것은 당사자들끼리의 합의나 법률로부터의 예외적 적용을 허용하지 아니한다.[20)]

절대적 무관할권의 법률적 효과는 먼저 교회법 제10조에 근거하여 볼 때 그런 재판관은 재판을 절대적으로 할 수 없으며, 절대적 무관할한 재판관이 내린 판결은 보정될 수 없는 무효인 판결이 된다.[21)] 그렇기 때문에 재판관은 그 직무상 소송 절차가 진행되는 전 기간 동안, 자신이 맡은 소송 사건이 절대적으로 무효인 이유를 아는 순간 절대적 무관할권을 선언해야 할 의무를 지닌다.[22)]

또한 당사자들은 소송의 모든 단계에서 재판관의 절대적 무관할권에 대한 항변을 제기할 수 있고, 만약에 항변을 제기하지 아니한 경우라도 그런 당사자들은 유효한 판결을 얻을 수 없게 된다.[23)] 절대적 무관할권에 속한 소송 사건들을 특정 지역 교회 법원에 관할권을 부여하는 절대적 무관할권에 대한 변경권은 교황청 대심원의 '위탁 행위'로밖에는 이루어질 수 없다.[24)] 「혼인의 존엄」 제9조

---

19) 참조: 정진석, 『교회법 해설 6』, 가톨릭대학교출판부, 2020, 78-79쪽.

20) Cf. Manuel J. Arroba Conde, *op.cit.*, p.86.

21) 참조: 교회법 제10조, 제1620조 1항.

22) 참조: 교회법 제1461조.

23) 절대적 무관할권으로 인한 보정될 수 없는 무효인 판결에 대한 항고는 항변의 양식으로는 영구히, 소권의 양식으로는 판결 공표일로부터 10년 이내에 판결을 내린 재판관 앞으로 제기될 수 있다. 참조: 교회법 제1459조, 제1621조.

24) 참조: 요한 바오로 2세, 교황령 「착한 목자」(*Pastor bonus*, 1988), 제124조 2호;

는 재판관의 절대적 무관할권을 다음과 같이 규정하고 있다:

"제9조 ① 재판관의 무관할권이 절대적인 경우는 아래와 같다.

1. 소송 사건이 다른 법원에 (제소되어) 합법적으로 계류 중인 경우(교회법 제1512조 제2호 참조)

2. 심급의 이유로나 사안의 이유로 관할권이 준수되지 않은 경우(교회법 제1440조)

② 종국 판결이 내려진 다음 동일 소송 사건이 다시 동일 심급에서 심리되면, 심급의 이유로 재판관의 무관할권이 절대적이다. 다만 판결이 무효로 선언되는 일이 발생하면 그렇지 않다. 혼인 무효 소송 사건이 다른 형태의 소송 사건들만을 재판할 수 있는 법원에 의해 심리되면, 사안의 이유로 재판관의 무관할권이 절대적이다.

③ 제1항 제2호에 언급된 소송 사건에 대하여, 사도좌 대심 법원은 정당한 사유에서 절대적 무관할권을 지닌 다른 법원에 소송 사건의 심리를 위임할 수 있다(「착한 목자」, 제124조 2호)."

상대적 무관할권이란 절대적 무관할권과 달리, 동일한 종류의 법원들에 재판권을 부여하여 어떤 의미에서 절대적 무관할권으로 유보시킨 것을 제외하고 다른 절대적 무관할권을 누리는 경우를 말한다. 상대적 무관할권은 당사자들의 동의나 법률 자체를 통하여 예외적으로 변경이 가능하다.

상대적 무관할권은 재판관을 무자격자로 만들지 아니하기 때문에, 그가 내린 판결은 유효하지만 보정 가능한 불법한 판결이 되어

Cf. Manuel J. Arroba Conde, *op.cit.*, pp.87-88.

보정될 수 있고 법에 의하여 유효한 판결이 될 수 있다. 상대적 무관할권에 대하여 당사자들은 소송의 성립 이전에 항변을 제기할 수 있으나 재판관이 그 직무상 상대적 무관할권을 선언할 의무는 없다.[25)]

1.2. 교황에게 유보된 혼인 소송

「혼인의 존엄」 제8조는 혼인 소송에 있어서 교황에게 유보된 경우에 다른 하급의 재판관들이 재판하는 경우 그것은 절대적 무관할권에 속한다고 규정한다:

"제8조 ① 국가의 최고 직위를 가진 이들의 혼인 무효 소송 사건들을 재판하는 것은 교황만의 권한이며, 교황은 자기의 재판으로 이관시킨 그 밖의 혼인 무효 소송들에 대해서도 재판권을 가진다(교회법 제1405조 1항 1, 4호 참조).

② 제1항에 언급된 소송 사건들에서 다른 재판관들의 무관할권은 절대적이다(교회법 제1406조 2항 참조)."

1.3. 혼인 무효 소송의 관할 법원들

교회법 제1672조는 혼인 무효 소송의 관할 법원들을 다음과 같이 규정한다:

"제1672조 사도좌에 유보되지 아니한 혼인의 무효 소송 사건들의 관할 법원들은 아래와 같다.

1. 혼인이 거행된 곳의 법원.
2. 한편이나 혹은 양편 당사자들이 주소나 준주소를 가지고 있는 곳의 법원.
3. 대부분의 증거가 사실상 수집될 곳의 법원."

---

25) 참조: 교회법 제1459조 2항. Cf. Manuel J. Arroba Conde, *op.cit.*, p.90.

이 법률은 「온유한 재판관이신 주 예수님」[26]의 발표로 개정된 규정이다. 개정 전 교회법 제1673조는 혼인 무효 소송의 제1심 관할 법원이 정해지는 원칙들을 제시하는데, 결혼식이 거행된 곳, 피청구인이 주소나 준주소를 가지고 있는 곳, 청구인이 주소를 가지고 있는 곳, 대부분의 증거가 사실상 수집될 곳의 법원이 제1심 관할 법원이 된다.

개정 전 혼인 소송법 제1673조 3호와 4호의 경우, 청구인은 피청구인의 재판적(裁判籍)을 따른다는 원칙에 근거하여 청구인의 주소지 소재 법원에서 소송을 제기하려면 먼저 양편 당사자가 동일한 주교회의 지역에 거주해야 하고 피청구인 측 주소지의 사법 대리가 피청구인의 의견을 듣고 명시적으로 동의해야 가능하였다. 또한 대부분의 증거가 수집되는 곳의 법원이라고 하더라도, 피청구인 주소지 사법 대리가 먼저 피청구인에게 항변할 것이 있는지 질문한 후 동의하는 때에만 가능한 것이었다. 이러한 모든 조치들은 피청구인의 재판적을 우선시하는 이유 때문인데, 청구인은 자신에게 유리한 곳에서 유리한 증거들을 제출하려고 하는 경향이 있고 그러한 경우를 감안하여 피청구인의 방어권이 보호될 수 있는 보완적 조치는 필요한 것이기 때문이다.[27]

그러나 「온유한 재판관이신 주 예수님」에 따라 개정된 현 교회법 제1672조는 사도좌에 유보되지 아니한 혼인 무효 소송 사건의

---

26) 참조: 교황 프란치스코, 자의 교서 「온유한 재판관이신 주 예수님 - 혼인 무효 선언 소송 사건들에 관한 교회 법전 규범들의 개정에 관하여」(*Mitis Iudex Dominus Iesus*, 2015.8.15.), 『혼인 무효 선언을 위한 새로운 규범: 자의 교서 "온유한 재판관이신 주 예수님"의 적용』, 한국천주교주교회의, 2016.

27) 참조: 교회법 제1407조 3항.

제1심 관할 법원은 혼인이 거행된 곳의 법원, 한편이나 또는 양편 당사자들이 주소나 준주소를 가지고 있는 곳의 법원, 대부분의 증거가 사실상 수집될 곳의 법원으로 단순화하였다. 이 법원들 사이의 권원은 대등하다. 이는 「온유한 재판관이신 주 예수님」에 첨부된 절차 지침 제7조 1항에 다음과 같이 규정되어 있다:

"제1672조에 언급된 관할권의 권원은 대등하다. 다만 될 수 있는 한 재판관과 당사자들 사이의 근접성의 원칙은 보존된다."

이런 법 개정에 따라서 훈령 「혼인의 존엄」 제13조의 규정은 사실상 의미가 없다고 보아야 할 것이다. 사실 이 훈령 제13조는 피청구인의 재판적을 우선시하는 원칙에 근거한 규정이기 때문에, 제10조 1항 3호와 4호의 조건들의 충족 여부는 더 이상 중요하지 않다. 다만 절차 지침에서도 밝히고 있는 것처럼 재판관과 당사자들 사이의 근접성의 원칙이 더 중요하다. 이는 상당히 사목적인 원칙으로 보인다.

그러나 상소심의 관할권은 근접성이란 원칙으로 우선시되는 것이 아니라, 관구 법원이나 관구 내에서 더 오래된 교구의 교구장 주교, 교구장 주교가 고정적으로 선택한 주교에게 상소해야 한다.[28)]

「혼인의 존엄」 제10조 2항에 비추어보면, 앞서 열거한 관할권들(변경된 교회법 제1672조) 가운데 한 가지도 갖지 않은 재판관은 상대적 무관할권자가 된다.[29)] 시비점이 합치되기 전까지 상대적 무관할권에 대한 항변이 제기되지 않으면 그 상대적 무관할권은

---

28) 참조: 교회법 제1438조 1, 2호, 제1687조 3항.

29) 참조: 교회법 제1407조 2항.

법 자체로 관할권을 지니게 된다.[30] 상대적 무관할권의 문제가 제기되는 경우에 사도좌 대심원은 정당한 이유로 관할권의 확대를 승인할 수 있다.[31]

1.4. 주소에 대한 확인

교회법 제102-107조에 규정된 바와 같이, 당사자들의 교회법적 주소나 특별히 그들의 준주소를 증명하고 또는 의심이 가는 경우에는 당사자의 단순 진술만으로 충분하지 않으며, 국가나 교회가 증명하는 합당한 문서가 요구된다. 이도 결여되면 다른 방법의 증거가 요구된다.[32] 그리고 준주소는 어떤 본당 사목구나 교구 구역 내에서 적어도 3개월간 머물 마음으로 거주함으로써 얻어지므로, 교회법 제102조 2항의 요건이 충실히 이행되었는지에 관한 특별한 주의가 요구된다.[33] 항구적으로나 일시적인 이유에서 별거한 부부는 상대편 배우자의 주소를 따르지 아니한다.[34]

그리고 혼인 소송 사건이 계류 중에는, 배우자의 주소와 준주소의 변경이 법원의 관할권을 이송하거나 정지하지 아니한다.[35]

그리고 대부분의 증거가 수집되는 법원은 진실성을 위하여 두 당사자들이 제출하는 증거들뿐 아니라 직권으로 수집되어야 할 증거들도 고려하여야 한다.[36]

---

30) 참조:「혼인의 존엄」, 제10조 3항; 교회법 제1457조 1항.
31) 참조:「혼인의 존엄」, 제10조 4항.
32) 참조:「혼인의 존엄」, 제11조 1항.
33) 참조:「혼인의 존엄」, 제11조 2항.
34) 참조: 교회법 제104조.
35) 참조:「혼인의 존엄」, 제12조; 교회법 제1512조 2, 5호.
36) 참조:「혼인의 존엄」, 제14조.

1.5. 연관된 소송의 법원

연관성의 이유(ratio conexionis)로 서로 연관된 소송 사건이란, 사건의 구성 요소 중 일부가 동일하고 일부는 다른 소송 사건을 뜻한다. 이와 같이 연관된 소송 사건들은 연관성의 이유로 동일한 법원에서 또한 동일한 소송 절차로 심판되어야 한다. 다만 법률 규정이 이를 저지하면 그러하지 아니하다.[37] 혼인의 무효 소송이 여러 가지 다른 무효의 항목들로 공격되면, 연관성의 이유로 하나의 동일한 법원에서 동일한 소송 절차로 심판되어야 한다.[38]

1.6. 제2심의 관할권

교회 법원에서 제2심은 관구장이 지휘하는 지역의 대교구 법원을 뜻하며, 정확한 소송 절차를 위해 상소 법원이 설치되어야 하는 국가 소송법 제도와 마찬가지로 교회에서도 제2심 법원의 설치는 의무적인 것이다.[39] 개정된 혼인 소송법에 따르면 더 이상의 두 개의 합치된 혼인 무효 판결이 필요하지 아니한 상태라도 상소권은 남아 있고, 그것은 피해를 입었다고 여기는 당사자의 제기로 가능하다. 혼인 소송 절차에서 2심과 상소심에 대한 규범은 크게 변경된 것이 없으며, 이에 대하여「혼인의 존엄」제17조는 같은 훈령 제25조와 제27조의 규범을 따르도록 한다:

“제17조 제25조, 제27조의 규정과 사도좌가 수여한 특전들은 보존하면서, 제2심 법원은 다음과 같다.

1. 관구 관하 교구장들의 법원에서는 관구장의 법원에 상소한다. 제3-4호의 규정은 준수된다(교회법 제1438조 1호 참조).

---

37) 참조: 교회법 제1414조.

38) 참조:「혼인의 존엄」, 제15조; 교회법 제1407조 1항; 교회법 제1414조.

39) 참조: 교회법 제1439조 1, 2항.

2. 관구 법원에서 제1심 법원으로 심리된 소송 사건들은, 관구장이 사도좌의 승인 아래 고정적으로 지정한 법원에 상소한다(교회법 제1438조 2호 참조).
3. 제23조에 따라 여러 교구들을 위한 하나의 제1심 법원이 설립되었으면, 주교회의는 사도좌의 승인 아래 제2심 법원을 설립하여야 한다. 다만 그 교구들이 모두 동일한 대교구의 관구 관하 교구들이면 그러하지 아니하다(교회법 제1439조 1항 참조).
4. 제3호에 언급된 경우 외에도 주교회의는 사도좌의 승인 아래 하나나 여러 제2심 법원을 설립할 수 있다(교회법 제1439조 2항 참조).

제27조 ① 로마 공소 법원은 제25조에 언급된 법원들과 일치하는 제2심 상소 법원이다. 그러므로 어느 법원에서 제1심으로 판결한 모든 소송 사건들은 무엇이든지 합법적 상소에 의하여 로마 공소 법원에 제기될 수 있다(교회법 제1444조 1항 1호;「착한 목자」, 제128조 1호 참조).

② 사도좌에 의해 반포된 개별법이나 사도좌에 의해 수여된 특전을 보존하면서, 로마 공소 법원은 유일한 제3심이며 상급심 법원이다(교회법 제1444조 1항 2호;「착한 목자」, 제128조 2호 참조)."

1.7. 선착수(先着手)의 법원

교회법 제1415조에 따라서 하나의 혼인 무효 소송 사건에 대해서 둘 또는 여러 법원들이 동등한 관할권을 가지면, 피청구인(피고)을 합법적으로 먼저 소환한 법원에 선착수의 소송 심판권이 있다.[40] 선착수의 원칙이란 여러 법원이 동등한 관할권을 가지는 일종의 법원의 경합이 발생했을 경우에 피청구인 측을 먼저 소환하여 재판 절차를 착수한 법원에 그 소송을 진행시킬 권리를 부여하는 원칙을 말한다.

1.8. 정지된 소송 사건

소송이 정지되는 경우는 소송의 소멸에 의해서나 포기의 경우를 생각해 볼 수 있는데, 이런 경우에 소송을 새로이 제기하려는 당사자는 소송 재개의 기한을 지키면서 관할 법원 어디서라도 자신의 선택에 따라 소송을 제기할 수 있다.[41]

만일에 소송 시행의 소멸이나 포기가 로마 공소 법원에서 발생하면 오직 로마 공소 법원으로만 소송 제기 가능하고, 그 소송에 대한 상급심은 로마 공소 법원에만 가능하다.[42]

1.9. 관할권의 분쟁 및 조정

법원들 사이의 관할권의 분쟁은 그 법원들이 동일한 상소 법원에 종속하면 그 (상소) 법원에 의하여 해결된다. 동일한 상소 법원에 종속하지 아니하면 사도좌 대심원(大審院)에 의하여 해결된다.[43]

1.10. 관할권에 대한 항변

관할 법원에 대한 항변이 있는 경우 「혼인의 존엄」 제78-79조

---

40) 참조:「혼인의 존엄」, 제18조; 교회법 제1415조.
41) 참조:「혼인의 존엄」, 제19조.
42) 참조:「혼인의 존엄」, 제19조.
43) 참조:「혼인의 존엄」, 제21조; 교회법 제1416조;「착한 목자」, 제122조 4호.

의 규정을 준수된다:

"제78조 ① 재판의 관할권에 대하여 항변이 제기되면, 합의제 재판부가 그 문제를 심리하여야 한다. 제30조 제3항의 규정은 보존된다(교회법 제1460조 1항 참조).

② 상대적 무관할권에 대한 항변의 경우에 합의제 재판부가 자신에게 관할권이 있다고 선언하면, 이 결정은 상소를 허용하지 아니한다. 그러나 제269−278조에 다룬 판결 무효 확인과 교회법 제1645-1648조에서 다룬 원상회복의 상소는 금지되지 아니한다(교회법 제1460조 2항 참조).

③ 합의제 재판부가 자기의 무관할권을 선언하면, 손해를 입었다고 여기는 당사자는 15일의 유용 기간 이내에 상소 법원에 항고할 수 있다(교회법 제1460조 3항 참조).

제79조 소송 사건의 어느 단계에서든지 절대적 무관할권을 아는 법원은 자기의 무관할권을 선언하여야 한다(교회법 제1461조 참조)."

2. 법원

2.1. 총설

법원[44]이란 고유한 의미에서 재판 사무를 처리하기 위한 단독

44) 교회법상 법원(法院: tribunal)이라는 용어는 네 가지 의미를 가진다. 첫째는 소송이 이루어지는 장소로서의 법원이다(교회법 제1609조). 둘째는 관할권 또는 재판권의 총체를 의미할 수 있다(교회법 제360조). 셋째는 재판관과 그 외의 법원 직원들을 뜻한다(교회법 제1474조). 넷째는 합의제 재판부(교회법 제1505조)를 뜻한다. Cf. Manuel. J. Arroba Conde, *op.cit.*, p.127.

또는 다수의 법관으로 구성된 재판 기관 곧 재판부를 뜻한다.[45] 교회 내에는 다양한 기준에 따른 법원들이 존재한다. 그 기준들은 정규 법원과 위임 사건 법원, 보편법에 따른 법원과 특별법에 따른 법원, 속인적 법원, 속지적 법원, 사도좌 법원, 심급에 따른 법원 등으로 구분될 수 있다. 교회에는 사법적 교계 심급에 따라 제1심, 제2심, 제3심 법원이 있다.

정규 법원이란 통상적으로 부여된 재판권을 갖도록 고정적으로 설립된 법원을 말한다. 정규 법원은 교구 법원처럼 의무적으로 설립되어 고정적으로 재판권을 행사하는 법원이다. 위임 사건 법원이란 어떤 특정한 사건을 위하여 관할권이 있는 자에 의한 위임으로 그 사건을 심판하도록 설립되는 법원을 말한다. 이 법원은 사건이 있을 때 설립되는 법원으로 실재로는 존재하지 않는다고 보아야 할 법원이다. 위임 사건 법원은 심판관을 가진 관할권자, 곧 교황,[46] 주교,[47] 수도회 총원장[48]이 특정 소송을 위해 위임 처리하는 법원을 말한다.[49]

보편법에 따른 법원이란 보편 교회법에 따라 설립되고 운영되는 법원을 말한다. 교회법 제1042조에 언급된 사도좌 법원들에 관한 법률들은 특별법의 성격을 띠는 것으로 보이지만, 보편법의 규범과 상통하기 때문에 보편법에 따른 법원으로 본다. 특별법에 따른 법원이란 특별법에 따라서 설립되고 운영되는 법원을 말한다.

45) 참조: 이시윤, 앞의 책, 69쪽.
46) 참조: 교회법 제1442조.
47) 참조: 교회법 제1495조; 제1512조, 제1513조.
48) 참조: 교회법 제1427조 2항.
49) Cf. Manuel. J. Arroba Conde, *op.cit.*, p.129.

이 법원의 교회를 위하여 다양한 기능을 제공하는 법원으로서, 교황청 부서들이 어떤 특정 사안을 위해 제정된 법률로 규제되는 법원이다. 신앙교리성, 경신성사성, 시성성, 사도좌 내사원이 여기에 속한다.[50)]

비록 속인적 법원, 속지적 법원, 사도좌 법원이 구별되기는 해도 보편법에 따른 법원들이란 점에서 공통점을 지닌다. 속인적 법원으로는 수도자들을 위한 법원[51)]과 군종단 신자들을 위한 법원, 그리고 정치적 이유로 인한 망명자를 위한 법원, 전례에 따른 가톨릭 동방 교회 신자들을 위한 예법 간 법원을 들 수 있다.[52)]

속지적 법원에는 대다수의 교회 법원들이 속한다. 여기에는 교구 제1심 법원과 교구연립 제1심 법원, 제2심 법원으로는 관구 법원과 교구 연립 제2심 법원 및 주교회의 법원(선택적 사안), 제3심 법원은 개별 교회 차원에는 존재하지 아니하며, 유일한 제3심은 로마 공소 법원이다.[53)]

사도좌 법원은 크게 세 가지로 구분된다. 첫째 교황의 법원으로는 교황 개인 직할 법원[54)]과 위임 사건 법원[55)]이 있다. 둘째는 로마 공소 법원[56)]이다. 셋째는 교황청 대심 법원이다.[57)]

---

50) Cf. *Ibid*., p.130.

51) 참조: 교회법 제596조, 제1427조, 제1438조 3호.

52) Cf. Manuel J. Arroba Conde, *op.cit*., p.145.

53) 참조: 교회법 제1444조 1항 2호.

54) 참조: 교회법 제1405조 1항.

55) 참조: 교회법 제1442조.

56) 참조: 교회법 제1402조, 제1405조, 제1419조 2항, 제1444조; 「착한 목자」, 제128조 1호, 2호.

57) 참조: 교회법 제1445조.

2.2. 제1심 법원들과 교구 연립 제1심 법원

교구장 주교들은 혼인 무효 소송 사건을 위한 교구 법원을 설립하여야 한다.[58] 법으로 명시적 예외를 두지 않으면 각 교구에서 혼인 무효 소송 사건들을 위한 제1심 재판관은 교구장 주교이다.[59] 그는 교회법에 따라 몸소 또는 다른 이들을 통하여 법적 권한을 행사할 수 있다.[60]

---

58) 참조:「혼인의 존엄」, 제22조 3항; 교회법 제1673조 2항.

59) 참조:「혼인의 존엄」, 제22조 1항; 교회법 제1419조 1항, 제1673조 1항.

60) 주목할 것은「온유한 재판관이신 주 예수님」서문에 제시된 개정 작업을 위한 지침 III에서도 강조하고 있듯이 교구장 주교가 교구의 재판관이며, 특별히 혼인 무효 소송에 관한 임무를 교구청 사법부에 완전히 일임하지 말도록 규정하고 있다는 점이다. 그러나「혼인의 존엄」제22조 2항은 특별한 소송 사건이 요구하지 않으면 교구장 주교가 몸소 사법권을 행사하지 말도록 권고한다. 그리고 교회법 제1673조 1항은 혼인 무효 소송 사건에서 제1심의 재판관이 교구장 주교임을 명시하고 있는 동시에 2항은 혼인 무효 소송 사건을 위한 제1심 법원을 의무적으로 설치하라고 규정함으로써, 혼인 무효 소송 사건에 대해서 자신 이외에도 정규 재판관들을 통해 처리하도록 규정하고 있다. 전통적으로 교구장 주교가 사법권을 직접 사용하지 말도록 하는 이유로, 첫째, 소송을 진행할 시간이 실질적으로 없다는 점, 둘째, 주교 자신이 법률 전문가가 아닐 수 있다는 점, 셋째, 광범위하게 맡겨진 사목적 직무에서 어떤 한편의 손을 들어줌으로써 손상을 입힐 수 있다는 점을 들 수 있다. 또한 보편법상의 소송법이나 형법에 대한 관면을 줄 수 없다는 교회법 제87조를 고려할 때, 교구장 주교의 사법권 행사는 실질적으로 제한적이라고밖에 할 수 없는 것이 현실이다. 실질적으로 교구장 주교가 사법권을 직접 행사하는 경우는 단지 세 경우뿐이다. 우선 평신도 재판관 임명 가능성, 합의제 재판부 구성이 어려울 경우 단독 재판관을 지명할 수 있는 가능성, 주교 앞에서의 간략한 혼인 무효 소송에서 최종 판결을 내리는 것뿐인데, 이 가운데 교구장 주교가 직접 자신의 사법권을 행사하는 경우란 간략한 혼인 무효 소송에서 판결을 내리는 일이다. 문제는 주교가 재판관으로서 활동하라는 것과 특정한 사안이 아니면 교구장 주교가 직접 사법권을 행사하는 데 기피하라는 원칙 사이에 놓여 있는 것이다. 참조:「혼인의 존엄」제22조 1, 2항; 교회법 제1419조 1항, 제1673조 1항, 2항; Cf. Manuel Jesús Arroba Conde - Claudia Izzi, *Pastorale giudiziaria e prassi processuale nelle cause di nullità del matrimonio*, San Paolo, 2017, pp.64-65, 67.

교구장 주교들은 교회법 제1419-1421조에 언급된 교구 법원들 대신에, 교회법 제1423조에 따라 사도좌의 승인 아래 자신들의 교구를 위한 하나의 교구 연립 제1심 법원을 설립할 수 있다.[61]교구 연립 제1심 법원을 설립하는 데 요구되는 것은 관련 주교들이 지닌 자신들의 사법권 행사를 포기하고 연립 법원을 설립하겠다는 동의다. 이 연립 제1심 법원의 설립은 선택사항이므로 관련 교구장 주교들의 만장일치 결정이 필요하고, 사도좌 대심 법원을 통한 사도좌의 사전 승인이 요구된다.[62] 또한 각 교구장 주교에게 언제든지 연립 법원에서 독립할 권한 또한 항상 남아 있다.[63]

개정된 혼인 소송법에 따르면 교구 법원, 연립 법원 설립 외에 교구장 주교는 인근 교구나 인근 연립 법원에 도움을 요구할 수 있는 권한을 지니며, 이를 위하여 사도좌 대심 법원의 사전 협의 규범은 사라지게 되었고 사후 알려주면 충분하도록 간소화되었다.[64]

---

61) 교구나 교구 연립 법원의 설립이 전적으로 불가능하다면, 인근의 다른 법원을 주관하는 주교의 동의를 얻어서 관할권의 확대를 대심 법원에 요청할 수 있을 것이다. 참조:「혼인의 존엄」, 제23조 1항, 제24조 1항; 교회법 제1423조.

62) 참조: 교회법 제1445조 3항 2, 3호; Cf. Manuel Jesús Arroba Conde - Claudia Izzi, *Pastorale giudiziaria e prassi processuale nelle cause di nullità del matrimonio*, p.76.

63) 참조: 교황 프란치스코,「혼인 무효 선언 소송 사건의 절차 지침」(2015.8.15.), 『혼인 무효 선언을 위한 새로운 규범: 자의 교서「온유한 재판관이신 주 예수님」의 적용』, 한국천주교주교회의, 2016, 제8조 2항.

64) 참조:「혼인의 존엄」, 제24조 1항; 교회법 제1673조 2항; Cf. Manuel Jesús Arroba Conde - Claudia Izzi, *Pastorale giudiziaria e prassi processuale nelle cause di nullità del matrimonio*, pp.72-73.

이러한 교구 제1심 법원을 주관하는 주교는 그 교구장 주교이고, 교구 연립 법원에 대해서는 합의하는 주교들로부터 지명받은 주교이다.[65)]

2.3. 제2심 법원

「혼인의 존엄」 제25조는 다음과 같이 혼인 소송을 위한 제2심 법원을 제시한다:

“제25조 제27조의 규정과 사도좌가 수여한 특전들은 보존하면서, 제2심 법원은 다음과 같다.

1. 관구 관하 교구장들의 법원에서는 관구장의 법원에 상소한다. 제3－4호의 규정은 준수된다(교회법 제1438조 1호 참조).
2. 관구 법원에서 제1심 법원으로 심리된 소송 사건들은, 관구장이 사도좌의 승인 아래 고정적으로 지정한 법원에 상소한다(교회법 제1438조 2호 참조).
3. 제23조에 따라 여러 교구들을 위한 하나의 제1심 법원이 설립되었으면, 주교회의는 사도좌의 승인 아래 제2심 법원을 설립하여야 한다. 다만 그 교구들이 모두 동일한 대교구의 관구 관하 교구들이면 그러하지 아니하다(교회법 제1439조 1항 참조).
4. 제3호에 언급된 경우 외에도 주교회의는 사도좌의 승인 아래 하나나 여러 제2심 법원을 설립할 수 있다(교회법 제1439조 2항 참조).”

통상적인 제2심 법원인 관구장 법원과 관구장 제1심 법원의

65) 참조: 교회법 제1423조 1항.

사건에 대한 사도좌의 승인 아래 고정적으로 지정된 제2심 법원 외에도, 여러 관구들이 속한 연립 제2심 법원이 있을 수 있다. 이 경우는 연립 법원 제1심에서 심리된 소송 사건을 심리하는 법원으로 여러 개의 관구들에 속한 여러 교구들을 위한 교구 연립 제2심 법원인 경우인데 이런 법원은 대심 법원의 승인 아래 주교회의에 의하여 설립될 수 있다.[66]

또 다른 경우는 주교회의가 사도좌의 승인 아래 국가 전체를 위한 하나의 제2심 법원을 설립하는 것으로, 모든 제1심 법원들의 상급심 법원이 되는 경우가 있을 수 있다.[67]

이 법원들에 대한 행정 권한은 교구 연립 제1심 법원에 대해서는 주교들의 모임이, 「혼인의 존엄」 제25조 3-4호에 언급된 법원들에 대해서는 주교회의 또는 이 회의로부터 지명받은 주교가 행정적 권한을 가진다. 법원에 대한 이들의 행정적 권한은, 법원에 대하여 교구장 주교에게 부여된 모든 권한이다.[68]

2.4. 로마 공소 법원

로마 공소 법원[69]은 상소를 위한 통상적 제2심 법원으로서, 1

66) 참조: 교회법 제1439조 1항, 제1445조 3항 3호; Cf. Manuel Jesús Arroba Conde - Claudia Izzi, *Pastorale giudiziaria e prassi processuale nelle cause di nullità del matrimonio*, pp.80-81.

67) 참조: 교회법 제1439조 2항.

68) 참조: 교회법 제1423조 제1항; 제1439조 제3항.

69) '로마 공소 법원(Rota Romana)'의 명칭의 유래에 대해서는 다양한 설이 있다. 이 기구의 명칭이 공식적으로 교황 문헌에 등장하는 것은 교황 마르티노 5세(1423년)의 문서에서이다. 그런데 이 법원이 고유한 의미에서 사법적 기능을 수행하도록 법률적 권한이 부여된 것은 교황 인노첸시오 3세 때부터이며, 근

심의 통상 법원들이 판결하고 합법적으로 상소된 모든 소송 사건들을 심리한다.[70] 다시 말해서 로마 공소 법원은 지역에 설립된 제2심 법원들과 같은 제2심 법원에 해당되는 것이다.[71] 그러므로 어떤 제1심 법원에서 판결한 모든 소송 사건들은 무엇이든지 합법적 상소에 의하여 로마 공소 법원에 제기될 수 있다.[72]

로마 공소 법원은 유일한 제3심이며, 그 이상의 심급 법원이다.[73] 단 사도좌에 의해 반포된 개별법이나 사도좌에 의해 수여된 특전은 보존된다.[74] 특이한 점은 로마 공소 법원은 제1심 법원으로도 사건을 심리한다는 것이다.[75] 이는 교황의 수위권에서 유래하는 것이며, 1심 법원으로서 로마 공소 법원은 교회법 제1405조 3항의 사건들과 교황이 개인적으로 유보한 사건들,[76] 교황의 수위권으로 성좌로 이송한 사건들[77]을 심판한다. 또한 공소 법원장은 자신의 권한으로 어떤 사건을 공소 법원으로 이송시킬 권한이 있다.[78]

대적 의미의 사도좌 법원으로서의 법률적 성격이 주어진 것은 교황 비오 10세가 부여한 고유법에 의해서이다. Cf. Manuel J. Arroba Conde, *Diritto Processuale Canonico*, p.148.

70) 참조: 교회법 제1443조, 제1444조.

71) 참조:「혼인의 존엄」, 제27조 1항; 교회법 제1438조, 제1439조.

72) 참조: 교회법 제1444조 1항 1호;「착한 목자」, 제128조 1호.

73) 참조:「혼인의 존엄」, 제27조 2항; 교회법 제1444조 1항, 2호;「착한 목자」, 제128조 2호.

74) 참조:「혼인의 존엄」, 제27조 2항.

75) 참조: 교회법 제1444조 2항.

76) 참조: 교회법 제1405조 1항, 3항.

77) 참조: 교회법 제1417조 1항, 제1442조.

78) Cf. Manuel J. Arroba Conde, *Diritto Processuale Canonico*, p.152.

그리고 교회법 제1417조에 따라서 소송의 어떤 심급이나 단계에서나 판결을 로마 공소 법원에 이송하는 경우라도, 그것이 상소가 아닌 한 이미 심판하기 시작한 재판관의 권한을 정지시키지 아니하기 때문에 종국 판결까지 그는 재판을 계속할 수 있다. 단 사도좌로 사건이 이송되었음을 그 재판관에게 통고하면 그 재판관의 권한은 정지된다.[79)]

또한 공소 법원은 공소 법원 자체가 1심으로 심리한 사건들을 2심으로 심리한다.[80)]

2.5. 법원 간의 협력

모든 법원은 소송 사건을 예심 조사하려고 또는 소송 기록을 통보하려고 다른 법원에 도움을 요청할 권리를 가진다.[81)] 이것은 바꾸어 말하면, 이런 도움을 요청받은 법원은 그것이 적법하고 가능한 요청이라면 협조해야 할 의무를 내포하고 있다는 것이다.

교회법 제1418조는 법원 간의 협력에 대한 내용을 규정하고 있는데, 법원 간에 협조를 이루어야 할 이유는 크게 두 가지 측면에서 생각해 볼 수 있을 것이다. 하나는, 법원의 재판관 편에 존재할 수 있다. 훈령「혼인의 존엄」제32조 2항에서도 말하고 있듯이 사법권 행사는 자기 구역 안에서 이루어져야 하는데, 재판관이 자기 관할 구역 안에서 어떤 사법적 조치들을 취할 수 없고 도움

---

79) 참조: 교회법 제1417조.

80) Cf. Manuel J. Arroba Conde, *Diritto Processuale Canonico*, p.151.

81) 「혼인의 존엄」제29조 ① 어느 법원이든지 소송 사건을 예심 조사하기 위하여 또는 소송 기록을 통보하기 위하여 다른 법원에 도움을 청할 권리가 있다(교회법 제1418조). ② 필요하다면 그 사안을 처리할 수 있도록 교구장 주교에게 협조 서한을 발송할 수 있다.

을 받을 수도 없는 경우가 있을 수 있다. 또 다른 하나는, 재판관의 사법권 대상자 편에 존재할 수 있을 것이다. 교구의 크기가 크고 그 당사자가 소속 법원으로 출두할 교통편이 없다든가 등의 이유로 인하여 자기 구역 안에서 예심 조사를 진행할 수 없는 경우를 생각할 수 있을 것이다.[82)]

교회법 제1558조에 따르면 증인들은 법원의 소재지에서 심문받도록 되어 있다. 그러나 추기경들, 총주교들, 주교들, 자기 국가의 법률상 이와 비슷한 혜택을 누리는 이들은 본인들이 선택하는 장소에서 청취되어야 한다. 그리고 거리상 멀리 있다거나 질병, 그 밖의 장애 때문에 법원 소재지에 출두하는 것이 불가능할 경우에 이들은 어디에서 청취되어야 하는지 재판관은 판단해야 한다. 이러한 일을 관할 구역 밖에서 하는 경우에 그 관할 구역 재판관에게 대신하도록 청할 수 있는 것이다.

그리고 재판관이 자기 구역으로부터 추방되거나 재치권 행사가 방해되거나 자기 구역 밖에서도 자기 재치권을 행사할 수 있으나, 이러한 사실을 교구장 주교에게 알려야 한다.[83)] 그리고 재판관은 이 밖에도 정당한 이유로 인하여 당사자들의 의견을 듣고 증거들을 수집하기 위해서 자기 구역 밖으로 나갈 수도 있으나, 가고자 하는 곳의 교구장 주교의 허락을 얻고 그가 지정한 곳에서 해야 한다.[84)]

82) 참조: 한영만, 『훈령 혼인의 존엄 해설: 혼인 소송법』, 빅벨, 2010, 54쪽.
83) 참조: 교회법 제1469조 제1항.
84) 참조: 교회법 제1469조 2항.

「혼인의 존엄」 제29조 2항은 다른 법원에 대한 협조 요청이 무익할 경우, 협조해 줄 법원의 교구장 주교에게 '협조 요청서(litterae rogatoriae)'를 발송할 수 있음을 말한다. 만약 협조를 요청하는 법원이 교구 연립 법원인 경우, 협조 요청서의 수신인은 지명받은 책임 주교일 것이고, 사도좌 대심 법원으로부터 관할권 확대를 받아 혼인 무효 소송을 처리하도록 지정된 법원이 있다면, 그 법원 소재지의 교구장 주교가 수신인이 될 것이다.[85] 이 협조 요청서는 당연히 서면으로 작성되어야 할 것이고, 협조받을 내용이 무엇인가 분명하게 기재되어야 한다. 만약 소송 기록들에 대한 통보를 위한 협조 요청서라면, 거기에는 그 기록들의 사본이 원본과 같은 것임을 입증하는 것이 표시되어야 한다.[86]

2.6. 합의제 재판부 구성과 그 평결(評決)

가톨릭 교회의 혼인 무효 소송 사건들은, 3명의 재판관들의 합의제 재판부에서 심리하여 판결하는 것을 원칙으로 한다. 그리고 법원 소재지의 주교는 더 까다롭거나 더 중대한 소송 사건들을 5명의 재판관들의 재판에 위탁할 수 있다.[87] 합의제 재판부를 주재하는 자는 성직자이어야 하고, 나머지는 평신도들일 수 있다. 재판이 합의제로 진행될 때는 언제나 과반수 투표로 판결하여야 한다.[88]

---

85) 참조:「혼인의 존엄」, 제24조 2항, 제26조.

86) 참조: 한영만, 앞의 책, 55쪽.

87) 참조: 교회법 1673조 3항; 제1425조 2항.

88) 합의제 재판부 법원에서 구성 재판관들이 집합하여 재판 내용을 결정하기 위해 협의하는 것을 평의(評議)라고 하며, 그 결정을 평결(評決)이라고 한다. 재판이 합의제로 진행되는 경우에는 언제나 과반수 투표로 판결되어야 한다. 교회법 제119조 2호에 따르면, 소집되어야 할 이들의 과반수가 참석하여야 하고 참석자들의 절대다수가 찬성할 경우에 법적 효력을 지닌다. 두 번의 개

그러나 합의제 재판부를 구성할 수 없는 곳에서는 교구장 주교가 단독 재판관을 임명하여 심리하도록 해야 한다.[89] 교구장 주교는 성직자 단독 재판관에게, 가능하다면 덕망이 높고 법학이나 인간학에 정통한 자이며 이 직무에 승인된 2명의 배심관들을 배정해 주어야 한다.[90] 교구장 주교가 단독 재판관을 임명하여 혼인 무효 소송 사건을 심리하기 위해서 주교회의의 허가는 더 이상 요구되지 아니한다.[91] 이 단독 재판관은 합의제 재판부의 재판장이나 주심관의 권한을 지닌다.[92]

표 후에도 득표수가 같으면 주재자가 결재투표를 할 수 있다. 참조:「혼인의 존엄」제31조, 제248조; 교회법 제1426조 1항; 정진석, 앞의 책, 172쪽.

89) 참조: 교회법 제1673조 4항.

90) 교회법 제1673조 4항과「혼인의 존엄」제30조 3항을 비교할 때 다른 점은 예심관에 대한 언급이 사라졌고, 그 대신 배심관 두 명을 채용하여 단독 재판관을 돕도록 한다는 것이다.「혼인의 존엄」제30조 3항에서는 배심관과 예심관을 배정하도록 했으나, 교회법 제1673조 4항은 배심관 두 명에 대한 언급이 있을 뿐이다. 여하튼 단독 재판관에게 두 명의 배심관을 지명해 줌으로써 합의제 재판부까지는 아니더라도 독단적 판단을 내리지 않도록 보조적인 길을 교회법은 제공하고 있는 것이다. 따라서 단독 재판관을 통하여 혼인 무효 소송을 심리할 경우, 이 규범의 뜻을 깊이 유념하여 적용하는 것이 필요하다고 본다. 더욱이 두 번의 합치된 무효 판결이 나오지 않고 한 번의 무효 판결로도 일정 시간이 지나고 상소되지 않는 한 그 판결은 집행력을 지니기 때문에 성사 보호관만큼이나 배심관의 역할은 중요하다고 본다. 가톨릭 교회 내에서 혼인이 차지하는 공적 성격을 고려하면, 또 원칙적으로 합의제 재판부에서 다루어야 한다는 점을 고려하면, 여러 가지 이유 때문에 비록 단독 재판관으로 소송을 심리할 수밖에 없다고 해도 교회법 정신에 합당하게 적어도 두 명의 배심관을 지명하여 혼인 무효 소송을 진행해야 할 것으로 보인다. 참조:「혼인의 존엄」제30조 3항; 교회법 제1425조 1항 1호 나, 제1673조 3항, 4항.

91) 참조: 로마 공소 법원, "자의 교서「온유한 재판관이신 주 예수님」의 적용 지침",『혼인 무효 선언을 위한 새로운 규범: 자의 교서「온유한 재판관이신 주 예수님」의 적용』, 한국천주교주교회의, 2016. I. 2. 마).

92) 참조: 교회법 제1673조 4항.

제2심 법원은 제1심 법원과 동일한 방식으로 구성된다. 그러나 법원의 유효성(합법성)을 위하여 항상 합의제여야 한다. 제1심에서 단독 재판관에 의하여 내려진 판결에 대해서 제2심은 반드시 합의제로 진행해야 한다는 것이다. 이는 판결의 유효성을 위해서 필요한 요건이며, 이를 위반할 경우 그 판결은 보정될 수 있는 하자 있는 판결이 될 것이다.[93)]

2.7. 재판관들의 사법권의 행사

재판관들이나 합의제 재판부들이 가지는 사법권(Potestas iudicialis)은 법으로 규정된 방식으로 행사되어야 하며 위임될 수 없다.[94)] 단, 재결이나 판결의 준비 행위를 수행하기 위한 경우에 한하여 재판관들이 지니는 사법권은 다른 이들에게 위임될 수 있다.[95)]

그리고 재판관들이나 합의제 재판부가 행사하는 사법권은 속지적 원칙에 입각하여 자신들의 관할권 내에서 행사되어야 한다.[96)] 그러나 예외적으로 재판관이 자기 구역으로부터 힘으로 추방되거나 그곳에서 재치권 행사가 방해받는 때에, 자기 구역 밖에서 재치권을 행사하고 판결을 내릴 수 있는데, 이러한 예외적 상황은 모두 관련 재판관에 의하여 해당 교구의 교구장 주교에게 알려져야 할 것이다.[97)]

---

93) 참조:「혼인의 존엄」, 제30조 4항; 교회법 제1441조, 제1622조 1호.

94) 참조:「혼인의 존엄」, 제32조 1항; 교회법 제135조 3항.

95) 소송 사건의 예심 조사를 위해서 재판관이나 합의제 재판부의 재판장에 의하여 예심관이 임명될 수 있다. 참조:「혼인의 존엄」, 제50조 1항; 교회법 제1428조 1항.

96) 참조:「혼인의 존엄」, 제32조 2항.

2.8. 법원의 구성 및 전반적 원칙

2.8.1. 법원의 구성과 관리 및 그 임명권

주교들은 혼인 무효 소송의 중대성과 심각성에 비추어 '정의'를 추구하는 사법 기관의 직원들을 선발할 때에, 적합한 사람들로 구성해야 하고 그들이 법률에 따라서 성실하게 자기 임무를 이행하도록 감독해야 할 책임이 있다.[98] 교구 법원들에 대한 임면권은 교구장 주교에게 있고, 교구 연립 법원의 직원들은 관련 주교들의 모임이나 주교회의에 의해 임명된다.[99]

법원에서 일하는 이들은 임무를 올바르고 성실하게 수행할 것이라는 맹세를 해야 한다.[100] 그리고 재판관, 성사 보호관, 검찰관은 혼인법과 소송법의 지식을 계속해서 심화시키는 데 성실해야 하며 로마 공소 법원의 판례들을 공부할 필요가 있다.[101] 로마 공소 법원은 상급심 법원으로서 심리하고, 법리학의 일치를 도모하며, 그 판결을 통하여 하급심 법원들을 도와주는 목적을 지향하기 때문이다.[102]

---

97) 참조:「혼인의 존엄」, 제85조; 교회법 제1469조.

98) 참조:「혼인의 존엄」, 제33조.

99) 그리고 긴급한 경우, 교구 연립 법원의 직원들이 해당 주교들의 모임이나 주교회의에 의해 임명될 때까지, 교구 연립 법원 소재지의 교구장 주교가 직원들을 임명할 수 있다. 참조:「혼인의 존엄」, 제23조 1항, 제34조.

100) 참조:「혼인의 존엄」, 제35조 1항; 교회법 제1454조.

101) 참조:「혼인의 존엄」, 제35조 2항.

102) 참조:「착한 목자」, 제126조. 또한 로마 공소 법원의 법리학의 핵심 요점들은 교황 성하께서 매년 공소 법원 재판관들에게 하신 연설 속에 자리 잡고 있기에 교황 성하의 이 연설문들을 연구하는 것도 매우 바람직하다.

2.8.2. 겸임 불가 원칙 및 새로운 직무 설정 금지

사법 대리, 부사법 대리, 재판관들, 성사 보호관, 검찰관의 임무는 상소로 연결되어 있는 두 법원에서 고정적 방식으로 같은 임무를 수행할 수 없다.[103] 이러한 규정은 제척(除斥)에 관한 교회법 제1447조를 법원으로 삼고 있는「혼인의 존엄」제66조에서도 규정되어 있다. 제척(除斥)이란 재판권 행사의 공정성을 확보하기 위하여 법관, 공증관, 통역인 등, 법원의 직무 수행자들이 사건의 당사자 또는 사건의 내용과 특수 관계가 있는 경우에, 그 사건에 관한 직무 집행을 할 수 없도록 하는 것을 뜻한다.

법원에서 동일한 직원들이 고정된 방식으로 두 개의 직무를 동시에 수행할 수 없다. 단 동일한 사건이 아닌 경우에 한하여, 동일인이 성사 보호관이나 검찰관의 임무를 겸임할 수는 있겠다.[104] 그리고 법원 직원들은 상소의 이유로 연계되는 같은 법원이나 다른 법원에서 직접적으로나 중재인을 통해서 변호사나 소송 대리인의 직무를 맡을 수 없다.[105] 그리고 법원의 직책들은 교회법전에 열거된 것 이외는 인정되지 아니하며 새로 설정할 수 없다.[106]

---

103) 교회법 제152조는 겸임할 수 없는, 곧 동일인이 한꺼번에 수행할 수 없는 두 가지 또는 여러 가지 직무들은 아무에게도 수여되지 말아야 한다고 규정한다. 참조:「혼인의 존엄」제36조 1항.

104) 참조:「혼인의 존엄」제36조 2항.

105) 참조:「혼인의 존엄」제36조 3항.

106)「혼인의 존엄」제37조는 교회법전에 설정된 법원 직무들 이외에 직무들을 개별법 차원에서 설정하지 말도록 금지하고 있다. 왜냐하면 교회법전 자체로 설정된 직책들 이외의 직무들을 개별 교구 차원에서 설정할 경우 거기서 자신의 권리를 보호받고자 하는 사람들 사이에 누구와 무슨 이야기를 해야 할지 등의 여러 가지 혼란이 야기될 수 있기 때문이다. 만약에 어떤 교회 법원에서 자신들 고유의 직책을 만들어서 그 직함을 사용하고 있을 때, 그가 무슨 권한으로 무슨 일을 하는지 명확하지 않으며 그럼으로써 여러 가지 혼란이 야기될 수 있을 것이다. 이러한 점에서

2.9. 재판관

2.9.1. 개념

재판관이란 단독으로나 합의체적으로 법이 정한 방식대로 소송을 심리하고 판결하기 위한 사법권을 행사하도록 교회에 의하여 합법적으로 지명된 사람을 말한다. 재판관은 공적 직무를 수행하는 사람으로서, 특히 교회 재판관은 교회의 이름으로 그리고 교회의 권위를 통하여 자신의 임무를 수행한다.[107]

2.9.2. 사법 대리와 부사법 대리

각 교구 법원과 교구 연립 법원에는 정규 재판권을 가진 사법 대리[108]가 임명되어야 하고, 필요한 경우 부사법 대리가 임명될 수 있다.[109] 이들은 일정한 기한부로 임명되어야 하고, 합법적인 중대한 이유가 없는 한 해임될 수 없다.[110] 사법 대리는 교구장 주교와 더불어 하나의 법원을 구성하면서 교구장의 사법권을 대리하는 사람이다. 그는 교구장 주교가 자신에게 유보시킨 소송 사

교회법전에 설정된 교회 법원 직무 이외의 직무는 설정되지 말아야 한다. Cf. Klaus Ludicke/Ronny E. Jenkins, *Dignitas Connubii: Norms and Commentary*, Canon Law Society of America, USA, 2006, p.79.

107) 재판관을 '하느님의 공직자(Minister Dei)'라고 부르기도 하였고, '정의의 사제(Sacerdos iustitiae)'라고도 불렀다고 한다. 이것은 모두 재판관이 지닌 공적 성격과 정의를 실현하는 데 있어서 그 숭고한 책임을 드러내는 표현들로 보인다. Cf. St. Thomas Aquinas, *Summa Theologiae*, ESD, Bologna, 2014, II-II, q.60, ad2; Luigi Chieappetta, op.cit., p.21; Manuel J. Arroba Conde, *Diritto Processuale Canonico*, p.173.

108) 사법 대리는 원칙적으로 교구장 주교의 행정권을 대리하는 총대리와 구분되어야 한다. 그러나 교구가 작고 소송 건수가 적은 경우 동일인이 겸직할 수도 있을 것이다. 참조:「혼인의 존엄」, 제38조 1항; 교회법 제1420조 1항.

109) 참조:「혼인의 존엄」, 제38조 1항, 제39조, 제41조 1항; 교회법 제1420조 3항.

110) 참조: 교회법 제1422조.

건은 재판할 수 없다.[111]

사법 대리거나 부사법 대리들은 평판이 높고 교회법학의 박사들이나 적어도 석사들로서 30세보다 적지 아니한 사제들이어야 한다.[112] 사법 대리들은 사도좌에 의해 승인된 양식에 따라 법원을 주관하는 주교나 그의 대리자 앞에서 신앙 선서와 충성을 맹세하여야 할 의무가 있다.[113]

사법 대리(司法代理: Vicarius judicialis)는 재판 선고의 자유를 온전히 누리면서도 법으로 사법 대리에게 관련되는 업무들을 정의의 올바른 집행을 권고할 책임이 있는 교구장 주교에게 법원의 상태와 활동에 대하여 보고하여야 한다.[114] 부사법 대리들은 재판의 자유를 보존하면서, 사법 대리의 지도 아래 행동하여야 한다.[115]

이들의 임무는 교구장 공석 중에도 그 직무가 끝나지 아니하며, 교구장 직무 대행에 의하여 해임될 수도 없다. 그러나 새 주교가 부임하면 추인이 필요하다.[116]

111) 참조:「혼인의 존엄」, 제38조 2항; 교회법 제1420조 2항.

112)「혼인의 존엄」제42조 2항은 법원 실무 경험이 부족한 사람이 사법 대리나 부사법 대리로 임명될 수 없음을 강력히 권고하고 있다. 참조:「혼인의 존엄」, 제42조 1항; 교회법 제1420조 4항.

113)「혼인의 존엄」제35조 1항은 법원을 구성하는 이들이나 보조하는 이들이 직무에 대한 서약을 하도록 규정하고 있다. 사법 대리는 그 직무의 중요성을 감안할 때 교회법 제833조 5호에서 규정하고 있는, 사도좌가 정한 방식에 따라 신앙 선서와 충성 서약을 해야 한다. 참조:「혼인의 존엄」, 제40조; 교회법 제833조 5호.

114) 참조:「혼인의 존엄」, 제38조 3항.

115) 참조:「혼인의 존엄」, 제41조 2항.

116) 참조:「혼인의 존엄」, 제42조 3항; 교회법 제1420조 5항.

2.9.3. 재판관들

교구나 교구 연립 법원에는 재판관들이 임명되어야 하며, 그들은 성직자여야 한다.[117] 그러나 주교회의가 허락하는 경우 평신도들도 재판관으로 선임되어 합의제 재판부의 한 명으로 임용될 수 있다.[118] 혼인 무효 소송에서 3명의 합의제 재판부가 구성될 때 다른 성직자들과 평신도 재판관이 임명될 수 있는데, 합의제 재판부를 주재하는 것은 성직자이어야 한다.[119]

재판관들에게 요구되는 자질은 높은 평판과 교회법학의 박사들이나 적어도 석사 학위를 지녀야 한다.[120]

교회 재판관들은 사법 대리, 부사법 대리와 마찬가지로 일정 기한부로 임명되어야 하며, 합법적이고 중대한 이유가[121] 없는 한 교구장좌 공석 중에도 해임되지 않는다.[122] 그러나 그 기한을 얼마라고 보편법은 정하고 있지 않으며, 이것은 관련 임면권자의 임명 교령에 단순히 적시하면 될 일이고, 일정 기한부로 임명해야 한다고 하는 그 의도는 사법적 문제들에 있어서 직무의 안정성을 주자는 데 있다.

2.9.4. 합의제 재판부

혼인 무효 소송 사건은 3명의 재판관들의 합의제 재판부에

---

117) 참조:「혼인의 존엄」, 제43조 1항; 교회법 제1421조 1항.
118) 참조:「혼인의 존엄」, 제43조 2항; 교회법 제1421조 2항.
119) 참조: 교회법 제1673조 3항.
120) 참조:「혼인의 존엄」, 제43조 3항; 교회법 제1421조 3항.
121) 중대한 해임 사유는「혼인의 존엄」제75조 1항, 2항에서도 밝히고 있듯이 직무를 위반하거나 과실, 미숙함, 남용 등이 있을 경우를 뜻할 것이다.
122) 참조:「혼인의 존엄」제44조; 교회법 제1422조.

유보되어 있으며, 이 합의제 재판부의 재판장은 성직자가 맡아야 하며 다른 구성원은 평신도일 수 있다.[123]

혼인 무효 소송은 3명의 합의제 재판부에 유보되어 있는데, 합의제 재판부가 구성될 수 없는 경우 성직자 단독 재판관에게 혼인 무효 소송 사건을 맡겨야 한다.[124]

법원에 소송이 제기되면 재판부를 구성해야 하는데 이것은 사법 대리에 속한다. 사법 대리는 재판관 명부의 순서에 따라 개별 소송 사건들을 재판하도록 재판관들을 배정하여야 하지만, 법원을 책임지는 주교가 어떤 개별 소송 사건에 대해서 다른 방식으로 정한다면 그 방식을 따라야 한다.[125] 다른 소송 사건보다 더 빨리 처리해야 할 경우가 있다면, 그 이유를 밝히는 특별 재결로 정해야 한다.[126] 사법 대리는 경우에 따라 미리 지정된 순서대로 단독 재판관을 배정할 수 있다.[127]

사법 대리는 일단 지명된 재판관들을 대치하지 말아야 하고, 대체하려면 지극히 중대한 이유(ex gravissima causa)가 있어야 하며, 이를 재결시에 명시해야 한다.[128]

123) 참조: 교회법 제1673조 3항.
124) 참조: 교회법 제1673조 4항.
125) 참조: 「혼인의 존엄」, 제48조; 교회법 제1425조 3항.
126) 참조: 「혼인의 존엄」, 제76조; 교회법 제1458조.
127) 참조: 「혼인의 존엄」, 제48조 1항; 교회법 제1425조 3항.
128) 참조: 「혼인의 존엄」, 교회법 제1425조 5항.

2.9.4.1. 합의제 재판부의 의무

일단 합의제 재판부가 구성되면 그 재판부는「혼인의 존엄」제45조에서 규정하고 있는 다음과 같은 의무를 지니게 된다:

"제45조 ① 합의제 재판부에 속하는 사항들은 다음과 같다.

1. 주 소송의 판결(제30조 1, 3항 참조).
2. 무관할권 항변의 심리(제78조 참조).
3. 소장 각하에 불복하여 제기된 소원의 심리(제124조 1항 참조).
4. 쟁점들의 양식을 정한 재판장이나 주심관의 재결(裁決)에 불복하여 제기되는 소원의 심리(제135조 4항 참조).
5. 당사자가 기각된 증거의 승인을 주장하면, 매우 신속하게 그 문제를 판결(제158조 1항 참조).
6. 제217–228조에 따른 중간 소송의 판결.
7. 중대한 사유로 판결문 작성을 위해 한 달 이상의 긴 기간의 승인(제249조 5항 참조).
8. 필요 시 금혼령 부과(제250조 3호; 제251조 참조).
9. 재판 비용의 결정과 비용 및 보수금에 관련된 결정에 불복하여 제기된 소원의 심리(제250조 4호; 제304조 2항 참조).
10. 판결문의 중대한 오류 수정(제260조 참조).
11. 상소심에서는 제265조의 규정에 따라 제1심 재판에서 혼인 무효가 된 판결문의 신속한 확증이나, 또는 새로운 심급의 통상적 조사에 대한 승인.
12. 판결 무효에 관한 질의 심리(제269조; 제274조 1항; 제275조; 제276조 2항; 제277조 2항 참조).
13. 합의제 재판부에 유보되었거나 결정을 맡긴 그 밖의 소송 기록에 대한 공표."

이런 합의제 재판부의 의무들은 단독 재판관을 통하여 혼인 무효 소송을 제1심 법원에서 처리하기로 하였다면 고스란히 단독 재판관의 의무들이기도 하다.[129]

2.9.4.2. 재판장(praeses)의 의무

합의제 재판부에서 재판장(praeses)은 사법 대리나 부사법 대리가 맡는다.[130] 그들이 맡기기 어려우면 합의제 재판부 가운데 지명된 성직자 한 명이 재판장을 맡아야 한다. 이는「혼인의 존엄」제43조 2항에서 허용될 수 있는 평신도 재판관이 합의제 재판부의 한 명으로 임명된 경우가 있더라도, 그 평신도 재판관은 재판장이 될 수 없다는 것을 뜻한다. 만약 합의제 재판부가 아닌 단독 재판관이 소송 사건을 맡았다고 한다면, 그에게 합의제 재판부의 재판장이나 주심관(ponens)에게 속하는 의무도 지우게 될 것이다.[131]
「혼인의 존엄」제46조에 따르면, 재판장의 임무는 다음과 같다:

"제46조 ② 합의제 재판부의 재판장에게 속하는 사항들은 다음과 같다.

1. 주심관의 지명 또는 정당한 이유가 있으면 다른 주심관으로의 대체(제47조 참조).
2. 예심관의 지명 또는 정당한 이유가 있으면 당사자나 증인 심문에 적합한 인물에게 소송 문건의 작성(ad actum)을 위임(제50조 1항; 제51조 참조).
3. 성사 보호관, 검찰관, 그 밖의 법원 직원들을 반대하는 항변의 심리(제68조 4항 참조).

129) 참조:「혼인의 존엄」, 제30조 3항; 교회법 제1673조 4항.
130) 참조: 교회법 제1426조 2항.
131) 참조:「혼인의 존엄」, 제30조 3항, 제46조 1항; 교회법 제1673조 4항.

4. 교회법 제1457조 2항과 제1470조 2항 그리고 제1488–1489조에 따라 재판에 관여한 이들에 대한 징계(제75조 1항; 제87조; 제111조 1항; 제307조 3항 참조).
5. 법정 대리인의 승인과 지명(제99조 1항; 제144조 2항 참조).
6. 제101조 1항과 3항, 제102조, 제105조 3항, 제106조 2항, 제109조, 제144조 2항에 따라 소송 대리인과 변호인 직무의 제공.
7. 제119–120조, 제126조에 따라 소장의 수리나 기각, 피청구인의 법원 소환.
8. 법정 소환 재결의 즉각적 통지에 대한 감독 및 필요한 경우 새로운 재결로 당사자들과 성사 보호관의 소집(제126조 1항; 제127조 1항 참조).
9. 당사자의 재판 진술에 앞서 소장이 피청구인에게 통지되지 아니한 것에 대한 재결(제127조 3항 참조).
10. 쟁점들의 양식을 제안하거나 결정(제127조 2항; 제135조 1항 참조).
11. 예심 소송 사건의 배정 및 집행(제137조; 제155조 이하; 제239조 참조).
12. 피청구인의 법정 부재 선고 및 출석 방안 강구(제138조; 제142조 참조).
13. 청구인이 소환에 응하지 아니하면 제140조에 따라 진행(제142조 참조).
14. 소멸된 소송의 선고와 각하의 승인(제146–147조; 제150조 2항 참조).
15. 감정인의 임명과 필요하다면 다른 감정인이 작성한 감정서의 채택(제204조 참조).

16. 제120조에 따라 착수 시 중간 소송 사건으로 제기된 청구의 거부나 이의 신청된 자가 내린 재결의 취소(제221조 2항 참조).
17. 합의제 재판부의 위임에 의해 제225조에 따라 재결로 중간 심문의 결정.
18. 소송 사건에서 소송 기록과 결론의 공표 및 변론의 감독(제229-245조 참조).
19. 소송 사건의 판결을 위한 합의제 재판부의 법원 정기 모임에 대한 계획 및 합의제 재판부의 변론 지도(제248조 참조).
20. 재판관이 판결문에 본인의 서명을 할 수 없는 경우 제255조에 따라 규정.
21. 제265조에 언급된 소송 절차에서, 자신의 의견이 담긴 소송 기록이 성사 보호관에게 전달되어야 하며, 당사자들이 원하면 자신들의 소명을 제출하도록 권하는 것을 재결로써 규정.
22. 무료 변호의 승인(제306-307조 참조).
23. 법 자체로나 합의제 재판부의 행위에 따라 합의제 재판부에 유보되지 않은 그 밖의 소송 기록의 제출."

2.9.4.3. 주심관(ponens seu relator)의 의무

주심관(ponens)은 합의제 재판부에서 사건을 보고하는 일을 하기 때문에 보고관(relator), 중재인 또는 심판인(referee)이라고 하며, 판결문을 작성하는 일도 하므로 판무관(commissioner)이라고도 한다.[132] 교회법 제1429조에 보면 주심관은 재판관들의 회의

132) 참조: 정진석, 앞의 책, 180쪽.

에서 소송 사건에 대한 보고를 하고 판결 이유를 선택하여 판결문을 서면으로 작성하는 임무를 수행한다. 훈령「혼인의 존엄」제47조에 따르면, 주심관의 의무는 다음과 같다:

"제47조 ① 합의제 재판부의 재판관들 가운데서 재판장에 의해 지명된 주심관 즉 보고관은 중간 소송 사건[133]에서 판결문과 재결을 기록할 뿐 아니라, 재판관들의 모임에 소송 사건을 제출하여야 하며, 제기된 쟁점에 대한 답변 형식으로 판결문을 작성하여야 한다(교회법 제1429조; 이 훈령 제248조 3.6항; 제249조 1항 참조).

② 소장이 수리되면, 제46조 2항 8−16.18.21호에 언급된 재판장의 권한은 법 자체로 주심관 또는 보고관에게 속한다. 다만 재판장에게 유보된 몇몇 사안들에 대한 권한은 보존된다.

③ 재판장은 정당한 이유로 주심관을 다른 사람으로 대체할 수 있다(교회법 제1429조 참조)."

3. 그 밖의 사법 기관

3.1. 예심관

예심관(豫審官: auditor)은 소송 지도관(actorum instructor)이라고도

133) 중간 소송 사건(causa incidens)이란 재판 진행 중에 주 안건에 부수되어 제기된 안건을 뜻하며, 이것은 소환 후 판결 전에 제기되는 것이 통상적이다. 그러나 소환 전에 제기되는 것도 있고 판결 후에 제기되는 경우도 있다. 참조: 교회법 제1587조, 제1505조, 제1496조, 제1449조, 제1487조, 제1527조, 제1555조, 제1576조, 제1652조.

불렸는데, 소송을 준비시키고 지도하는 임무를 수행하는 자라는 뜻에서 그러하였고, 예심 재판관(judex instructor) 또는 보조 재판관(subsidiary judge)이라고도 불렸다.[134] 예심관은 소송 사건의 예심 조사를 위하여 임명되는 사람인데 법원의 재판관들 가운데 임명될 수도 있고 이를 위하여 주교가 승인한 사람들 가운데 임명될 수 있다.[135]

예심관은 재판관의 위임에 따라 증거들을 수집하고 수집된 증거들을 재판관에게 전하는 것뿐이다. 그러나 그는 자기의 임무를 수행하는 동안에, 어떠한 증거를 어떻게 수집할 것인지에 대하여 혹시라도 문제가 생기면, 재판관의 위임에 어긋나지 아니하는 한, 자기가 결정할 수 있다.[136] 예심관은 소송 사건의 심문을 위해 원거리, 질병, 그 밖의 장애 때문에 법원 소재지로 출두하는 것이 불가능해 보이거나 곤란한 경우「혼인의 존엄」제50조 3항의 규정을 준수하면서, 적합한 사람에게 (소송 사건의) 심문을 위임할 수 있다. 소송의 심문을 위임받은 사람은 그들의 위임에 따라 심문하여야 한다.[137]

예심관의 임무는 법원의 재판관들에게 맡겨질 수도 있고, 아니면 교구장 주교에 의하여 승인된 사람들 가운데 한 사람에게 맡겨질 수도 있다. 예심관은 재판장에 의하여 임명된다. 교구장 주교는 예심관의 임무를 위하여 생활이 올바르고 현명하며 학식

134) 참조: 정진석, 앞의 책, 176쪽.
135) 참조:「혼인의 존엄」, 제50조 1항; 교회법 1428조 1항.
136) 참조:「혼인의 존엄」, 제50조 3항; 교회법 제1428조 3항.
137) 참조:「혼인의 존엄」, 제51조; 교회법 제1558조 3항; 제1561조.

이 뛰어난 성직자들이나 평신도들을 예심관 임무에 승인할 수 있다.[138] 예심관은 재판의 어느 시점에서나 정당한 이유로 그를 임명한 사람에 의해 해임될 수 있다.[139]

3.2. 배심관

교회법 제1424조에 따르면 단독 재판관은 두 명의 덕망 높은 성직자들이나 평신도들을 배심관(陪審官: assesor)들로 채용하여 자문을 받을 수 있다고 규정한다.[140] 배심관의 주요 역할은 단독 재판관을 자문하는 것이다. 제30조 3항에 따라 단독 재판관의 자문관으로 채용되는 배심관은 주교에 의해 이 임무에 승인된 성직자나 평신도들 가운데서 선발되어야 한다.[141]

혼인 무효 소송에서 배심관은 단독 재판관을 돕기 위하여 될 수 있는 대로 채용되어야 하며, 주교 앞에서 이루어지는 간략한 혼인 소송 절차에서도 배심관이 임명되어야 한다.[142]

---

138) 참조:「혼인의 존엄」, 제50조 2항; 교회법 제1428조 2항.

139) 참조:「혼인의 존엄」, 제50조 4항; 교회법 제193조 3항.

140) 배심관은 우리말로 단독 재판관을 도와준다는 의미에서 조판관(助判官)이란 용어가 좋지 않을까 생각한다. 배심관은 예심관과 구별되는 임무를 수행하는 자로서, 전적으로 재판에 개입한다기보다 단순히 보조하는 역할을 하기 때문이다.

141) 참조:「혼인의 존엄」, 제52조; 교회법 제1424조.

142) 주목할 점은 교회법 제1424조는 배심관의 임명이 선택적 규범인 데 반하여, 혼인 무효 소송에서 성직자 단독 재판관의 경우에는 '될 수 있는 대로(ubi fieri possit)' 두 명의 배심관 임명을 강력하게 요구하고 있다는 것이다. 이러한 점은「혼인의 존엄」제52조에서도 분명하게 규정하고 있다. 특히 주교 앞에서 이루어지는 간략한 혼인 무효 소송에서는 배심관의 임명을 의무적인 것으로 규정하고 있다. 참조: 교회법 제1673조 4항, 제1685조.

3.3. 검찰관과 성사 보호관

교회법 제1430조에 따르면 검찰관(promotor iustitiae)은 공익이 위태롭게 될 수 있는 민, 형사 소송 사건에서 공익을 보살필 의무를 지닌 자다. 검찰관은 공익이 위태롭게 될 수 있는 민사 소송과 공법인이 연관된 소송, 모든 형사 소송, 혼인 무효 소송에 반드시 관여해야 한다.[143]

성사 보호관(defensor vinculi)은 사회적 성사의 무효 확인 소송에서 성사의 유효성을 보호하기 위하여 임무를 수행하는 자로서, 성품의 무효나 혼인의 무효와 해소에 관한 소송 사건을 대비하여 일하는 사람이다.[144]

3.3.1. 성사 보호관과 검찰관의 임명

성사 보호관과 검찰관은 교구 법원이든지 연립 법원이든지 고정적 방식으로 적어도 한 명은 임명되어야 한다.[145] 성사 보호관과 검찰관의 임명은 경우에 따라 교구장 주교, 교구 연립 법원의 관련된 주교들의 모임, 주교회의 소관일 수 있다.[146] 정당한 이유가 있으면, 성사 보호관과 검찰관은 그들을 임명한 주교에 의해 해임될 수 있다.[147]

성사 보호관과 검찰관은 전반적 소송 사건들을 위해서나 개별 소송 사건들을 위해서 선임될 수 있다. 동일한 소송 사건이 아닌

143) 참조: 교회법 제1430조, 제1674조 1항 2호, 제1696조, 제1721조.
144) 참조: 교회법 제1432조; 정진석, 앞의 책, 187쪽.
145) 참조:「혼인의 존엄」, 제53조 1항; 교회법 제1430조; 제1432조.
146) 참조:「혼인의 존엄」, 제34조.
147) 참조:「혼인의 존엄」, 제53조 4항; 교회법 제1436조 2항.

경우, 동일인이 성사 보호관과 검찰관의 직무를 겸임할 수 있다.[148)]

성사 보호관과 검찰관은 덕망과 교회법학의 박사나 석사 학위 소지자들이어야 하고, 신중하고 정의의 열정이 입증된 성직자들이나 평신도들이어야 한다.[149)]

경우에 따라서는 성사 보호관이나 검찰관이 직무를 수행할 수 없는 상황이 발생할 수 있고, 그 결과 소송이 지연될 수 있다. 이러한 경우에 사법 대리는 교령을 통하여 성사 보호관과 검찰관의 직무를 대체할 수 있는 다른 사람을 선임할 수 있는데, 그를 보결(補欠: Substitutus) 성사 보호관, 보결 검찰관이라 할 수 있으며, 이것은 재판 시초부터거나 재판 진행 중에 이루어질 수 있다. 현실적으로 이 임무에 적법한 요건을 갖춘 사람을 찾아 대체하기가 쉬운 일은 아닐 것이며, 그렇더라도 훈령 제36조와 제66조에서 밝히고 있는 제척(除斥)에 대한 원칙을 신중히 생각해야 할 것이다.[150)]

3.3.2. 혼인 무효 소송에서 성사 보호관

혼인 무효 소송에서 성사 보호관의 개입은 항상 요구되는 규정이다.[151)]「혼인의 존엄」 제60조와 그 원천인 교회법 제1433조에 따라서 보면, 검찰관이나 성사 보호관의 참석이 요구되는 소송 사건들에서 이들이 개입하지 않았다면 그 소송 기록은 무효가 된다. 그만큼 성사 보호관의 참여는 중대한 것인데, 왜냐하면 그는 교회의 성사를 보호하는 것을 주 임무로 하고 있기 때문이다.「혼인의 존엄」 제56조는 성사 보호관의 임무를 다음과 같이 규정한다:

---

148) 참조:「혼인의 존엄」, 제53조 2, 3항; 교회법 제1436조 1, 2항.

149) 참조:「혼인의 존엄」, 제54조; 교회법 제1435조.

150) 참조:「혼인의 존엄」, 제55조.

151) 참조:「혼인의 존엄」, 제56조 1항.

“제56조 ① 혼인 무효 소송 사건들에서 성사 보호관의 출석은 항상 요구된다.

② 법에 따라 성사 보호관은 소송의 시작과 진행 중에 참여하여야 한다.

③ 법원의 모든 심급에서 성사 보호관은 사안의 진실은 보존하면서, 모든 종류의 증거, 답변(대답)과 이의 신청을 제기할 의무를 가지며, 혼인 유대의 보호에 기여하여야 한다(교회법 제1432조 참조).

④ 교회법 제1095조에 기술된 무능력자와 관련한 소송 사건들에서, 감정인에 의해 명료한 방식으로 제출된 질의들이 그 문제와 관련이 있는 사항인지 또는 감정인의 권한 한계를 넘어선 것인지를 살피는 것은 성사 보호관의 권한에 속한다. 감정인의 견해가 그리스도교 인간학에 근거하고 과학적 방법에 따라 작성된 것인지에 대한 관찰은 성사 보호관에게 속한다. 그리고 보고서에서 발견한 혼인 유대에 이익이 되는 점을 지적하여 재판관에게 제출하여야 한다. 인용 판결일 경우에, 상소 법원에 앞서 감정인의 보고서가 혼인 유대의 손실에 관하여 재판관에 의해 올바르게 평가되지 않았다면, 이를 분명하게 지적하는 것도 성사 보호관의 임무에 속한다.

⑤ 성사 보호관은 혼인 무효에 이익이 되는 행위를 할 수 없다. 성사 보호관이 혼인 유대에 유익이 되는 것을 합리적으로 제기하거나 논의할 수 없는 특수한 경우에, 성사 보호관은 법원의 판결에 위탁할 수 있다.

⑥ 상소심에서 모든 소송 기록들을 주의 깊게 고려한 뒤에, 성사 보호관은 이전 심급에서 제기된 혼인 유대의 유익

에 관한 의견들을 참조할 수 있지만, 특별히 예심 보충 조사가 이루어졌다면 이에 대한 자신의 의견을 항상 제출하여야 한다."

3.3.3. 혼인 무효 소송에서 검찰관의 개입

교회법 제1674조 1항 2호는 검찰관이 혼인을 공격할 권리가 있는 경우를 규정하고 있다. 검찰관은 혼인의 무효가 이미 공개되었고 혼인이 유효화될 수 없거나 적당하지 아니한 때에 혼인을 공격할 권리가 있다.[152]

특별히 소송법 준수와 소송 행위들의 무효성이나 항변에 관련된 사안들이 발생할 경우, 검찰관은 성사 보호관의 요청이나 당사자의 요청으로 재판관의 재결서로 관여하게 된다.[153] 검찰관이 앞선 심급에서 주 소송이나 중간 소송에 관여하였다면, 동일 소송 사건의 상급심에서도 검찰관이 관여하는 것으로 추정된다.[154]

검찰관이 교회법 제1674조 1항 2호에 따라서 혼인을 공격할 경우, 그는 마치 청구인과 같은 역할을 할 것이며 청구인이 행하는 같은 종류의 소송 행위들을 수행한다. 곧 청구인과 같은 입장에서 증거들을 수집하고 소송을 취소하거나 상소하는 등의 행위들을 행한다. 그러나 청구인의 입장에서 혼인을 공격하면서 증거들을 모아 그 무효성을 확증하는 것이지, 진정한 의미에서 청구인과 같이 자신의 입장을 선언하는 것은 아니다. 그런 의미에서

152) 참조:「혼인의 존엄」, 제92조 2호.
153) 참조:「혼인의 존엄」, 제57조 2항.
154) 참조:「혼인의 존엄」, 제57조 3항; 교회법 제1431조 2항.

검찰관은 준청구인으로서 처신한다는 것이다.[155)]

3.3.4. 그 밖의 성사 보호관과 검찰관의 관여

성사 보호관과 검찰관이 소송에 참여해야 하는 경우가 달리 정해진 것이 없으면,[156)] 우선 법으로 그들이 참여하도록 명시하는 경우에 그들은 참여해야 한다.[157)]

우선 그들이 개입하는 경우는 재판관이 당사자 양편이나 한편의 진술을 듣도록 할 경우이다. 법으로 재판관이 당사자 양편이나 한편의 의견을 들어야 한다고 규정한 경우는 우선 설정된 기한의 단축,[158)] 관할 지역 밖에서의 증거 수집이 요구될 때,[159)] 법적 근거의 변경,[160)] 또 다른 증거들의 수집,[161)] 답변서에 대한 토론[162)]이다.

그리고 혼인 소송 당사자들이 재판관에게 어떤 사항을 판정하도록 청구하는 때마다 성사 보호관과 검찰관이 재판에 관여하고 있다면, 이들의 청구도 이루어져야 한다. 여기에는 기피에 대한 문제, [163)]법정 기한의 단축[164)]의 경우가 속한다.

---

155)「혼인이 존엄」, 제58조: 제57조 1항의 규정에 따라 검찰관이 이의 제기를 한 혼인의 소송 사건들에서 쟁송의 성격이나 법 규정에 다른 어떤 것이 결정되지 아니하면, 검찰관은 청구인(원고)과 동일한 권리를 지닌다.

156) 참조:「혼인의 존엄」, 제59조; 교회법 제1434조.

157) 참조:「혼인의 존엄」 제59조 1호.

158) 참조:「혼인의 존엄」, 제81조 2항.

159) 참조:「혼인의 존엄」, 제85조 2항.

160) 참조:「혼인의 존엄」, 제136조.

161) 참조:「혼인의 존엄」, 제239조 1항 2호.

162) 참조:「혼인의 존엄」, 제242조.

163) 참조:「혼인의 존엄」, 제70조 2항.

164) 참조:「혼인의 존엄」, 제81조 1항.

만일 성사 보호관이나 검찰관의 참석이 요구되는 소송 사건들에서 이들이 소환되지 않았다면, 그 소송 기록은 무효이다. 그렇지만 이들이 소환되지 않았어도 실제로 참석하였거나, 적어도 판결 전에 소송 기록을 심사하여 고유의 임무를 수행할 수 있었다면 그 소송 기록은 유효하다.[165)]

3.4. 법원 사무처장과 공증관

3.4.1. 법원 사무처

통상적으로 교구 행정 부서에 있는 사무처에 대해서는 많은 언급이 있어 왔지만, 사법 부서인 법원의 사무처에 대한 언급은 생소해 보인다. 법원 사무처는 법원에 관련된 서류들이 오고가는 곳이기도 하거니와 그 문서들을 보관하고 필요한 때 공증해 주는 역할을 하는 곳이다.

3.4.2. 사무처장

교회법 제1544조, 제1598조 1항, 1659조 1항은 법원 사무처에 대해서 언급한다.「혼인의 존엄」제61조 2항 법원은 사무처장의 임무를 다음과 같이 규정한다:

"제61조 ① 재판관의 위임에 따라 법원 소송 문건들이 올바르게 작성, 발송, 문서고에 보관되었는지를 보살피는 일은 자동적으로 법원 소송 문건의 공증관인 법원 사무처장에게 속한다(교회법 제482조 참조).

② 그러므로 달리 결정된 것이 없으면, 법원에 도착한 모든 소송 기록들을 사건 접수부(Protocollo adnotare)에 기록, 소

165) 참조:「혼인의 존엄」, 제60조; 교회법 제1433조.

송 사건의 시작, 소송 과정과 결말을 소송 제기서에 기록, 당사자가 제출한 서류 접수, 소환장의 발송, 경과 요약집의 준비와 재판관에게 요약집의 배부, 각 소송 사건 문건들의 보호, 상소가 제기되거나 직권으로(ex officio) 상소 법원에 소송 문건들의 등본 발송, 소송 문건들과 서류 등의 원본을 문서고에 보관, 이해 당사자의 합법적 요구 시 소송 문건과 서류 등본에 대한 법적 인증, 제91조 1−2항에 따른 문서들의 반환 등이 법원 사무처장과 공증관에게 속한다.

③ 사무처장은 소송 사건에서 자신의 직무에 속한 업무들 외에 별개의 개입은 삼가야 한다.

④ 사무처장이 부재하거나 장애되면, 위에 언급한 재판 행위에 관련한 모든 업무들은 다른 공증관이 처리한다."

3.4.3. 공증관

교회 공증관이란 교회 문서를 작성하거나 서류에 대하여 공신력을 갖도록 서명하는 임무를 위해 합법적 장상에 의하여 선임된 공인이다.[166] 어떤 종류의 소송에서든지 공증관 곧 속기록관(速記錄官: actuarius; a short hand writer; a keeper of records or accounts)의 개입은 필수적이다.[167]

공증관의 임무가 장애될 경우, 교령을 통하여 보결 공증관(補

166) 참조: 정진석, 앞의 책, 191쪽.

167) 「혼인의 존엄」 제62조 1항에 언급된 '속기록관actuarius'은 그 법원천인 교회법 제1437조 1항에서 언급되지 아니한다. 이 용어는 구교회법 제1588조 1항에 언급된다. 「혼인의 존엄」에서는 'notarius'와 'actuarius'를 구분하지 않고 사용하고 있기 때문에 공증관의 역할을 수행하는 직책으로 이해하면 될 것이다.

欠:Substitutus)이 재판관이나 그의 대리자나 예심관(a iudice eiusve delegato vel auditore)에 의하여 임명될 수 있다.「혼인의 존엄」제62조는 법원 공증관의 임무와 그의 서명이 지닌 교회법적 효력에 대해서 다음과 같이 규정하고 있다:

"제62조 ① 공증관은 모든 소송 절차에 참여하여야 하고, 공증관의 서명이 없는 소송 기록은 무효로 간주되어야 한다(교회법 제1437조 1항 참조).

② 공증관이 자신의 직무 수행에서 법으로 규정된 요식 행위를 지켜 작성한 소송 기록은 공신력을 가진다(교회법 제1437조 2항; 제1540조 1항 참조).

③ 공증관이 방해받으면, 그를 대신할 대리인이 지명될 수 있다. 이 지명은 소송 문건에 언급된 재결로 결정되어야 한다.

④ 특별히 법원 소재지 밖에서 당사자나 증인이 심문되어야 한다면, 정당한 사유로 재판관이나 그의 대리자 또는 예심관은 소송의 심문 대리인을 임명할 수 있다."

3.4.4. 법원 사무처장과 공증관의 임면

사무처장과 공증관들은 평판이 좋고 흠잡을 데 없는 이들이어야 한다.[168] 사무처장과 공증관은 교회법 제485조의 규정에 따라 교구 법원에서 해임될 수 있고, 교구 연립 법원에서는 법원을 주관하는 주교에 의해서 해임될 수 있다.[169]

---

168) 참조:「혼인의 존엄」, 제63조; 교회법 제483조 2항.

169) 참조:「혼인의 존엄」, 제64조.

4. 화해와 제척, 기피, 회피 규범 및 법원 직원들의 의무

4.1. 화해 종용

현재의 혼인 무효 소송 절차에서 소송이 제기되면 재판관은 소송 사건을 접수하기 전에 혼인이 엄청난 파경에 이르러 부부 공동생활을 다시 할 수 없는지를 확인하여야 한다.[170]

이는「온유한 재판관이신 주 예수님」으로 개정된 1983년 교회법 제1676조[171]와 약간의 차이가 있어 보인다. 혼인 무효 소송을 접수하기 전에 부부의 화해를 종용하도록 재판관에게 명령하고 있었다. 이것은「혼인의 존엄」제65조에서도 강조되고 있었다. 그러나 현재 교회법은 혼인의 파경 상태가 부부 공동생활을 회복할 수 있는지 없는지를 확인하도록 규정되어 있다.「적용 지침」II. 1. 나)에서는 혼인 무효 소송에 도달한 많은 경우에 공동생활을 회복하는 경우가 완전히 불가능하다는 경험을 토대로 그 불가능성에 대한 확실성을 재판관이 갖도록 요구한다.

그러나 교회법 제1446조 2항이 요구하는 쟁송 전 화해를 이루도록 노력하는 것은 필요하다고 본다. 화해가 어려운 경우에 재판관은 배우자들이 혼인 소송의 본질이 요구하는 객관적 진리에 도달하기 위하여 협력하도록 그들을 독려해야 하고, 당사자들이 서로 악감정으로 갈등이 유발되었음을 감지하면, 적대감을 피하

---

170) 참조: 교회법 제1675조.

171) 개정 전 교회법 제1676조: 재판관은 소송 사건을 접수하기 전에, 좋은 결과의 희망이 엿보이는 때마다 사목적 수단 방법을 적용하여 될 수 있으면 혼인을 유효화하고 부부 공동생활을 회복하도록 부부를 유도하여야 한다.

면서 소송 과정 안에서 쌍방 간의 예의와 정중함, 사랑으로 대할 것을 그들에게 간곡히 권고하여야 한다.[172)]

4.2. 제척, 기피, 회피

넓은 의미에서 제척(除斥)이란, 재판권 행사의 공정을 확보할 목적으로 판사들을 비롯하여 법원 직원이 사건의 내용과 사건에 관계된 사람들과 특수 관계가 있는 경우, 그 사건에 대한 직무 집행에서 배제되도록 하는 제도를 뜻한다.[173)] 그래서 재판관으로서 소송 사건에 관여한 사람은 그 후에 다른 심급에서 동일한 소송 사건을 재판관으로서 유효하게 판결하거나 배심관의 임무를 맡을 수 없다.[174)] 또한 성사 보호관, 검찰관, 소송 대리인, 변호인, 증인 또는 감정인은 동일한 소송 사건에 대해 동일 심급이나 다른 심급에서 재판관으로서 유효하게 판결하거나 배심관의 임무를 맡을 수 없다.[175)]

회피(回避)란, 자기 스스로 제척 기피의 이유가 있다고 여겨서 자발적으로 직무 집행을 피하는 것을 의미한다. 교회법 제1448조와 비교할 때 「혼인의 존엄」 제67조에는 “in qua quaevis alia fundata suspicio acceptionis personarum in ipsum cadere possit”가 첨가되면서 재판관 자신이 재판의 공정성에 해가 될 모든 것들 일체를 회피해야 함을 강조한다. 재판관의 경우 그는 직계 혈족이나 인척, 방계 4촌 이내의 혈족이나 인척의 이유로, 후견과

172) 참조:「혼인의 존엄」, 제65조 2항, 3항.
173) 참조 : 이시윤,『新民事訴訟法』, 박영사, 2020, 83쪽
174) 참조 :「혼인의 존엄」, 제66조 1항; 교회법 제1447조.
175) 참조:「혼인의 존엄」, 제66조 2항; 교회법 제1447조.

법정 대리인의 이유로 또는 친밀한 인간관계나 큰 원한의 이유로, 이득을 얻거나 손해를 피할 이유로, 어떤 이해관계가 있는 소송 사건의 재판을 맡지 말아야 한다.[176] 동일한 상황에서 성사 보호관, 검찰관, 배심관과 예심관, 그 밖의 법원 직원들은 자신의 직무 행사를 회피하여야 한다.[177]

기피(忌避)란, 정해진 제척의 이유 외에 재판의 공정성을 기대하기 어려운 경우에 당사자의 신청에 따라 재판관이나 법원의 다른 임무를 수행하는 사람이 직무 집행에서 배제되는 것을 말하며, 이를 불신임(不信任)의 항변(抗辯: exceptio suspicionis)이라고도 한다.[178] 회피해야 하는 경우임에도 재판관, 성사 보호관, 검찰관과 그 밖의 법원 직원들이 재판을 회피하지 아니하면, 당사자는 그들을 기피할 수 있다.[179]

어떤 재판관에 대한 기피가 제기되면 사법 대리가 심리하고, 사법 대리 자신이 기피를 당하면 법원을 주관하는 주교가 심리하며, 주교가 재판관인 경우 그를 반대하는 기피가 제기되면 스스로 재판하기를 회피하여야 한다.[180]

만일 성사 보호관, 검찰관, 그 밖의 법원 직원들을 반대하는 기피가 제기되면, 합의제 재판부에서는 재판장이, 단독 재판부에서

176) 참조:「혼인의 존엄」, 제67조 1항; 교회법 제1448조 1항.
177) 참조:「혼인의 존엄」, 제67조 2항; 교회법 제1448조 2항.
178) 참조: 이시윤, 앞의 책, 86쪽; 정진석, 앞의 책, 253쪽.
179) 참조:「혼인의 존엄」, 제68조 1항; 교회법 제1449조 1항.
180) 참조:「혼인의 존엄」, 제68조 2항, 3항; 교회법 제1449조 2항, 3항.

는 단독 재판관이 이 항변에 대하여 심리한다.[181] 그러나 「혼인의 존엄」 제67조 1항의 규정을 준수하면서, 재판관이나 그 밖의 법원 직원들이 합법적으로 작성한 소송 문건에 불복하여 제기된 기피는 아무런 근거가 없는 것으로 간주된다.[182]

4.3. 기피에 대한 판정

기피 신청에 대한 판정은 매우 신속하게 내려져야 하며 당사자들의 의견을 들은 후, 그리고 성사 보호관과 검찰관이 소송에 관여하고 있고 그들 자신이 기피당하지 아니하였다면, 이들의 의견도 들은 후 매우 신속하게 판정되어야 한다.[183] 재판관이 기피당하기 전에 행한 행위는 유효하다. 그러나 기피가 신청된 후에 행한 행위는 기피가 수리된 지 10일 이내에 당사자가 청구하면 취소되어야 한다.[184]

기피, 곧 불신임의 항변은 그 본성상 상소심적 법적 보정력(法的 補正力: legal remedy)을 지니지 아니한다. 그러므로 기피가 제기된다고 하더라도 법원의 심급을 변경하지는 아니하고 관계된 사람들에 대한 변경만을 수반한다.[185]

법원에 직원이 부족하거나 다른 관할 법원이 없어서 소송 사건을 맡을 수 없다면, 그 소송 사건을 다루기 위해 다른 법원을 지명하는 문제는 사도좌 대심 법원에 맡겨야 한다.[186]

---

181) 참조:「혼인의 존엄」, 제68조 4항; 교회법 제1449조 4항.
182) 참조:「혼인의 존엄」, 제68조 5항.
183) 참조:「혼인의 존엄」, 제70조 1항; 교회법 제1451조 1항.
184) 참조 :「혼인의 존엄」, 제70조 2항; 교회법 제1451조 2항.
185) 참조 :「혼인의 존엄」, 제69조 1항; 교회법 제1450조.
186) 참조 :「혼인의 존엄」, 제69조 2항.

4.4. 소송의 신속한 종결 원칙

일단 청구된 혼인 무효 소송 사건은 당사자들의 청원을 통해서뿐만 아니라 재판관 자신의 직무상으로도 진행되어야 한다. 교회법 제1452조 1항에 따르면, 사사로운 개인에만 국한된 사항은 당사자의 청구로써만 진행할 수밖에 없는 데 반해, 형사 사건들과 교회의 공익이나 영혼들의 구원에 관련된 그 밖의 사건들에 대해서는 그것이 합법적으로 제기되면 당사자의 청구로써만 아니라 재판관 자신의 직권으로도 진행해야 한다.

혼인 무효 소송은 비록 개개인들의 혼인 문제를 다루지만, 교회에서 혼인은 사회적 성사인 혼인성사의 문제이므로 교회 공익과 관련되는 문제이다. 그러므로 일단 제기된 소송은 재판관의 직권으로도 진행될 수 있고 되어야 한다.[187] 그렇기 때문에 재판관들과 법원들은 법을 준수하는 가운데 모든 소송 사건들이 되도록 빨리 종결되도록 힘써야 하며, 제1심 법원에서는 1년 이상, 제2심 법원에서는 6개월 이상 끌지 말아야 한다.[188]

그러나 증거 제출 마감 후에도 재판관은 불의한 판결을 피하기 위하여 필요하다고 여겨지는 때마다, 증거의 제출이나 항변의 제기에 당사자들의 태만을 보충할 수 있다.[189]

4.5. 비밀 준수 의무

재판관들과 그 밖의 법원 직원들, 보조자들은 직무상 비밀을

---

187) 참조 :「혼인의 존엄」, 제71조 1항; 교회법 제1452조 1항.

188) 참조 :「혼인의 존엄」, 제72조; 교회법 제1453조.

189) 참조 :「혼인의 존엄」, 제71조 2항, 제239조; 교회법 제1452조 2항, 제1530조.

지켜야 한다.[190] 재판관들은 판결을 내리기 전에 합의제 재판부의 재판관들 사이에서 가진 평의와 평의 중에 표시된 여러 가지 투표와 의견에 관하여 특별한 방식으로 비밀을 지켜야 한다.[191]

소송 사건과 증거의 성격상 소송 기록과 증거의 누설로 타인의 명예가 훼손되거나, 불화의 빌미가 되거나, 추문이나 이와 유사한 불이익이 생길 가능성이 있을 경우, 재판관은 증인, 감정인, 당사자들과 그들의 변호인, 소송 대리인들에게 비밀 준수를 맹세하게 하거나, 경우에 따라 적어도 서약하게 할 수 있다. 다만 훈령 「혼인의 존엄」 제159조, 제229−230조의 규정은 유효하다.[192]

4.6. 뇌물 수수 금지

재판관과 모든 법원 직원들은 재판을 하는 기회에 어떠한 선물이라도 받는 것이 금지된다.[193]

4.7. 직무 위반에 따른 그 처벌

재판관들을 비롯하여 사법 기관들이 직무에 반하게 행하는 경우, 법에 따라 처벌된다.[194] 그들이 뇌물 수수(授受) 죄,[195] 권력 남용 및 직무 유기 죄,[196] 문서 위조 및 변조 죄,[197] 재판관 및 법원의

---

190) 참조 :「혼인의 존엄」, 제73조 1항; 교회법 제1455조 1항.
191) 참조 :「혼인의 존엄」, 제73조 2항, 제248조 4항: 교회법 제1455조 2항.
192) 참조:「혼인의 존엄」, 제73조 3항, 제159조, 제229-230조; 교회법 제1455조 3항.
193) 참조:「혼인의 존엄」, 제74조; 교회법 제1456조.
194) 참조:「혼인의 존엄」, 제75조 1항.
195) 참조: 교회법 제1386조, 제1456조.
196) 참조 : 교회법 제1389조.
197) 참조 : 교회법 제1391조.

직원들, 보조자들의 직무 회피와 위반 죄,[198] 법정 질서 의식 결여죄[199]를 범할 경우, 법 규범에 따라 처벌되어야 한다.

이런 처벌은 법원을 주관하는 주교나 주교회의에 의하여 이루어지며, 이들은 법 위반 시 적절한 방법으로 해결책을 모색하여야 하고, 때에 따라 위반자들에 대한 직무 파면 처분까지 내릴 수 있다.[200] 만일 재판관과 법원의 직원들이 불법적인 법률 행위로나 더욱이 범의로나 죄과로 행한 다른 어떤 행위로든지 타인에게 해를 끼친 자는 입힌 손해를 보상해야 한다.[201]

5. 재판의 장소 및 심리 순서

5.1. 정규 재판 장소

재판 장소는 정규 재판 장소와 예외적 재판 장소로 구분될 수 있다. 정규 재판 장소는 대략 속지주의적 원칙에 입각하여 설립된 법원의 소재지에 고정적으로 지정된 장소로서, 정해진 시간 동안 열어야 한다.[202]

예외적 재판 장소란 재판의 예외적 장소를 뜻한다. 재판관이 자기 구역으로부터 힘으로 추방되거나 또는 그곳에서 재치권을 행사하는 데 방해받는 경우를 뜻한다. 이런 경우에 재판관은 자

---

198) 참조: 교회법 제1457조.
199) 참조: 교회법 제1470조 2항.
200) 참조: 「혼인의 존엄」, 제75조 2항.
201) 참조: 「혼인의 존엄」, 제75조 3항; 교회법 제128조.
202) 참조: 「혼인의 존엄」, 제84조; 교회법 제1468조.

기 구역 밖에서 자기의 재치권을 행사하고 판결을 내릴 수 있으나, 이 사실을 교구장 주교에게 알려야 한다.[203]

이외에도 재판관은 정당한 이유가 있고 또 당사자들의 의견을 듣고서 증거들을 수집하기 위하여 자기 구역 밖으로도 나갈 수 있으며, 이런 경우에는 가고자 하는 곳의 교구장 주교의 허가를 얻고 그 주교가 지정한 자리에서 하여야 한다.[204]

5.2. 심판의 순서

소송을 제기하는 당사자들 사이의 공평성을 확보하기 위하여 소송 사건들이 접수부에 기재된 순서대로 사건들이 심판되어야 한다.[205] 물론 다른 소송 사건들보다 신속한 처리를 요구하는 소송 사건은 그 이유를 밝히는 특별 재결로 정해져서 처리될 수 있다.[206]

5.3. 연기적 항변

항변(抗辯)이라고 하는 것은 원고의 소송에 대항하는 피고의 권리로서, 피고는 항변권을 통해서 원고의 주장에 맞서 자신을 방어할 권리를 행사한다.[207] 연기적(延期的 抗辯: exceptio dilatoria) 항변이란 재판관이나 소송 당사자, 또는 재판의 때, 장소 등 사람들과 재판 방식에 관한 항변으로 어떤 것을 조절해 달라는 항변이고, 소송 성립 이전에 제기되어야 하며 되도록 빨리 판정되어

---

203) 참조: 「혼인의 존엄」, 제85조 1항; 교회법 제1469조 1항.

204) 참조: 「혼인의 존엄」, 제85조 2항; 교회법 제1469조 2항.

205) 참조: 「혼인의 존엄」, 제76조 1항; 교회법 제1458조.

206) 참조: 「혼인의 존엄」, 제76조 2항; 교회법 제1458조.

207) Cf. Manuel J. Arroba Conde, *Diritto Processuale Canonico*, p.230.

야 한다.[208)]

소멸적 항변(消滅的 抗辯: exceptio peremptoria)은 다른 법정에서 이미 판결이 종결된 기판 사항[209)]과 화해, 약정으로 소송할 필요가 없어졌다고 하는, 다시 말해서 이미 소송이 종료되었다는 것을 의미하는 것으로, 이미 시작되어서 진행 중인 소송 자체를 파기시켜 달라는 항변이다.[210)] 판결에 무효로 간주될 수 있는 하자(흠결)가 있다고 여기는 경우, 재판의 어느 단계나 심급에서든지 항변이 제기될 수 있고 이것은 재판관에 의하여 직권으로 선언될 수도 있다. 이것은 중간 소송으로 다루어야 한다.[211)]

5.4. 관할권에 대한 항변

절대적 무관할권(絕対的 無管轄権)이란, 재판관이 특정 사건에 대하여 유효하게 재판할 권한이 전혀 없는 것을 뜻한다. 상대적 무관할권(相対的 無管轄権)이란, 재판관이 특정한 사람에 대한 판결권은 있으되 그것을 적법하게 행사할 권한이 없는 경우를 뜻한다.

재판의 관할권에 대하여 항변이 제기되면 단독 재판부인 경우는 그 재판관이, 합의제 재판부면 합의제 재판부가 그 문제를 심리하여 선언해야 한다.[212)]

---

208) 참조:「혼인의 존엄」, 제77조 2항; 교회법 제1459조 2항.

209) 참조: 교회법 제1462조 1항

210) 소멸적 항변에는 기판 사항, 화해, 약정의 항변인 소송 종결의 소멸적 항변(exceptio peremptoria litis finitae)도 있고 사실의 소멸적 항변(exceptio peremptoria facti)도 있다. 예를 들면 채무 변재의 항변이나 시효 취득의 항변 등이 이에 해당된다. 참조: 교회법 제1462조 2항.

211) 참조:「혼인의 존엄」, 제77조 1항; 교회법 제1459조 1항.

212) 참조:「혼인의 존엄」, 제30조 3항, 제78조 1항; 교회법 제1460조 1항.

단독 재판관이거나 합의제 재판부가 자기의 무관할권을 선언하여 손해를 입었다고 여기는 당사자는 15일의 유용 기간 이내에 상소 법원에 항고할 수 있다.[213] 절대적 무관할권자가 내린 판결은 보정될 수 없는 무효인 판결이다.[214] 상대적 무관할권에 대한 항변의 경우 단독 재판관이거나 합의제 재판부가 자신에게 관할권이 있다고 선언하면, 이 결정은 상소를 허용하지 아니한다. 그러나 판결 무효 확인과 원상 회복의 상소는 금지되지 아니한다.[215]

5.5. 재판 비용

재판 비용에 대해서는 소송 성립 이전에 심리되어야 한다. 재판을 위한 담보, 무상 변호의 허가에 관한 문제, 그 밖의 이와 비슷한 문제들은 원칙적으로 소송 성립 이전에 결정되어야 한다.[216]

6. 기한 및 연기

6.1. 법정, 재정, 약정 기한[217]

법정 기한(法定期限: terminus legalis)이란 법률로 규정된 기한을

---

213) 참조:「혼인의 존엄」, 제78조 3항; 교회법 제1460조 3항.

214) 참조:「혼인의 존엄」, 제79조; 교회법 제1405조, 제1461조, 제1620조 1호.

215) 참조:「혼인의 존엄」, 제269-278조; 교회법 제1460조 2항, 제1645-1648조.

216) 참조:「혼인의 존엄」, 제80조; 교회법 제1464조.

217) 기한을 계산할 경우, 교회법 제201조 2항에 나오는 유용 기간의 원칙이 고려되어야 한다. 곧 자기의 권리를 행사하거나 추구하는 이에게 허용되는 유용 기간은 무지나 행위 불능 때에는 경과하지 않는다는 원칙을 염두에 두어야 할 것이다.

뜻하며, 재판관이 정한 재정 기한(裁定期限: terminus iudicialis), 그리고 소송 당사자들 양편이 협의한 약정 기한(約定期限: terminus conventionalis)이 있다.[218)]

소멸적 법정 기한(terminus peremptorius) 곧 최종 법정 기한(fatalia legis)은 연장될 수 없고, 당사자들이 요청하지 않는 한 유효하게 단축될 수도 없다.[219)]

재정 기한이나 약정 기한은 그 만기 이전에 정당한 이유가 생기면 재판관은 당사자들의 의견을 듣거나 청구에 따라 연장할 수 있다. 그러나 당사자들이 동의하지 아니하는 한 결코 재정 기한이나 약정 기한을 유효하게 단축할 수는 없다.[220)]

법률에 의하여 소송 행위를 수행할 기한이 정해져 있지 않으면 재판관은 각 행위의 본성을 고려하여 기한을 정하여야 한다.[221)] 그러나 재판관은 기한의 연장으로 쟁송이 너무 오래 끌지 않도록 주의해야 한다.[222)]

법으로 규정된 법정 기한의 예들은 대략 다음과 같다:

소송 대리인의 위임장 제출,[223)] 소장의 자동적 수리,[224)] 소장의

---

218) 참조: 정진석, 앞의 책, 319쪽.
219) 참조:「혼인의 존엄」, 제81조 1항; 교회법 제1465조 1항.
220) 참조:「혼인의 존엄」, 제81조 2항; 교회법 제1465조 2항.
221) 참조:「혼인의 존엄」, 제82조; 교회법 제1466조.
222) 참조:「혼인의 존엄」, 제81조 3항; 교회법 제1465조 3항.
223) 참조:「혼인의 존엄」, 제106조 2항.
224) 참조:「혼인의 존엄」, 제125조.

자동적 수리 후 피고인에 대한 소환,[225] 쟁점의 양식에 대한 소원,[226] 소송의 예심 조사 지시,[227] 소송의 각하,[228] 평결의 연기,[229] 판결문의 발행,[230] 혼인 무효 판결의 상소심에로의 이송,[231] 소송 방식에 의한 판결 무효 확인에 대한 소원,[232] 상소의 제기와 수속,[233] 두 차례 합치된 판결 이후 새로운 증거 제출,[234] 소송에 관한 제비용 결정에 대한 소원.[235]

6.2. 재판 연기

재판 행위를 위하여 지정된 날에 법원이 쉬었다면, 기한은 휴일이 아닌 그다음 첫날로 연장된다.[236]

7. 법정 참석이 허가되는 사람들 및 기록 문서의 작성과 보관 양식

7.1. 법정 참석자와 법정에서 지킬 규범

소송 사건들이 법원에서 심리되는 동안에 법률이나 재판관이 소송 절차를 신속히 처리하는 데 필요하다고 정한 이들만 법정에

225) 참조:「혼인의 존엄」, 제126조 2항.
226) 참조:「혼인의 존엄」, 제135조 4항.
227) 참조:「혼인의 존엄」, 제137조.
228) 참조:「혼인의 존엄」, 제146조.
229) 참조:「혼인의 존엄」, 제248조 5항.
230) 참조:「혼인의 존엄」, 제249조 2항.
231) 참조:「혼인의 존엄」, 제264조.
232) 참조:「혼인의 존엄」, 제271조, 제273조, 제274조 3항.
233) 참조:「혼인의 존엄」, 제281조 1항, 제284조 1항.
234) 참조:「혼인의 존엄」, 제290조 1항.
235) 참조:「혼인의 존엄」, 제304조 2항.
236) 참조:「혼인의 존엄」, 제83조; 교회법 제203조, 제1467조.

참석이 허용되어야 한다.[237] 법정에 당연히 참석하는 사람들로는 재판관, 예심관, 공증관, 검찰관(개입된 경우)이나 성사 보호관, 법정 대리인과 변호인, 소송 당사자들을 들 수 있다.[238]

재판에 참석한 모든 이는 법원에 대한 마땅한 존경을 지녀야 하며, 재판관은 참석한 모든 이에게 그들 본연의 의무를 명령할 수 있고, 변호인들과 소송 대리인들이 법정에 대한 합당한 존경을 표시하지 아니하는 경우에 그들에게 소송 사건의 임무 수행까지도 정지시킬 수 있다. 배임이나 법정 모독죄 등의 이유로 임무가 정지될 수 있고 합당한 형벌로 처벌될 수 있다는 것이다.[239]

---

237) 재판의 심리와 판결의 선고를 일반인에게 공개하는 공개심리주의는 근대 국가의 사법 제도의 기본으로 되어 있는 심리 원칙이며, 우리나라도 헌법 제109조, 법원 조직법 제57조 1항에서도 이를 수용하고 있다. 이는 국민에게 재판을 감시하도록 하여 그 공정성을 담보하고 사법의 투명성에 대한 국민 신뢰를 유지하는 동시에 허위진술, 위증을 방지하려는 목적이 있다. 반면 교회법에서 공개심리는 상당히 제한적이며 어떻게 보면 비공개심리가 원칙으로 적용되는 것처럼 보인다. 그렇기 때문에 교회법에서는 법으로 정해져 있거나 재판관이 볼 때 필요하다고 인정하는 경우에 한하여 재판을 공개적으로 심리한다. 법으로 정해진 경우는 교회법 제1559조, 제1560조 1항, 제1663조 2항, 제1677조 1, 2항이다. 교회법은 제1559조를 통해 증인들에 대한 심문에도 변호인과 소송 대리인들의 참석을 허용하고 있는데, 이런 면들을 보면 교회법은 공개심리주의를 받아들이면서도 불건전한 호기심 유발, 추문 유포, 범죄 유포와 그에 따른 모방 범행 위험 방지, 공익과 미풍양속의 훼손 위험 방지를 위해서 제한적으로 재판의 공개를 허용한다고 보아야 한다. 참조: 정진석, 앞의 책, 335쪽; 이시윤,『新民事訴訟法』, 박영사, 2020, 310쪽; Cf. Luigi Chiappetta, op.cit., pp.67-68.

238) 참조:「혼인의 존엄」, 제86조; 교회법 제1470조 1항.

239) 참조:「혼인의 존엄」, 제87조; 교회법 제1470조 2항, 제1487-1489조.

7.2. 재판 기록 문서

재판 기록 문서(acta iudicalia)에는 소송 사건의 기록 문서(acta causae)와 소송 절차의 기록 문서(acta processus)가 있다. 재판 기록 문서에는 소송의 쟁점 곧 시비점에 관한 모든 기록 문서들이 포함되며, 증거, 감정인의 의견서, 증거 문서, 판결문 등이 여기에 해당된다. 소송 절차 기록 문서에는 소환, 고지, 재결들이 속한다.[240] 이것들은 모두 서면으로 작성되어야 하고, 기록 문서들의 각 낱장은 일련 번호를 매기고 공증되어야 한다.[241]

7.3. 기록 문서의 서명

재판 기록 문서에 당사자들이나 증인들의 서명이 요구되는 데도 불구하고 당사자나 증인이 서명을 할 수 없거나 원하지 아니하면, 그 경우마다 이 사실은 그 기록 문서에 기재되어야 한다. 이와 동시에 당사자나 증인에게 재판 기록 문서를 기재된 말마디대로 전부 읽어 주었다는 것과 당사자나 증인이 서명을 할 수 없었거나 원하지 아니하였다는 것을 재판관과 공증관이 함께 증명하여야 한다.[242]

7.4. 문서의 등본, 번역본

소송 사건이 상소 법원에서 심리되어야 하는 경우, 공증관은 기록 문서들의 등본이 정본임을 공증하고 이를 상급 법원에 보내야 하는데 공증관은 문서의 '완전성 또는 온전성(integritas)'에 대

240) 참조: 정진석, 앞의 책, 343쪽

241) 참조:「혼인의 존엄」, 제88조; 교회법 제1472조 1항, 2항.

242) 참조:「혼인의 존엄」, 제89조; 교회법 제1473조.

해서 공증해야 한다.[243)]

만일 기록 문서가 상급 법원이 모르는 언어로 작성되었으면 그 법원이 아는 다른 언어로 번역하고, 성실한 번역임이 확실하다는 것을 보증해야 한다.[244)] 번역의 기간은 상소가 제기된 때부터 1개월 이내에 상소심의 재판관 앞으로 수속이 진행되어야 한다는 사실도 고려되어야 한다. 다만, 원심의 재판관이 당사자에게 상소의 수속을 수행할 기한을 연장시켜 주었으면 그렇지 않다.[245)]

7.5. 재판 문서의 보관

재판이 종료되면 개인 소유의 문서들은 되돌려 주어야 하지만 그 사본은 공증된 형태로 법원 사무처에 보관되어야 한다.[246)] 그 후 공증관들과 사무처장은 재판관의 지시 없이 소송 절차를 위하여 입수된 재판 기록 문서들과 문서들의 등본을 교부할 수 없다.[247)]

243) 참조:「혼인의 존엄」, 제90조 1항; 교회법 제1474조 1항.
244) 참조:「혼인의 존엄」, 제90조 2항; 교회법 제1474조 2항.
245) 참조: 교회법 제1474조 1항, 제1633조.
246) 참조:「혼인의 존엄」, 제91조 1항; 교회법 제1475조 1항.
247) 참조:「혼인의 존엄」, 제91조 2항; 교회법 제1475조 2항, 제1598조.

제2절
소송 당사자

1. 소송 당사자인 배우자들 및 혼인을 공격할 권리

1.1. 당사자 개념

일반적으로 볼 때 당사자란 "자기의 이름으로 판결에 의한 권리 보호를 요구하는 사람과 그 상대방"[248]을 뜻한다. 우리는 흔히 청구인(원고), 피청구인(피고)이라고 하는데, 청구인은 소장을 제출하여 재판관의 개입을 처음으로 요구하는 사람을 의미하며, 피청구인은 청구인의 요구에 대답하기 위하여 또 쟁송 사안에 대하여 대답하기 위해 재판관으로부터 소환된 사람을 뜻한다.[249]

법정에서 당사자로서 자신의 당사자권을 보호받기 위해서 당사자 능력과 당사자 적격, 소송 능력이 갖추어져야 한다.[250] 당사자 능력이란 소송의 주체가 될 수 있는 일반적인 능력으로 원고, 피고, 참가인이 될 수 있는 능력을 뜻한다.[251] 당사자 적격이란 어느 특정 소송 사건에 대하여 정당한 당사자로 소송을 수행하고 본안 판결을 받기에 적합한 자격을 뜻한다.[252] 소송 능력이란 소

248) 이시윤,『新民事訴訟法』, 박영사, 2020, 132쪽.

249) Cf. Manuel J. Arroba Conde, *Diritto Processuale Canonico*, pp.214-215.

250) 여기에 변론 능력도 포함될 수 있겠다. 변론 능력이란 법정에서 유효하게 변론 등의 소송 행위를 할 능력을 뜻한다. 그러나 소송 능력이 있으면 변론 능력을 인정하기 때문에 변론 능력까지 포함하지 않아도 무방하다고 본다. 참조: 이시윤, 앞의 책, 132, 169쪽

251) 참조: 같은 책, 146쪽

송상의 행위 능력을 말하는 것으로, 유효하게 소송 행위를 하거나 받기에 요구되는 능력을 말한다.[253)]

교회 법정에서 혼인 무효 소송을 제기할 수 있는 자격자들은 우선 혼인 당사자들인 부부다. 그들은 가톨릭이나 비가톨릭 배우자들[254)]일 수 있으며, 통상 한편이 혼인 무효 소송을 제기하는 청구인이 되고, 다른 한편이 피청구인이 되지만, 때로는 양편이 결합하여 공동으로 소를 제기할 수도 있다.[255)] 그 혼인의 무효성이 공개되었고 혼인이 유효화될 수 없거나 적당하지 않은 경우에는 검찰관도 혼인 무효 소송을 제기할 수 있다.[256)]

1.2. 소송 계류 중 당사자의 사망

소송 계류 중에 배우자가 사망한 경우, 두 가지 상황을 상정해 볼 수 있다. 하나는 아직 증거 제출이 마감되지 않은 경우인데, 다른 배우자나 다른 이해 당사자가 소송의 진행을 주장하지 않는 한 그 소송의 시행은 정지된다. 다른 경우는 증거 제출이 마감된 경우인데, 이 경우 만일 사망자의 후계자나 상속인이 있다면 재판관은 소송 대리인을 소환하면서 소송을 계속 진행하여야 한다.[257)]

1.3. 당사자들의 소송 절차 참여와 응소

진실과 방어권 보호를 위하여 당사자 양편이 혼인 무효 소송

---

252) 참조: 같은 책, 154쪽
253) 참조: 같은 책, 163쪽
254) 참조:「혼인의 존엄」 제3조 2항, 제92조 1호; 교회법 제1476조, 제1674조 1항 1호.
255) 참조: 교회법 제1683조 1호; 적용 지침 II. 1. 가)
256) 참조:「혼인의 존엄」, 제92조 2호; 교회법 제1674조 1항 2호.
257) 참조:「혼인의 존엄」 제94조, 제143조, 제237조; 교회법 제1518조, 제1674조 3항.

절차에 참여하는 것이 가장 좋은 방법이며, 그렇기 때문에 당사자가 소송 대리인이나 변호인을 선임하였더라도, 법 규정이나 재판관의 명령에 따라 언제나 본인이 재판에 참석하여야 한다.[258] 따라서 재판에 합법적인 출두 명령을 받은 배우자들은 응소해야 한다.[259] 만약에 피청구인이 소환되었는데도 출두하지 아니하고 합당한 결석 변명서도 제출하지 않고 답변도 하지 않을 경우, 재판관은 결석 선언을 할 수 있고 지킬 것들을 지키면서 종국 판결과 그 집행에까지 진행하도록 판정해야 한다.[260]

1.4. 의사 능력 결여자 및 심신 박약자와 미성년자의 법정 대리인

당사자는 혼인 무효 소송에서도 소송 능력이 있어야 한다. 교회법 제124조에 따르면 유효한 법률 행위를 하려면 자격이 있는 사람이 행하고 또한 그 행위 자체를 본질적으로 구성하는 요소들뿐 아니라 행위의 유효성을 위하여 법으로 부과된 요식과 요건을 구비해야 한다. 법률 행위는 행위자의 의지에 의한 행위로서 인간적 행위를 할 수 있는 자만이 우선적으로 법률 행위의 자격자가 된다. 그리고 그 행위 자체를 본질적으로 구성하는 요소들을 갖추어야 하며, 법으로 부과된 요식과 요건들을 구비해야 한다. 그래서 교회는 이성의 사용이 결여된 자(qui rationis usu destituti)나 심신 박약자(qui initio vel inter processum minus firmae mentis), 미성년자(minores)의 소송의 제소(提訴)와 응소(應訴)에 대하여 특별한 주의를 기울이고 있다.

이성의 사용이 상시적으로 결여되어 있는 자는 자주 능력이

---

258) 참조:「혼인의 존엄」, 제95조 1항, 제96조; 교회법 제1477조, 제1530조, 제1560조.
259) 참조:「혼인의 존엄」, 제95조 2항; 교회법 제1476조.
260) 참조: 교회법 제1507조 1항, 제1592조.

없다고 여겨지기 때문에 이들은 오로지 법정 대리인을 통해서만 재판을 받을 수 있다.[261]

심신 박약자는 원칙상 자신들의 법정 대리인들을 통해서만 제소와 응소를 해야 하나, 소송의 시작 또는 진행 중에 있는 심신 박약자는 재판관의 명령에 의해서만 본인이 재판을 받을 수도 있다.[262)]

미성년자들은 부모나 후견인의 동의 없이도 혼인 무효 소송의 제소와 응소를 할 수 있다는 것이다.[263)] 교회법상 18세를 만료한 자는 성년자이고, 그 이하는 미성년자이다.[264)] 그리고 만 7세 이전의 미성년자는 유아라고 하고 자주 능력이 없다고 여기며, 7세를 만료하면 이성의 사용을 한다고 추정된다. 성년자는 자기의

261) 참조:「혼인의 존엄」, 제97조 1항; 교회법 제99조, 제1478조 1항.

262) 참조:「혼인의 존엄」, 제97조 2항; 교회법 제1478조 4항.

263) 교회법 제1083조 1항에서 혼인 적령은 남자는 만 16세, 여자는 만 14세이다. 그렇지만 교회법 제1071조 1항 6호는 부모가 모르거나 합리적으로 반대하는 미성년자의 혼인에 관한 주례는 교구 직권자의 허가 없이 주례할 수 없도록 규정하고 있다. 민법 제807조에서 혼인 적령은 남녀 구분 없이 만 18세이다. 민법 제808조 1항에서는 만약 미성년자가 혼인을 하는 경우 부모의 동의를 받아야 하며, 부모 중 한쪽이 동의권을 행사할 수 없을 때에는 다른 한쪽의 동의를 받아야 하고, 부모가 모두 동의권을 행사할 수 없을 때에는 미성년 후견인의 동의를 받아야 한다고 규정되어 있다. 민법 제55조 1항은 미성년자는 법정 대리인을 통해서만 소송 행위를 할 수 있다는 원칙을 규정하면서 예외 규정을 언급한다. 교회법 제1478조 1항은 원칙적으로 교회법상 미성년자는 부모나 후견인들, 법정 대리인들을 통해서만 소송 행위를 할 수 있다고 규정하면서도, 미성년자 가운데 14세를 만료한 자는 본인이 몸소 부모나 후견인의 동의 없이도 제소와 응소를 할 수 있다고 예외적 상황을 규정한다. 그 예외적 상황은 영신적 소송 사건들이나 영신적인 것과 연관된 소송 사건들이다. 참조:「혼인의 존엄」, 제97조 3항; 교회법 제1478조 1, 3항.

264) 그러나 민법 제4조는 19세를 만료한 자를 성년자로 본다. 참조: 교회법 제97조.

권리를 온전히 행사할 수 있다. 반면에 미성년자는 자기의 권리 행사에 있어서 부모나 후견인들의 권력에 예속된다.[265)]

1.5. 국가 권위에 의한 법정 대리인

법정 대리인이란 소송 능력이 부분적으로 결여된 경우에 그런 당사자를 돕기 위하여 합법적으로 선임된 사람을 뜻한다.[266)] 법정 대리인에 대한 규범은 그 국가 법률을 따른다.[267)] 그러나 그를 교회 법정에서 승인하는 것은 그 당사자의 관할 교구장 주교의 의견을 들은 교회 재판관에게 속한다. 그렇지만 국가 법률에 따른 법정 대리인이 없거나 또는 인정될 수 없다고 보이는 경우, 재판관 자신이 그 소송 사건을 위한 법정 대리인을 선임해야 한다.[268)] 이렇게 교회 혼인 법정에 서게 된 법정 대리인은 자신에게 권한을 준 사람의 권리를 보호할 직무에 구속된다.[269)]

1.6. 법정 대리인 임명, 추인권 및 재결서

재판장은 법정 대리인에 대한 임명이나 추인권을 가지며, 그것은 사유들이 적시된 교령으로써 이루어짐과 동시에 기록 문서로 보관되어야 한다. 이런 재결 교령은 소송 대리인을 내세운 배우자를 포함해 모든 이해 당사자들에게 통지되어야 하고, 중대한

---

265) 물론 주소의 취득, 수도회 입회 권리, 혼인할 권리, 세례 받을 권리 등등을 비롯하여 하느님의 법으로나 교회법에 의거하여 부모나 후견인들의 권력에서 면속되는 사항들을 그렇지 않다. 참조: 교회법 제105조, 제643조 1항 1호, 제852조, 제874조 1항 2호, 제1083조, 제1177조 2항, 제1478조 3항.

266) Cf. Manuel J. Arroba Conde, *Diritto Processuale Canonico*, pp.223.

267) 참조 : 교회법 제98조 2항.

268) 참조:「혼인의 존엄」, 제98조; 교회법 제1479조.

269) 참조:「혼인의 존엄」, 제100조.

사유가 없는 한 방어권은 항상 그대로 유지된다.[270)]

2. 소송상의 대리인과 변호인

2.1. 소송 대리인 및 변호인들 명부

소송 대리인(訴訟代理人: procurator iudicialis)이란 소송 당사자의 이름으로 그를 위하여 재판에서 행위하는 사람으로서 그의 임무는 소송 기록 문서에 서명하고(교회법 제1504조 3호) 법으로 정해진 통보를 받는 등 당사자처럼 재판에서 행위하는 자이다. 그래서 소송 대리인은 소송 절차 중에 법률과 사실에 관한 논증으로써 소송 당사자의 권리를 보호하도록 의뢰인을 도와주고 자신의 이름으로 임무를 수행하는 변호인(辯護人: advocatus)과는 구별된다.[271)]

교회는 소송 당사자들이 법적 도움을 받도록 소송 대리인과 변호인을 선정하여 명부를 작성해서 준비해 놓아야 하며, 이에 대한 책임은 법원을 주관하는 주교에게 있고, 이 명단에 오른 변호인들은 사법 대리의 명령에 의하여 무상 변호를 맡아줄 의무가 있다.[272)]

2.2. 법률 자문 제도

모든 교회 법원에는 혼인 무효 소송을 신속하고 자유롭게 제기하고 진행시키기 위하여 조언을 주는 사람 곧 법률 고문과 같

270) 참조:「혼인의 존엄」, 제99조.
271) 참조: 정진석, 앞의 책, 418-419쪽.
272) 참조:「혼인의 존엄」, 제112조, 제307조.

은 사람을 두도록 되어 있고, 이런 사람은 제척의 이유로 소송 사건에서 재판관이나 성사 보호관의 임무를 맡을 수 없게 된다.[273)]

또한 법원마다 가능한 한 고정 변호인들이 선임되어야 하며, 이들은 법률 자문관 역할을 할 수 있고, 만약 어떤 사람이 자신을 위해 선임되기를 원하는 경우 그들을 위한 변호인[274)]과 소송 대리인의 임무를 수행해야 한다.[275)]

만일 법률 자문관의 임무를 고정 변호인이 맡고 있는 경우, 그는(Iste) 고정 변호인으로서밖에는(tamquam) 사건의 변호를 맡을 수 없다.[276)] 왜냐하면 고정 변호인은 법원에서 이미 보수를 지급받는 사람인데 개별적 법률 자문의 대가로서 자문 의뢰인들로부터 또 수임료를 받는 상황을 방지하고자 하는 것이다.

2.3. 법적 보조 제도로서 소송 대리인과 변호인 선임 및 그 자격

혼인 무효 소송 당사자들이 스스로 자신을 변호할 수 있다는 것을 전제하면서,[277)] 법원은 배우자 각자가 자신의 권리를 변호할 수 있는 사람을 제공할 의무가 있다. 특히 특별한 어려움이 있는 소송 사건들과 관련할 때에는 더욱 그러하다.[278)]

---

273) 참조:「혼인의 존엄」, 제66조, 제113조 1, 2항.

274) 교회법 제1490조에는 고정 보호인(stabiles patroni)으로 표현되어 있는 것과 달리,「혼인의 존엄」 제113조에서는 고정 변호인(stabiles advocati)이라는 용어를 사용하고 있다. 사실 당사자들의 소송 대리인이나 변호인은 넓은 의미에서 당사자들을 위하여 그들의 권익을 보호하는 역할을 수행하는 일종의 옹호인 또는 보호인이라고 말할 수 있을 것이다. 그러므로 용어상에서 고정 변호인과 고정 보호인이란 개념은 그 기능상 차이가 없다고 보아야 하겠다.

275) 참조:「혼인의 존엄」, 제113조 3항; 교회법 제1490조.

276) 참조:「혼인의 존엄」, 제113조 4항.

277) 참조: 교회법 제1481조 1항.

재판장이 보기에 소송 대리인과 변호인이 필요하고 정해진 기간 내에 당사자 자신이 소송 대리인과 변호인을 제시할 수 없는 경우, 재판장은 사안이 요구하는 대로 소송 대리인과 변호인을 선임할 수 있다. 재판장이 임명한 소송 대리인과 변호인은 당사자가 다른 이들을 선임할 때까지 임무를 유지한다.[279] 무상 변호[280]의 경우 재판장이 소송 대리인과 변호인을 임명한다.[281]

재판장의 재결에 의한 소송 대리인과 변호인의 임명은 당사자들과 성사 보호관에게 통지되어야 한다.[282] 또한 당사자 양편이 혼인 무효 선언을 추구할 수 있는데, 이런 경우에 그들은 자신들을 위한 공동의 소송 대리인과 변호인을 선임할 수 있다.[283]

혼인 무효 소송에서 소송 대리인과 변호인이 되기 위해서는 좋은 평판을 지닌 자로서 가톨릭 신자여야 되고, 교회법학의 박사나 또는 적어도 참으로 정통한 자이며 교구장으로부터 승인[284]

278) 참조:「혼인의 존엄」, 제101조 1항.

279) 참조:「혼인의 존엄」, 제101조 2항.

280)「혼인의 존엄」제101조 3항은 무상 변호(無償辯護)를 언급한다. 무상 변호는 법률 구조(法律救助) 또는 법률 부조(法律扶助)라고도 한다. 교회법 제1649조 1항 3호에 따르면, 법원을 주관하는 책임을 맡은 주교가 무상 보호나 비용의 경감을 허가하는 규정을 마련하도록 되어 있다. 무상 변호 제도는 소송 비용을 부담하기에 어려움을 가진 가난한 사람들을 도와 재판받을 가난한 사람의 권리를 실질적으로 보장하도록 하는 제도이다. 참조:「혼인의 존엄」, 제305-307조.

281) 참조:「혼인의 존엄」, 제101조 2항.

282) 참조:「혼인의 존엄」, 제101조 2항.

283) 참조:「혼인의 존엄」, 제102조; 교회법 제1683조 1호.

284) 로마 공소 법원의 변호인 자격증을 소유한 이들에게는 교구 법원이든지 연립 법원이든지 이러한 승인이 필요하지 아니하다. 그러나 중대 소송 사건에 대해서 교구장은 자신의 법원에서 이들의 소송 업무를 금지할 수 있다. 이에 대한 소원은 사도좌 대심 법원에서 다룬다. 참조:「혼인의 존엄」, 제105조 2항.

된 사람이어야 한다.[285] 특수한 상황 때문에 재판장은 법원 구역 안에 거주하지 않는 사람을 소송 사건을 위한 소송 대리인으로 승인할 수 있다.[286]

2.4. 소송 대리인과 변호인의 수

원칙적으로 소송 대리인은 한 명만 선임된다. 그러나 정당한 이유가 있어서 당사자가 여러 명의 소송 대리인들을 선임하는 경우에는 그들 사이에 선 착수한 자가 소송 대리인으로서 지명되어야 하며, 이렇게 선임된 소송 대리인은 다른 이에게 자신의 임무를 위임할 수 없다.[287] 그렇지만 소송 대리인과 구별되는 변호인들은 여러 명이 한꺼번에 선임될 수 있다.[288]

2.5. 소송 대리인과 변호인의 의무

변호인과 소송 대리인에게 모두 공통되고 중요한 의무는 당사자의 권리 보호와 직무상 비밀을 준수하는 것이다.[289] 소송 대리인은 법원에 소장과 소원(訴願)의 제출, 소장과 소원 통지서의 접수, 소송 사건의 상태에 대해 당사자에게 통지를 하며, 변호는 항상 변호인에게 유보된다.[290]

---

285) 참조:「혼인의 존엄」, 제105조 1항; 교회법

286) 참조:「혼인의 존엄」, 제105조 3항.

287) 참조:「혼인의 존엄」, 제103조 2항, 3항; 교회법 제1482조 2항.

288) 참조:「혼인의 존엄」, 제103조 1항, 4항; 교회법 제1482조 3항.

289) 참조:「혼인의 존엄」, 제104조 1항.

290) 변론에 관계된 것이라고 해서 변호인의 의무가 단순히 당사자의 권리를 보호하는 것만으로 축소될 수는 없고, 오히려 당사자의 이익을 위한 모든 것들을 포함한다고 보아야 할 것이다. 예를 들면 소송을 청구할 때 변호인은 그 청구 이유 또는 근거에 대하여 법원을 설득시킴으로써 그 소송 사건이 각하되지 않도록 하는 역할을 생각해 볼 수 있다. 참조:「혼인의 존엄」, 제104조 2항.

2.6. 소송 대리인과 변호인의 위임장 제시 의무

위임장은 위임자의 서명이 들어 있는 문서를 뜻하며, 합법적 위임 없이 타인의 이름으로 행한 경우 그 판결은 보정될 수 없는 무효가 되기 때문에 소송 대리인과 변호인의 위임장 제출 의무는 중요한 문제이고, 이런 위임장은 소송 대리권을 증명하는 문서인 것이다.[291] 그러므로 소송 대리인과 변호인은 임무를 맡기 전에 공증된 위임장을 법원에 제출하여야 한다.[292]

권리의 소멸을 막기 위하여 재판장은 위임장의 제출 없이도 경우에 따라 적절한 보증이 있는 경우에 소송 대리인을 허용할 수 있지만, 동일 재판관이 정한 소멸 확정 기한 내에 소송 대리인이 위임장을 정식으로 제출하지 아니하면, 그 어떤 행위도 아무런 효력을 지니지 못한다.[293]

2.7. 소송 대리인 임무의 한계

소송 대리인은 위임자 편에서 그를 대리하여 소송 절차상에서의 행위들을 대리하는 사람이다. 그러므로 소송 대리인은 위임 범위 내에서 행해야 한다.

따라서 그는 특별 위임이 없는 한 소권, 소송 진행, 재판상 행위를 유효하게 포기할 수 없고, 화해하거나 약정하거나 중재인을 통한 타협할 수 없고, 일반적으로 법이 특별 위임을 요구하는 사

291) 참조: 교회법 제1620조 6호.
292) 참조:「혼인의 존엄」, 제106조 1항; 교회법 제1484조 1항.
293) 참조:「혼인의 존엄」, 제106조 2항; 교회법 제1484조 2항.

항들을 행할 수 없다.[294] 특히 소송의 포기가 유효하려면 특별위임을 받은 소송 대리인의 서명이 필요하며, 이를 상대방 당사자에게 통지해야 하고 그의 수락을 받거나 적어도 공격받지 않고 재판관에 의하여 수리되어야 한다.[295]

종국 판결이 선고된 후 상소할 권리와 의무는, 위임자가 이를 거부하지 아니하면 소송 대리인에게 있다.[296]

2.8. 소송 대리인과 변호인의 해임 및 배척

소송 대리인과 변호인은 소송의 어느 단계에서든지 그를 선임한 사람으로부터 해임될 수 있다.[297] 그러나 그 해임이 효력을 발생하려면 관련 소송 대리인과 변호인에게 통지되어야 하고, 소송 성립 후라면 재판관과 상대 당사자에게도 그 해임 사실을 알려야 한다.[298]

또한 그들은 재판장에 의하여 직권으로나 당사자의 요구(청구)를 받아들여서 배척 이유가 담긴 재결로써 해임될 수 있지만, 법정 모독 죄, 배임죄 등의 중대한 이유[299]가 있어야 한다.[300]

2.9. 소송 대리인과 변호인에게 금지된 사항들

소송 대리인과 변호인은 위임 당사자의 권익을 보호하는 것을

294) 참조:「혼인의 존엄」, 제107조 1항; 교회법 제1485조.

295) 참조: 교회법 제1524조 3항.

296) 참조:「혼인의 존엄」, 제107조 2항; 교회법 제1486조 2항.

297) 변호인과 소송 대리인이 수행한 업무에 대한 수임료의 지불 의무는 보존된다. 참조:「혼인의 존엄」,제108조.

298) 참조:「혼인의 존엄」, 제108조; 교회법 제1486조 제1항.

299) 참조: 교회법 제1470조 2항, 제1488조, 제1489조.

300) 참조:「혼인의 존엄」, 제109조; 교회법 제1487조.

그 주요 임무로 삼고 있다.「혼인의 존엄」제110조는 다음과 같은 사항들을 그들에게 금지시키고 있다:

"제110조 소송 대리인과 변호인에게는 다음과 같은 사항들이 금지된다.

1. 소송 사건이 계류 중에 정당한 사유 없이 자신의 위임을 포기.
2. 자신을 위하여 지나친 수임료의 계약. 만일 그러한 행위를 하였다면 그 약정은 무효이다.
3. 선물, 약속 또는 그 밖의 다른 이유에서 자기 직무의 배임.
4. 관할 법원들에서 소송 사건들을 취하하거나, 어떠한 방식으로도 법률을 속여서(in fraudem legis) 한 행위(교회법 제1488–1489조)."

2.10. 소송 대리인과 변호인의 배임죄에 대한 처벌

「혼인의 존엄」제111조 1항은 소송 대리인과 변호인이 의무를 위반한 경우에 법에 따라 처벌된다는 일반 원칙을 제시하고 있다. 의무 위반 사항으로는 우선 뇌물 수수 죄,[301] 직무 태만 및 남용 죄,[302] 위조 및 변조된 문서 악용 죄,[303] 법정 모독 죄,[304] 소송 매수 및 부당 이득 약정 죄, 선물 수수 및 관할권 사기 죄[305]가 포함된다.

또한 그 죄과의 경중을 따라 관련 법원에서 변호 활동이 금지 처분되는 경우도 있다. 예를 들면 미숙함, 좋은 평판의 상실, 범죄

---

301) 참조: 교회법 제1386조.
302) 참조: 교회법 제1389조.
303) 참조: 교회법 제1391조 제2호.
304) 참조: 교회법 제1470조 제2항.
305) 참조: 교회법 제1488조, 제1489조.

나 남용 때문에 자신의 임무에 부적절하다고 생각되면, 법원의 책임 주교나 주교들의 모임은 자신들의 법원에서 그러한 부류의 소송 대리인과 변호인들 측에서의 당사자들에 대한 보호 활동을 관할 법원에서 금지시킬 수 있다.[306] 그리고 고의(범의)나 범죄(죄과)로 행한 불법적 법률 행위로 타인에게 해를 끼친 자는 손해 배상의 의무가 있다.[307]

---

306) 참조:「혼인의 존엄」, 제111조 2항.

307) 참조:「혼인의 존엄」, 제75조, 제111조 3항; 교회법 제128조.

제3장
소송의 개시

제1절
소의 제기

1. 소송 청구의 필요성과 소 제기의 방식

"원고 없이는 아무도 재판관일 수 없다(Nemo iudex sine actore)"라는 법률 격언이 있듯이, 자연인이건 법인이건[308] 청구가 이루어지지 아니한 상태에서 재판관이 개입할 수 없다. 사익에 관련된 소송에서는 청구권이 개인에게 속하지만, 공익에 대한 소송에서 청구인은 공적 성격을 띤 검찰관이 될 수도 있다.[309]

모든 소송은 재판관의 개입을 통해 어떤 법률적 이익을 추구하는 것이므로, 구체적으로 무엇을 청하는지 관할 법원에 제출해야 한다. 청구인의 법률적 이익은 법과 현실, 그리고 소송 주체와 연관된 관계 사이의 나름의 쟁점에서 유래하는 것이다.[310]

혼인 무효 소송에서 청구하는 내용은 혼인의 무효성 확인이다.

---

308) 소송에서 청구인은 소송 행위를 위한 요건을 갖춘 자연인뿐만 아니라 합법적 대표를 통한 법인도 될 수 있다. 참조: 교회법 제1480조.

309) Cf. Manuel J. Arroba Conde, *Diritto Processuale Canonico*, p.298.

310) Cf. *Ibid.*, p.293.

그러므로 혼인에 대한 공격 청구권을 이해 당사자가 소송을 통하여 제기하지 않는 한, 재판관은 소송 사건을 심리할 수 없고, 재판 청구가 없이 이루어졌거나 어떤 피청구인을 상대로 하여 제기된 것이 아닌 경우 그 판결은 보정될 수 없는 하자를 지닌 판결이 된다.[311] 또한 혼인 무효 소송에서 검찰관도 청구인이 될 수 있다. 교회법 제1674조 1항 2호에 따르면 혼인의 무효가 이미 공개되었고 그것이 유효화될 수 없거나 유효화되는 것이 적당하지 않을 때, 검찰관이 혼인을 공격하는 자격자가 된다.[312]

소장(訴狀: libellus)은 보통 어떤 사람이 소송을 제기하는 서류를 뜻하는 것인데, 이는 어떤 이가 추구하는 권리를 확보하기 위해 관할권이 있는 재판관에게 쟁송의 대상을 제시하면서 재판관의 근무를 요청하는 문서라고 정의 내릴 수 있다.[313]

기본적으로 소의 제기는 소장을 관할 법원에 제출하는 것으로 이루어지지만, 소장 제출이 방해받을 경우 사법 대리는 구두 청구를 수리할 수도 있다.[314] 다만 이런 경우 사법 대리는 공증관에

---

311) 참조:「혼인의 존엄」, 제92조, 제93조, 제114조; 교회법 제1501조, 제1620조 4호.

312) 민사 소송 사건에서 공익의 위태 여부를 판단하는 것은 법으로 정해졌거나 (사람의 신분에 관한 민사 소송처럼) 주교에 의하여 공익에 관련된 것으로 판단되거나 사안의 본성이 요구하는 경우이다. 주교의 판단과 사안의 본성이 공익이 위태롭게 된다고 여겨지는 경우는 모두 소송의 제기 이후에 판단되는 데 반해서, 소장의 제출과 동시에 검찰의 개입을 법으로 명시한 경우는 유일하게 혼인 무효 소송 사건의 경우이다. 이외에 민사 소송 사건에서 소장의 제출은 항상 개인에게 속하며, 형사 소송 사건에서는 소장 제출은 항상 검찰관에게 속한다. 참조: 교회법 제1721조. Cf. Manuel J. Arroba Conde, *Diritto Processuale Canonico*, p.298.

313) 참조: 정진석, 앞의 책, 566쪽.

314)「혼인의 존엄」제115조 2항은 교회법 제1503조와는 달리 이러한 구두 청구의

게 소송 문건을 서면으로 작성하여, 그 내용을 청구인에게 낭독해 주고 승인을 받도록 명하여야 한다. 이 기록은 모든 법적 효과 면에서 청구인이 작성한 소장을 대신한다.[315]

1.1. 소장 기재 사항

소장에 기재되어야 할 사항들은 교회법 제1504조에 따른다. 이를 기초로「혼인의 존엄」제116조는 다음과 같이 소장에 기재되어야 할 사항들을 열거하고 있다:

"제116조 ① 소송을 제기하는 소장에 표시되어야 할 사항은 다음과 같다.

1. 어느 법원 앞으로 소송이 제기되는지를 명시할 것.
2. 소송의 목적을 기술할 것, 즉 혼인의 문제를 상술할 것, 무효 선언을 위한 청구를 기재할 것, 반드시 전문적 용어가 아니더라도 청구의 사유, 즉 제기된 혼인의 무효 근거와 토대들을 제시할 것.
3. 청구인이 주장하는 바를 입증하기 위하여 신뢰할 만한 사실과 증거를 적어도 일반적으로라도 표시할 것.
4. 연월일 및 청구인(원고)이나 그의 소송 대리인이 살고 있는 장소나 또는 기록 문서를 받기 위해 거주지로 내세우는 장소를 기재하고 청구인(원고)이나 그의 소송 대리인이 서명할 것.
5. 피청구인(다른 배우자)의 주소나 준주소를 표시할 것(교회

수리권자가 재판관이 아니라 사법 대리임을 밝히고 있다. 또한 현 교회법 제1676조 1항에 따르면, 구두 청구 이외의 소장의 수리는 사법 대리에게 속한다. 「온유한 재판관이신 주 예수님」 이전의 교회법 제1677조에 따르면, 소장 수리 여부는 재판장과 주심관의 소임이었다.

315) 참조:「혼인의 존엄」, 제115조 2항; 교회법 제1503조.

법 제1504조 참조).

② 혼인 증명서의 공증 사본을 소장에 첨부하여야 하며, 필요하다면 당사자의 제적 등본도 첨부하여야 한다.

③ 소장이 제기되는 때에 감정인의 감정서를 요구하는 것은 인정되지 아니한다."

「혼인의 존엄」 제116조 1항은, 교회법 제1504조와 달리, 소송을 제기하는 소장에 어느 재판관이 아니라 어느 법원에 소송을 제기하는지를 기재하도록 한다. 그리고 2항은, 혼인 무효 소송의 소장에는 혼인 증명서(exemplar authenticum celebrati matrimonii)도 첨부되어야 하고 공증된 것이어야 하며, 필요한 경우 당사자들의 민법상의 혼인 상태를 증명하는 민법상의 서류(documentum de statu civili partium)도 첨부되어야 한다고 한다.[316)]

기재 사항 중에서 주의를 기울일 사항은 바로 1항 2호, 곧 소송의 대상(obiectum causae)에 대한 것이다. 소장 기재에서 이것이 중요한 이유는 바로 이것 때문에 청구인이 재판관의 개입을 요청하는 것이기 때문이다. 비록 전문적인 형태는 아니더라도 이 부분은 법적 근거와 사실적 근거에 토대를 두고 간략하게 요약되어 소장에 기재되어야 할 것이다.

소장에 법적 근거가 기재되어야 하는 것은 청구인의 주장이 근거하는 법률이 존재한다는 것을 표시하기 위한 것이다. 혼인 무효 소송의 경우, 관련 법조문을 표시하는 것이 적합한데 그것은

316) 참조: 「혼인의 존엄」, 제116조 제2항.

시비점의 서식을 통해 무효성의 이유가 정해지기 때문이다.[317)]

그리고 사실적 근거는 소장을 통한 청구를 뒷받침하는 구체적 정황들을 말하는 것으로, 이것은 적어도 대략적으로(generatim saltem) 표시되면 충분할 것이다.[318)] 혼인 무효 소송의 통상적 절차에서는 그 사실적 근거를 대략적으로 표시하는 것으로 충분하겠지만, 주교 앞에서 이루어지는 간략한 혼인 소송 절차 진행을 위해서는 교회법 제1684조가 요구하는 사항들도 소장에 더 기재되어야 한다:

"제1684조 간략한 소송 절차를 제기하는 소장은 제1504조에 열거된 사항들 외에도 다음의 사항들을 표시하여야 한다.

1. 청구가 근거하고 있는 사실들을 간략히 온전하게 명확히 표명하여야 한다.
2. 재판관이 즉시 수집할 수 있는 증거들을 표시하여야 한다.

---

317) 참조: 교회법 제1676조 2항; Cf. Manuel J. Arroba Conde, *Diritto Processuale Canonico*, p.296. 그러나 어떤 이는 소장에 굳이 법적 근거로서 구체적 법조문을 정하지 않아도 된다고 주장하기도 하는데, 왜냐하면 혼인 무효성의 근거로서 제시되어야 하는 법조문은 시비점의 서식이 정해질 때 표시되면 되기 때문이다. 또한 본인의 생각으로는, 소송 대리인이나 변호인이 혼인 당사자를 대리하여 혼인 무효 소송의 전 과정에 적극적으로 개입하지 않고 있는 한국의 상황에서는 구체적 법조문을 소장에 기재하라고 요구하는 것은 지나쳐 보인다. Cf. G.P. Montini, *De processo contentioso ordinario, causae matrimonialis ad usum auditorium*, PUG, 2004, p.14

318) 이 부분에 대해서 어떤 이들은 구체적 증거에 의하여 뒷받침되는 사실 관계들이 표시되어야 한다고 주장하고, 어떤 이들은 소송을 왜 하는지 표시하는 데에 요구되는 것을 간략하게 제시하면 된다고 주장하기도 한다. 중요한 점은, 주요 사실 관계들과 증인들과 의사들의 이름, 정신 병동에 입원했던 날짜 등을 기재하는 것이다. Cf. Manuel J. Arroba Conde, *Diritto Processuale Canonico*, p.296; Manuel Jesús Arroba Conde - Claudia Izzi, *Pastorale giudiziaria e prassi processuale nelle cause di nullità del* matrimonio, p.93.

3. 청구가 근거하고 있는 문서들을 첨부해서 제출하여야 한다."

1.2. 소장에 첨부될 사항들

소장을 제출할 때 서증들(probatio per documenta)이 있으면 소장과 함께(una cum libello) 제출하도록 한다. 만약에 증거들이 증인들(per testes)을 통한 증거라면 그들의 이름과 주소도 기재해야 한다. 그리고 다른 형태의 증거들(aliae probationes)인 경우, 그것들이 밝혀져야 할 사실들과 필요한 조치들이 일반적으로라도 기재되어야 한다.[319] 그러나 소장이 제기되는 때에 감정인의 감정서를 요구하는 것은 허용되지 아니한다.[320]

2. 소장의 심사

2.1. 소장의 심사권자

교회법 제1676조 1항에 따르면 제출된 소장의 심리는 사법 대리에게 속한다.「온유한 재판관이신 주 예수님」이전의 교회법 제1677조 1항에서는 재판장이나 주심관이 소장을 심리하도록 되어 있었고,「혼인의 존엄」에서는 재판장이 소장을 심리하도록 규정되어 있었다. 이는「온유한 재판관이신 주 예수님」에 제시된 혼인 무효 소송 통상적 절차와 주교 앞에서 이루어지는 간략한 절차를 사법 대리가 결정한 다음에 재판부를 구성해야 하는 이유에 따른 결과이다.[321]

---

319) 참조:「혼인의 존엄」, 제117조.
320) 참조:「혼인의 존엄」, 제116조 3항.
321) 교회법 제1676조 1항, 3항, 4항.

2.2. 소장 수리와 각하

소장을 접수한 사법 대리는 그 소장을 각하할지 수리할지를 결정해야 한다.[322] 소장 각하 여부를 위하여 사법 대리는 네 가지 요소들, 즉 소송 사건이 자신의 관할권에 있는 것인지 여부, 청구인인 소송의 적격자로서 청구권이 있고 행위 능력이 있는지 여부, 법으로 정해진 소장 기재 사항들의 결함 여부, 혼인 무효 주장

---

322)「혼인의 존엄」 제119조 2항에 따르면, 사법 대리가 소장 수리와 각하 여부를 결정하기 전에 성사 보호관의 의견을 듣도록 권고한다. 그러나 교회법 제1676조 1항이나 개정 전 제1677조 1항에서는 소장 심리를 위해 성사 보호관의 의견을 듣도록 권고한 규정은 없다.「혼인의 존엄」 제118조, 제119조 1항, 교회법 제1425조 3항, 제1505조 1항에 근거하여 소장이 접수된 다음에 사법 대리가 재판부 구성을 하도록 되어 있었고, 그렇게 구성된 재판부의 재판장이 소장의 각하 여부를 결정하도록 되어 있었다. 그러나 현 교회법 제1676조 1항에 따르면 접수된 소장을 접수하여 수리하는 것은 사법 대리이고, 수리된 소장의 말미에 재결을 첨부하여 그 등본을 성사 보호관에게 통지하도록 하는 것도 사법 대리의 소임이다. 그렇기 때문에「혼인의 존엄」 제119조 2항이 권고하는 내용, 즉 소장 각하 여부를 결정하기 전에 성사 보호관의 의견을 듣는 것이 소송 절차상 잘 맞지 않아 보인다. 그렇지만 합치된 두 가지 판결을 더 이상 요구하지 않는 개정된 혼인 무효 소송법에서 혼인 유대를 보호해야 할 막중한 성사 보호관의 임무는 더욱 중요하다고 생각하는 이도 있다. 이런 생각을 하는 이들은 이 문제를 해결하기 위해서는 우선 사법 대리가 소장이 접수되고 나서 성사 보호관을 임명하고 제출된 소장에 대한 그의 의견을 듣는 것이 바람직하다고 생각한다. 이들에 따르면 사법 대리는 제출된 소장을 검토하면서 그것을 통상적 절차로 진행할지 아니면 간략한 절차로 진행할지 판단해야 하므로 더욱더 확실한 소장 검토를 위해 성사 보호관의 의견을 듣는 것이 더 좋다는 것이다. 그러나「혼인의 존엄」에서 권고한 규범은 소장 심사 과정에서 배심관의 역할을 성사 보호관에게 맡긴 것처럼 보이고, 이는 성품 유대와 혼인 유대의 보호를 위한 성사 보호관으로서의 역할에 반해 보인다고 지적하면서 소장 심사 과정에 성사 보호관의 개입은 필요하지 않다고 보는 견해도 있다. 참조: 교회법 제1676조 1항; Cf. Pedro A. Moreno, “Il difensore del vincolo dopo la promulgazione del MI”, in AA.VV, *Ius et Matrimonium II: Temi processuali e sostanziali alla luce del Motu Proprio Mitis Iudex Dominus Iesus*, EDUSC, 2017, p.191; Manuel Jesús Arroba Conde - Claudia Izzi, *Pastorale giudiziaria e prassi processuale nelle cause di nullità del matrimonio*, pp.95, 99-100.

이 법률상으로 볼 때 상당한 근거가 있어 보이는지 여부(fumus boni iuris: 법률적 개연성)를 검토해야 한다. 법적 근거가 결여되었는지 아니면 사실적 근거가 결여되었는지 여부를 검토하는 것은 상당한 주의가 요구된다. 이를 위해서는 「혼인의 존엄」 제122조를 참조하는 것이 필요할 것이며, 그 내용은 다음과 같다:

"제122조 이의 제기의 토대가 된 사실이 완전히 참되더라도 그것만으로는 혼인을 무효로 만들 수 없고, 또 그 사실이 혼인을 무효로 만들 수 있는 것이라도 주장의 허위가 명백하면 소장 수리를 위한 아무런 근거가 없다."

이 단계에서 사법 대리는 소장 각하 여부를 위한 사전 작업으로서 법원의 관할권과 청구인의 소송 행위 능력에 대한 예비 조사를 할 수 있고 해야 한다.[323] 이런 예비 조사는 소장의 수리와 각하를 위한 것이며, 제출된 소장의 내용 중 아무런 소송 근거를 발견하지 못할 경우 소송 진행 중에 어떤 근거들이 나타날 수 있는지를 알아보기 위한 조사인 것이다.[324]

사법 대리는 소장의 수리와 각하 여부를 되도록 빨리 교령을 통하여 결정해야 하며,[325] 이 재결서에는 적어도 각하의 이유들이 요약 형식으로라도 표명되어야 하고, 수리된 경우 성사 보호관에게 통보되어야 한다.[326] 「혼인의 존엄」 제121조 1항은 소장이 각하되는 사유를 다음과 같이 제한적[327]으로 제시하여 규정하

323) 참조: 「혼인의 존엄」, 제120조; 교회법 제1478조.

324) 참조: 「혼인의 존엄」, 제120조 2항.

325) 참조: 「혼인의 존엄」, 제119조; 교회법 제1505조 1항.

326) 참조: 「혼인의 존엄」, 제121조 2항; 교회법 제1617조, 제1676조 1항.

327) 「혼인의 존엄」 제121조 1항에 제시된 각하 사유에 대하여 우리가 주목해야

고 있다:

"제121조 ① 소장은 아래의 경우에만 각하될 수 있다.

1. 법원이 관할권이 없을 때.
2. 청구가 혼인의 이의 제기권이 없는 사람에 의해 제출된 것이 분명할 때(제92–93조; 제97조 1–2항; 제106조 2항 참조).
3. 제116조 1항 1–4호의 규정이 지켜지지 아니한 때.
4. 청구가 아무런 근거도 없고 또한 소송 절차를 통해서도 어떠한 근거도 찾을 수 없음이 소장 자체에서 확실히 드러난 때(교회법 제1505조 제2항 참조)."

소장의 수리와 기각 여부를 결정할 때 신중하게 고려해야 할 점은, 무효 소송의 제기 근거가 완전히 참된 사실이더라도, 또 그 사실이 혼인을 무효로 선언할 수 있는 것이라도 그 법적 근거가 없거나 주장에서 허위가 명백하면 소장을 수리할 아무런 근거가 없다고 보아야 한다는 것이다.[328] 소장에 기재된 사실과 법적 근거들이 사실과 다르거나 허위임이 분명한 경우, 그 소장은 각하되는 것이다.

하는 것은 'Tantum'이라는 표현이다. 혼인 무효 소송의 소장을 기각하는 데는 「혼인의 존엄」 제121조에 표시된 경우에만 기각될 수 있는 것이며, 이는 매우 기각 가능성을 제한적으로 해석하도록 하는 것으로 제시된 경우에만 각하 사유가 된다는 것이다.

328) 참조: 「혼인의 존엄」, 제122조.

3. 법 자체로 인한 소장의 수리

소장이 제출된 때로부터 1개월 이내에 사법 대리가 소장을 수리하거나 각하하는 재결을 내리지 아니하면, 청구인은 사법 대리가 자신의 임무를 이행하도록 촉구할 수 있다. 그래도 재판관이 침묵하면, 청원서(소장 수리 여부 청원서)가 합법적으로 제출된 지 10일이 헛되이 지나면 소장은 수리된 것으로 간주되어야 한다.[329)]

4. 새로운 소장의 제출 및 각하된 소장에 대한 소원

각하된 소장에 대하여 청구인이 취할 수 있는 방법은 두 가지인데, 하나는 소장을 수정 보완하여 다시 제출하는 것이고, 다른 하나는 각하 재결을 반대하는 소원이다.

보정될 수 있는 하자(흠) 때문에 소장이 각하되면, 이러한 하자들은 각하 재결서에 명시되어야 하며, 청구인(원고)은 올바로 작성한 새로운 소장을 다시 제출할 수 있다.[330)] 이는 주로 수정 가능한 내용들로서 어느 법원 앞으로 소송이 제기되는지 불분명한 경우, 둘째, 소송의 목적이 전문적 용어가 아니더라도 잘 제시되지 아니한 경우, 셋째, 청구인이 주장하는 바를 입증하기 위하여 신뢰할 만한 사실과 증거가 적어도 일반적으로라도 잘못 표시된 경우, 넷째, 연월일 및 청구인(원고)이나 그의 소송 대리인이 살고 있는 장소나 또는 기록 문서를 받기 위해 거주지로 내세우는 장

---

329) 참조:「혼인의 존엄」, 제125조; 교회법 제1506조.

330) 참조:「혼인의 존엄」, 제123조; 교회법 제1505조 3항.

소, 청구인(원고)이나 그의 소송 대리인의 서명 등이 누락된 경우를 들 수 있다.[331)]

각하된 소장에 대한 소원은 항상 열려 있으며, 청구인은 이유가 들어간 소원을 10일의 유용 기간 내에 상소 법원[332)]에 언제나 자유로이 제출할 수 있는 권리를 지니며, 어느 경우에나 각하 문제는 매우 신속하게 판정되어야 한다.[333)] 상소 법원이 소장을 수리하면 그 소송 사건은 판결을 내린(원심) 법원에서 재판되어야 한다.[334)]

5. 재판부 구성

사법 대리는 소장을 수리하는 동일한 재결서를 통해서 소송 사

---

131) 참조:「혼인의 존엄」, 제116조 1항, 1-4호, 제121조 1항 3호.

132) 교회법 제1505조 4항에 따르면 각하된 소장에 대한 소원은 상소 법원에, 합의 재판부의 재판장이 기각한 경우 그 합의제 재판부에 10일의 유용 기간 내에 제기될 수 있다. 그러나 교회법 제1676조 1항에 따라서 사법 대리가 소장의 수리 및 기각 여부를 결정하는 현 규범에 비추어 볼 때, 상소 법원에 소원이 제출되어야 한다고 본다. 왜냐하면「온유한 재판관이신 주 예수님」에 따르면 재판부 구성은 시비점의 서식, 통상적 절차 또는 간략한 절차 진행 여부, 합의제 재판부 또는 단독 재판관(통상적 절차의 경우), 예심 조사관과 배심관 임명(간략한 절차의 경우)에 대한 한 번의 재결서로 소장 수리 이후에 결정되므로, 교회법 제1505조 4항에서 규정한 재판장에 의한 각하를 합의제 재판부에 소원하는 것은 논리에 맞지 않기 때문이다. 시비점의 서식을 정하는 재결에 포함되는 세 가지 내용에 대해서는 다음의 저서를 참조하기 바란다. Cf. Manuel Jesús Arroba Conde - Claudia Izzi, *Pastorale giudiziaria e prassi processuale nelle cause di nullità del matrimonio*, p.99.

333) 참조:「혼인의 존엄」, 제124조 1항; 교회법 제1505조 4항.

334) 참조:「혼인의 존엄」, 제124조 2항.

건을 통상적 절차로 심리되어야 할지 아니면 간략한 소송 절차로 진행할지 결정해야 하고, 통상적 절차로 진행할 경우 합의제 재판부나 두 명의 배심관을 둔 단독 재판관을 지명하여, 제기된 혼인 무효 소송을 위한 재판부를 구성해야 한다.[335)]

사법 대리는 재판관 명부의 순서에 따라 개별 소송 사건들을 재판하도록 재판관들을 배정하여야 한다.[336)] 사법 대리는 지극히 중대한 이유가 없으면 일단 지명된 재판관들을 대치하지 말아야 한다.[337)] 그리고 사법 대리는 당사자들과 성사 보호관에게 재판부와 소송 진행 방식에 대한 재결을 즉시 통지해야 한다.[338)]

제2절
소환과 재판 기록 문서의 통지

1. 1차 소환과 이에 대한 통지

1.1. 피청구인에 대한 소환

소환(召喚)은 당사자나 증인을 법정에 출두하도록 부르는 명령인데, 넓게는 재판관이 당사자나 증인에게 법정에 나오라고 부르는 명령이며, 고유한 의미에서는 재판관이 피청구인에게 처음으로 법원에 출두하라고 명령하는 행위를 뜻한다.[339)] 이러한 소

335) 참조: 교회법 제1676조 2, 3, 4항.
336) 참조: 「혼인의 존엄」, 제48조 1항; 교회법 제1425조 3항.
337) 참조: 「혼인의 존엄」, 제49조; 교회법 제1425조 5항.
338) 참조: 교회법 제1676조 2항.
339) 참조: 정진석, 앞의 책, 586쪽.

환 행위는 매우 중요하다. 왜냐하면 합법적 소환 없이 소송 절차를 진행하면 그것은 무효이기 때문이다.[340)]

개정된 혼인 무효 소송 절차법에는 통상적 소송 방식과 간략한 소송 방식이 마련되어 있다. 그렇기 때문에 소환과 그 통지에 대해서 다음과 같은 세 가지 상황을 전제해 볼 수 있다:

첫째는 소장이 공동 소송의 형태로 부부 두 사람에 의하여 서명된 경우인데, 이 경우 사법 대리는 수리된 소장의 말미에 재결을 첨부하여 그 등본을 성사 보호관에게 통지하도록 공증관에게 명령해야 한다. 이 경우 부부 양편 모두 혼인 무효 소장에 대해서 인지하고 있기 때문에, 다시 말해서 공동 소송의 형태로 소송이 제기되었기 때문에 피청구인측에 대한 소환 통지는 필요하지 않을 것이며 수리된 소장을 성사 보호관에게 통지하면 될 것이다.[341)]

둘째는 부부 한편만이 청구인인 경우, 성사 보호관에게 소장의 등본을 통지하는 것 외에 피청구인에 대한 소환이 이루어져야 한다. 사법 대리는 소장을 수리하는 재결서에 피청구인에게 서면으로 답변하도록 할지 아니면 법원에 출두할지를 정하여 통지해야 한다.[342)] 피청구인에 대한 첫 소환에는 소송의 내용에 대해서 알려주어야 하는데, 이것은 보통 소장을 소환 재결서에 첨부하는 것으로 이행되지만 중대한 이유가 있어서 피청구인이 재판정에서 증언하기 전에 소장을 알려주어서는 아니 된다고 여기면 단순하게 소송의 내용과 청구인의 주장을 알려주는 재결을 내리면 된다.[343)]

340) 참조: 교회법 제1511조.

341) 참조: 교회법 제1676조 1항.

342) 참조:「혼인의 존엄」 제126조 1항; 교회법 제1507조 1항; 제1676조 1항.

셋째로 혼인이 검찰관에 의하여 공격받는 경우, 첫 소환은 부부 양편 모두에게 이루어져야 한다.[344]

소환장에는 재판관의 출두 명령이 분명하게 기재되어야 하고, 통지된 지 15일 이내에 청구에 대한 자신의 견해를 밝히도록 해야 한다.[345] 소환에 대한 피청구인의 응답 없이 합법적 통지로부터 15일의 정해진 기간이 지나면 사법 대리는 두 가지 권한을 사용할 수 있는데, 하나는 피청구인에게 다시 한번 자신의 견해를 밝히도록 기회를 주는 것이며, 다른 하나는 '직권으로ex officio' 시비점의 서식을 정하는 것이다.[346] 자의 교서 「온유한 재판관이신 주 예수님」의 절차 지침 제11조 2항에 따르면 피청구인이 정식으로 법원에 자신을 맡기거나 소환에 대한 응답이 없으면 무효 선언에 대한 청구에 반대하지 않는 것으로 간주된다.

교회법 제1507조 3항을 보면, 쟁송 당사자들이 소송을 하기 위하여 실제로 재판관 앞에 출석했으면 소환은 필요 없는 것이 된다. 소송이 제기될 때 피청구인이 소환되어야 하는 것은 바로 그가 누리는 사법상의 방어권을 보장하기 위한 것이다. 그러나 이러한 사실은 서기관에 의하여 소송 기록 문서에 기재되어야 한다.[347]

---

343) 참조: 교회법 제1508조 2항; Cf. Manuel Jesús Arroba Conde - Claudia Izzi, *Pastorale giudiziaria e prassi processuale nelle cause di nullità del matrimonio*, pp.96-97.

344) 참조:「혼인의 존엄」, 제92조 2호, 제126조 4항; 교회법 제1674조 1항 2호.

345) 참조: 교회법 제1676조 1항.

346) 참조: 교회법 제1676조 2항. Cf. Manuel Jesús Arroba Conde - Claudia Izzi, *op.cit.,* pp.97-98.

347) 참조:「혼인의 존엄」, 제126조 3항; 교회법 제1507조 3항.

1.2. 법에 따른 소장 수리에 따른 소환

소장이 제출된 때로부터 1개월 이내에 사법 대리가 소장을 수리하거나 각하하는 재결을 내리지 아니하면, 청구인은 사법 대리가 자신의 임무를 이행하도록 촉구할 수 있는데, 그래도 사법 대리가 침묵하면 청원서(소장 수리 여부 청원서)가 합법적으로 제출된 지 10일이 헛되이 지나면 소장은 수리된 것으로 간주되어야 한다.[348] 이렇게 소장이 수리된 것으로 간주되면, 청원의 제출로부터 20일 이내에 재판의 소환 재결이 이루어져야 한다.[349]

1.3. 소환의 통지와 그 확인

피청구인에 대한 소환을 확인하는 것은 사법 대리의 소임이다. 소환장에는 소송 사건의 소장 개요가 첨부되어야 하지만 사법 대리는 중대한 이유 때문에, 피청구인이 재판정에서 증언하기 전에는 그에게 소장을 알려서는 안 된다고 여기면 첨부하지 않을 수 있다. 그러나 이 경우에 청구인이 제출한 소송의 목적과 근거들이 피청구인에게 통지되어야 한다.[350] 소환 재결서와 함께 재판부와 성사 보호관의 이름이 피청구인에게 통지되어야 한다.[351] 소환이 합법적으로 이루어지지 않으면 소송 절차 행위는 무효가 된다.[352] 「혼인의 존엄」 제60조는 소환되어야 하는 사람들이 소환되지 않는 경우 그 소송 기록들은 무효임을 규정하고 있다:

348) 참조:「혼인의 존엄」, 제125조; 교회법 제1506조.
349) 참조:「혼인의 존엄」, 제126조 2항; 교회법 제1507조 2항.
350) 참조:「혼인의 존엄」, 제127조 3항; 교회법 제1508조 제2항.
351) 참조:「혼인의 존엄」, 제127조 4항.
352) 참조:「혼인의 존엄」, 제128조; 교회법 제1511조.

"제60조 성사 보호관이나 검찰관의 참석이 요구되는 소송 사건들에서 이들이 소환되지 않았다면, 그 소송 기록은 무효다. 다만 이들이 소환되지 않았어도 실제로 참석하였거나, 적어도 판결 전에 소송 기록을 심사하여 고유의 임무를 수행할 수 있었다면 그러하지 아니하다(교회법 제1433조 참조)."

1.4. 소환의 효과

소환이 합법적으로 피청구인에게 통지되었거나 그 당사자가 소송에 참여하기 위하여 재판관 앞에 출석하면「혼인의 존엄」제129조에서도 언급하고 있듯이 교회법 제1512조에 규정된 다음의 효과가 발생한다:

"제1512조 소환이 합법적으로 통지되었거나 당사자들이 소송을 하기 위하여 재판관 앞에 출석하였을 때 다음과 같이 된다.

1. 사항은 미착수 상태가 끝난다.
2. 소송 사건은 소송이 제기되고 그 밖의 면에서도 관할권이 있는 그 재판관이나 그 법원에 속하는 것이 된다.
3. 수임 재판관의 재치권이 확고하게 되어, 위임자의 권리가 해제되어도 소멸되지 아니한다.
4. 시효는 달리 규정되지 아니하는 한 중단된다.
5. 소송이 계속(係屬, 심리)되기 시작한다: 따라서 "소송이 계속(심리) 되는 동안에는 아무것도 혁신되지 못한다."는 원칙이 즉시 적용된다."

합법적 소환과 통지로 소송이 개시되어 재판의 종국 판결의 결정에 놓이게 된다. 그리고 동등한 관할권을 가진 법원들 사이에서는 먼저 소환한 법원이 선착수의 원칙에 의하여 관할권을 가지게 되고, 이는 상소 법원에서도 동일하게 적용된다.[353] 피청구인이 소환 이후에 주소를 변경하더라도 그 주소나 준주소지의 법원의 관할권은 그대로 남게 되며 위임자의 권리가 해제되어도 수임 재판관의 관할권은 중단되지 아니한다.[354] 또한 소송의 심리 중에는 쟁송의 목표와 재판의 기한도 변경될 수 없다.[355]

1.5. 소환과 통지에서 준수되어야 할 원칙

1.5.1. 통지 방법

소환장이라는 것은 당사자 또는 그 밖의 소송 관계자들이 어떤 정해진 날에 법원에 출두하라는 명령을 담은 일종의 통지문과 같은 것이다. 소환장은 가장 안정한 방법으로 그리고 개별법이 정한 소환, 재결, 판결 및 그 밖의 재판 기록 문서들의 통지하는 원칙에 따라 통지되어야 하고, 가장 안전한 방법으로 그러한 문서들이 전달될 수 있도록 해야 한다. 그리고 이러한 통지 사실은 기록 문서에 명기해야 한다.[356]

1.5.2. 소송 능력이 없는 이를 위한 소환 및 통지

당사자가 의사 결정 능력(이성 사용)이 결여되었거나 심신 박약자이면, 소환과 통지는 법정 대리인에게 이루어져야 하고, 소송 대리인이 있는 당사자의 경우에는 소환 통지는 소송 대리인을

353) 참조: 교회법 제1407조 2항, 제1415조, 제1438조-1441조, 제1444조, 제1632조 2항.

354) 참조: 교회법 제135조, 제1408조.

355) 참조: 교회법 제1465조 1, 2항, 제1514조.

356) 참조:「혼인의 존엄」, 제130조; 교회법 제1509조 1, 2항.

통하여 전달되어야 한다.[357)]

1.5.3. 소환 당사자의 거주지 불명

면밀한 조사가 이루어진 뒤에도 여전히 소환 당사자가 사는 곳을 알 수 없을 경우, 사법 대리는 소송 절차를 진행할 수 있으나, 면밀한 조사가 이루어졌다는 것을 소송 기록 문서로 남아야 한다.[358)] 거주지를 파악할 수 없는 당사자가 발생할 경우, 그 소환이나 통지에 있어서 고시(告示)를 통한 방법을 개별법이 정할 수 있다. 여기서 말하고 있는 '고시(告示: per edictum)'는 일종의 공개적 공지 방법인데, 어떤 내용에 대하여 일반인들에게 글로 써서 게시하는 것으로 교구의 신문이나 소식지, 또는 지역의 신문, 소식지를 통하여 소송을 위한 소환이나 통지를 여러 사람에게 알리는 것이며, 다른 법원의 사람을 통해서 알릴 수도 있겠다.[359)] 개별법은 이러한 방식도 정할 수 있는 것이지 그것이 의무 사항은 아니며, 어쨌든지 면밀한 조사가 이루어져야 하고 그러한 조사 사실에 대하여 기록 문서에 명기되어야 한다.[360)]

1.5.4. 소환장 및 사법적 문서의 통지 수신 거부

합법적 소환과 통지는 소환된 피청구인의 태도에 좌우되는 것이 아니기 때문에 소환장이나 그 밖의 법적 통지서 수령을 거부하는 사람이나, 자기에게 배달되지 아니하도록 방해하는 사람은 합법적으로 소환되었고 통지의 대상이 통보된 것으로 간

---

357) 참조:「혼인의 존엄」, 제131조; 제1508조 3항.

358) 참조:「혼인의 존엄」, 제132조 1항.

359) 참조: Can. 1720, CIC/1917; art. 83, PIO XII, "*Provida Mater*", 1947; Cf. Manuel J. Arroba Conde, *Diritto Processuale Canonico*, pp.319-320.

360) 참조:「혼인의 존엄」, 제132조 2항; 교회법 제1509조.

주된다. [361)]

그런데 여러 방법으로 성실하게 피청구인을 찾으려고 했으나 그를 찾을 수 없는 경우, 사법 대리는 소송을 진행할 수 있겠으나 그렇게 찾으려는 시도들에 대해서 주의 깊게 기록해야 두어야 한다.[362)] 그러나 이런 가능성은 통상적 절차에서 가능한 것이지 주교 앞에서 이루어지는 간략한 혼인 무효 소송에서는 배제된다.[363)]

1.5.5. 기록 문서들에 대한 통지의 의무

「혼인의 존엄」 제134조는 소송 기록 문서들을 당사자들에게 통지하는 데 있어서 의무적 사안들을 제시한다:

첫째 자기 자신이나 소송 대리인을 통하여 법정에 참여하는 당사자들에게는 법률상 그들에게 통지되어야 하는 모든 문서들을 통지해야 한다.

둘째 부류는 법원의 정의에 자신을 내맡긴, 곧 법원의 판결에 자신을 위임한 당사자들이다. 우선 이들에게는 소송 시비점들의 양식(소송 쟁점의 구성: formula dubii)을 결정한 재결서가 통지되어야 한다. 만약에 새로운 청구가 제기되었으면 문서들에 대한 공표 재결서와 합의제 재판부의 모든 선언들이 통지되어야 한다.

셋째 부류는 법원으로부터 결석 선언된 당사자다. 이러한 경

361) 참조: 「혼인의 존엄」, 제133조; 교회법 제1510조; Cf. Manuel Jesús Arroba Conde - Claudia Izzi, *Pastorale giudiziaria e prassi processuale nelle cause di nullità del matrimonio*, p.97.

362) 참조: 「혼인의 존엄」, 제132조 1항.

363) Cf. Pontificio Consiglio per i Testi Legistlativi, *Risposta particolare On the conversion of the formal proces to the processus brevior*, 01.10.2015, prot. n.15/18/2015. in www.delegumtextibus.va.

우의 당사자에게는 시비점들의 양식과 종국 판결을 통지한다. 만일 당사자가 소송 사건에 대한 어떤 통지도 원하지 않는다고 선언하면 판결문의 등본을 취득할 자신의 권리를 포기한 것으로 간주하기 때문에 개별법의 규범을 준수하면서 단지 판결의 주문만을 통지한다.[364)]

넷째 부류는 온갖 방법으로 피청구인을 찾으려 했지만 찾을 수 없는 때, 그런 노력을 기록에 남기는 경우에는, 거주지 불명으로 인한 부재자로 여겨지는 당사자에게는 아무런 문서도 통지되지 않는다.[365)]

2. 소송 시비점(쟁점)의 설정

2.1. 소송 시비점(쟁점)의 확정

혼인 무효 소송에서 시비점의 확정[366)]에 대해 직접 다루기 전에 한 가지 분명하게 밝혀야 할 점이 있는데 그것은 교회법 제

364) 참조:「혼인의 존엄」, 제258조 3항.

365) 참조;「혼인의 존엄」, 제132조 1항.

366) 혼인 무효 소송은 법의 혜택을 누리는 어떤 혼인에 대한 공격으로 청구된 무효 확인에 대한 소송인 점을 전제하면 반드시 두 당사자들, 곧 부부의 다툼을 전제하지 않을 수 있다. 물론 혼인에 대한 여러 실패 이유는 있을 수 있겠으나 그 실패가 혼인의 무효와 동일하지 않을 수 있는 것이다. 이런 면에서 혼인 무효 소송의 쟁송 목표와 연관된 용어들 가운데 'litis contestatio'나 'controversiae terminus'보다는 교회법전의 표현처럼 'formulatio dubii ver dubiorum'이란 표현이 더 적합할 것으로 보이며, 우리말 번역도 '시비(是非)'란 단어보다는 '미심(未審)'으로 번역되는 것은 어떤가 하는 생각도 들고, 그렇다면 '시비점의 서식'보다는 '미심점 확정'이란 번역이 더 좋을 듯하다. Cf. Daneels. F, "La natura propria del processo di nullità matrimoniale", in AA.VV., *La Nullità del Matrimonio: Temi processuali e sostantivi in occasione della DIGNITAS CONNUBII*, EDUSC, 2005, pp.24-25.

1676조 2항과 연관된 교회법 제1513조 1항과 2항에 대한 검토이다. 이에 따르면 소송의 성립(litis contestatio)은 쟁송 목표(controversiae terminus)가 정해지는 때에 이루어지고, 시비점을 합치(concordatio dubii)시키기 위해서는 당사자들을 소환하여 개정해야 한다.

소송의 성립이란 것과 시비점의 합치란 것은 다툼의 대상을 정하는 두 방식을 뜻하며, 두 방식은 동일한 소송적 가치가 있고 다만 사안의 어려움 때문에 당사자들을 소환하여 부족한 답변을 보충하면서 재판관이 다툼의 대상을 정하는 것을 시비점의 합치라 하고, 소송의 성립이란 단순히 당사자들의 답변에서 쟁송의 목표를 확정하는 재결과 연관된다.[367] 쟁송의 목표가 정해져서 소송이 성립된다는 것은 어떤 의미에서 시비점이 확정되어 소가 예심 단계로 넘어간다는 것을 의미하고, 이에 대한 답변은 종국 판결을 통해서 주어진다는 것을 의미한다.[368]

시비점의 서식 확정에 관한 현 교회법 제1676조 2항의 규범은 개정 전 제1677조 2항보다 상당히 단순화되었는데, 사법 대리가

367) 어떤 해설가는 재판관이 양편 당사자들의 서면이나 구두 청구와 답변에 따라 재결로 결정하는 방법을 단순한 방법이라고 하고, 양편 당사자를 불러 그들이 토론하여 쟁송의 목표를 합의하는 것을 재판관이 인정하여 재결로 결정하는 방법을 정식 방법이라고 말하기도 한다. 문제는 인용한 아로바 콘데 교수의 의견대로 쟁송 목표 확정의 방식에서 그 결정의 어려움 때문에 당사자들을 소환하여 시비점을 정하는 것과, 당사자들의 청구와 답변에서 취한 것을 토대로 재판관이 재결로 결정하여 소송을 성립시키는 것은 소송적 가치는 동일하지만, 사안의 어려움 때문에 당사자들의 소환 여부에 따라서 두 방식이 존재하는 것으로 보아야 할 것이다. Cf. Manuel J. Arroba Conde, *Diritto Processuale Canonico*, p.336; 참조: 정진석, 앞의 책, 606쪽.

368) Cf. Manuel J. Arroba Conde, *Diritto Processuale Canonico*, p.338.

15일 이내에 서면으로 답변하라는 명령 대신에 시비점 확정을 위하여 피청구인을 자기가 정한 날과 시간에 법원에 출두하라고 명령하는 것이 배제되지 않지만, 당사자가 시비점 확정을 위한 개정을 요청한다고 해서 사법 대리가 소환해야 할 의무는 배제되며 첫 소환 재결 15일 후에 다시 피청구인에게 견해 표명의 기회를 준 다음에 사법 대리는 직권으로 시비점을 확정할 수 있는 것이다.[369)]

피청구인 소환 재결의 통지 후 15일이 지나고 나서 사법 대리는 피청구인에게 자신의 견해를 표명하도록 다시 한번 계고한 다음, 성사 보호관의 의견을 듣고 쟁점이나 쟁점들의 양식을 자신의 재결로써 정한다.[370)] 당사자들의 이러한 청구와 답변은 소장 이외에도 소환에 대한 답변으로나 재판관 앞에서 구두로 행한 진술로도 표명될 수 있다.[371)]

2.2. 시비점 확정 기준

시비점의 서식은 어떤 명목이나 명목들로 혼인의 유효성이 공격되어야 하는지 그 근거와 토대를 통해 결정되어야 한다.[372)] 곧 혼인의 유효성이 공격되는 법적 근거, 공격 명목이나 명목들에 의거하여 소송 쟁점의 결정되어야 한다는 것이다. 교회법 제1677조 3항에 따르면, 소송 쟁점의 설정은 단순히 제기된 혼인의 무효가 확증되는지의 여부를 물을 뿐만 아니라, 어떤 명목이나 명목

369) Cf. Manuel Jesús Arroba Conde - Claudia Izzi, *Pastorale giudiziaria e prassi processuale nelle cause di nullità del matrimonio*, p.98.

370) 참조: 교회법 제1676조 2항.

371) 참조:「혼인의 존엄」, 제135조 2항; 교회법 제1513조 1-2항.

372) 참조 :「혼인의 존엄」, 제135조 3항; 교회법 제1676조 5항.

들로 혼인의 유효성이 공격되어야 하는지를 결정해야 한다고 규정되어 있다. 'quo capite vel quibus capitibus'라는 표현을 고려할 때 소송 쟁점은 단순히 어느 하나의 명목으로만 결정될 수도 있으나 여러 가지 명목을 법적 근거로 잡을 수 있음을 전제한다고 보아야 한다.

2.3. 시비점 서식의 변경

시비점이 정해진 서식은 당사자들과 성사 보호관에게 즉시 통지되어야 한다.[373] 이렇게 통지된 시비점을 변경하고자 하면 당사자들은 10일 이내에 사법 대리에게 이것을 변경해 주도록 소원할 수 있다. 이 문제는 사법 대리의 재결로 매우 신속하게 판정되어야 한다.[374]

한번 정해진 시비점들의 서식은 유효하게 변경될 수 없으나 상대편 당사자와 성사 보호관의 의견을 듣고 그들의 이유를 검토한 후, 오직 중대한 이유가 있는 경우 한편 당사자의 청구에 따라 새로운 재결로 변경될 수 있다.[375]

---

373) 참조 : 교회법 제1676조 2항.

374) 참조:「혼인의 존엄」, 제135조 4항; 교회법 제1513조 3항.

375) 한번 정해진 시비점의 서식을 변경이 유효하려면 부부 당사자(검찰관과 성사 보호관을 포함하여)의 요청, 상대편 당사자의 의견을 듣는 것과 중대한 이유, 재판관이 새로운 재결이 필요하다. 만일 이런 요건들이 갖추어지지 않았는데 시비점이 변경되면 교회법 제1501조와 제1620조 4호에 근거하여 그것은 보정될 수 없는 무효한 판결이 된다고 본다. 참조:「혼인의 존엄」, 제136조; 교회법 제1434조 2항, 제1514조; Cf. Manuel J. Arroba Conde, *Diritto Processuale Canonico*, p.338.

2.4. 소송의 예심 조사를 위한 채비

시비점 결정에 대한 재결의 통지 후 사법 대리가 정한 기한 내에 당사자들이 아무런 반대도 하지 아니하면, 재판장이나 주심관, 단독 재판관은 새로운 재결로 소송의 예심 조사를 채비하여야 한다.[376)]

3. 당사자들의 결석

3.1. 피청구인의 불출석

당사자를 출석시키려고 노력했음에도 소환된 피청구인이 출두하지도 않고 합당한 결석 사유서도 제출하지 아니하거나 또는 아무런 답변이 없으면, 사법 대리는 그를 재판에 결석한 자로 선언하고 소송 사건의 지킬 것들을 지키면서 종국 판결에까지 진행

376) '10일'이란 기한은 개정 전 혼인 소송법 제1677조 4항과 「혼인의 존엄」 제137조에서는 규정하고 있었으나 개정된 혼인 소송법에는 이런 명시적 규정이 없다. 시비점의 서식이 확정되고 그것이 당사자들과 성사 보호관에게 통지된 후 아무런 반대 의견이 없다면 예심 조사를 위한 준비를 진행하는 것은 당연하다고 본다. 사실 일반적으로 쟁송 목표가 정해지면 쟁송 목표의 변경 불가, 항변 불가, 예심 단계의 시작, 신속한 종결을 위한 기간의 시작, 점유권에 있어서 선의의 중지, 쟁송 종결을 위한 판결이 정해진 시비점의 서식에 의존되는 등, 여러 가지 소송상의 효과들이 발생한다. 그러므로 예심 조사 시작을 시비점 결정에 대한 재결의 통지 후 10일로 하는 「혼인의 존엄」 규범은 합당하다고 본다. 그러나 「온유한 재판관이신 주 예수님」이 지향하는 절차의 단순화와 신속성을 감안하면, 더구나 주교 앞에서 이루어지는 소송 절차를 위해 두 당사자가 함께 공동으로 소송을 제기하고 그 소장을 수리하여 시비점이 정해졌다면, 10이란 기한을 정하기보다는 사법 대리가 상황에 맞추어 정한 날로 하는 것이 자의 교서 정신에 부합한다고 생각한다. 참조: 「혼인의 존엄」, 제137조; 교회법 제1434조 2항, 제1459조, 제1462조, 제1465조 2항, 제1514조, 제1516조, 제1529조; "자의 교서 「온유한 재판관이신 주 예수님」의 적용 지침", 개정의 초석 3, 89쪽.

하여야 한다. [377]혼인 무효 소송에서 양편 당사자의 협조는 상당히 중요하므로 피청구인의 불출석 재결을 내리기 전에, 사법 대리는 필요하다면 새로운 소환 재결을 통해서라도 합법적으로 이루어진 소환이 유용 기간 내에 피청구인에게 도달하였는지를 확증하여야 한다.[378]

3.2. 피청구인의 지각 출석

피청구인의 지각 출석 또는 답변은 세 경우로 나누어 볼 수 있는데, 첫째는 소송의 종결 전이고, 둘째는 증거 제출 마감 후 소송의 종결 전이며, 셋째는 소송의 종결 이후다.

첫째의 경우, 소송의 종결 전에, 뒤늦게 출두하거나 답변한 경우라도 그 피청구인은 논증과 증거를 제출할 수 있으나 재판관은 더 오래 지연되지 않도록 조심해야 한다.[379]

둘째 경우, 증거 제출 마감 후 소송 종료 전에 피청구인이 출두하거나 답변을 보내면 교회법 제1600조의 규정을 지키면서 진행되어야 하는데 이 경우 너무 지연되지 않도록 해야 할 것이다.[380]

셋째 경우, 소송 종결 이후에도 곧 소송의 종결 전까지 비록 피청구인이 법정에 출두하지 않았거나 또 답변도 하지 않음으로써 결석된 자로 선언된다고 하더라도 자신이 지니는 방어권 자체를 상실하는 것은 아니기 때문에 피청구인의 권리가 포기된 것으로

377) 참조 :「혼인의 존엄」, 제138조 1항, 2항; 교회법 제1592조 1항.

378) 사법 대리가 피청구인의 결석 선언을 하면 판결문 이외에 법정에서의 통고를 받을 권리를 피청구인이 포기한 것으로 추정되고, 재판관은 피고가 출석해서 행해야 할 부분을 제외하고 통상적 절차로 소송을 진행할 수 있게 된다. 참조: 정진석, 앞의 책, 821쪽;「혼인의 존엄」, 제138조 3항; 교회법 제1592조 2항.

379) 참조:「혼인의 존엄」,제139조 1항; 교회법 제1593조 1항.

380) Cf. Luigi Chiappetta, *op.cit.*, p.157.

추정될 뿐이다. 이런 경우 피청구인은 교회법 제1630조에 따라 정해진 기한 내에 상소를 통하여 판결을 공격할 수 있고, 다른 공격의 방식을 사용하면서 자신의 권리를 행사할 수 있을 것이다.[381] 또한 피청구인이 합법적 장애로 억류되었던 사실을 증명하고 이것을 통지할 수 없었던 것을 입증하면 판결 무효 확인(無效確認)의 항고(抗告)(querela nullitatis)를 할 수 있다.[382]

3.3. 청구인의 불출석과 지각 출석

청구인인 몸소 또는 소송 대리인을 통해서라도 쟁송 설정을 위하여 지정된 날과 시간에 출두하지도 않고 변명서도 제출하지 않으면, 사법 대리는 청구인을 다시 소환해야 하며 만일 그가 재소환에 응하지 않을 경우 소송 시행을 포기한 것으로 추정되기 때문에 소송의 시행은 교회법 제1525조에 따라서 종료된다.[383] 그러나 만약에 이 경우 피청구인이나 검찰관(검찰관이 개입된 경우)이 혼인의 무효성을 주장하면서 소송이 진행되기를 원하는 경우, 그 소송은 포기된 것으로 선언될 수 없다.[384] 만일 청구인이 뒤늦게 소송에 참여하기를 원한다면 피청구인의 지각 출석에 대한 교회법 제1593조에 의거하여 처리하면 된다.[385]

---

381) 소송 절차법에는 판결에 대한 법적 구제(法的救濟: remedium iuris), 곧 불리한 판결을 받은 당사자에게 구제될 수 있는 길을 제시하는 길이 마련되어 있다. 통상적으로는 판결의 정정 청구(교회법 제1616조), 판결 무효 확인의 항고(교회법 제1621조, 제1623조), 상소(교회법 제1628조)의 방법이 있다. 비통상적 방법으로는 기판 사항에 대한 원상회복의 청구(교회법 제1645조), 제3자의 대항(제1596조)가 있다. 참조:「혼인의 존엄」, 제139조 2항; 교회법 제1593조 2항.

382) 참조: 교회법 제1593조 2항, 제1622조 6호.

383) 참조: 교회법 제1524-1525조, 제1594조 2항.

384) 참조:「혼인의 존엄」, 제140조 2호.

3.4. 결석한 자에 대한 통지 의무

사법 대리는 재판에 결석한 사람으로 선언한 당사자에 대해서는 시비점들의 서식과 종국 판결을 통지하여야 한다.[386] 그리고 당사자가 소송 진행 중에 결석 선고되어야 한다면, 당사자의 재판 결석 선고의 규범이 적절히 적용되어 준수되어야 한다.[387]

제3절
소송 시행의 정지

1. 소송 시행의 정지 및 소멸, 그 포기

소송 시행의 정지(停止: suspensio)란, 소송이 계속된 후 종료되기 전에 법률상 소송이 진행되지 않는 상태를 말한다.[388] 여기에는 크게 당사자들 가운데 한편의 사망, 법적 신분의 변화, 임무

---

385) 참조:「혼인의 존엄」, 제139조, 제140조 3호; 교회법 제1594조.

386) 참조:「혼인의 존엄」, 제134조 3항, 제141조.

387) 참조:「혼인의 존엄」, 제142조.

388) 한국의 민사 소송법에는, 정지(停止)에는 중단(中斷)과 중지(中止) 두 종류가 있다고 규정하고 있다. 중단이란, 당사자나 소송 행위자가 소송을 진행할 수 없는 사유가 발생했고 새로운 소송 수행자가 나타나 소송에 관여할 수 있을 때까지 법률상 절차의 진행이 정지되는 것을 뜻한다. 새로운 당사자의 소송 절차 수계가 있거나 법원의 속행 명령으로 중단은 해소된다. 중지란, 법원이나 당사자에게 소송을 진행할 수 없는 장애, 진행에 있어서 부적당한 사유가 발생하여 법률상 당연히 또는 법원의 결정에 의해서 절차가 정지되는 것을 뜻한다. 중단과 중지의 차이는 새로운 소송 수행자의 유무, 그래서 새 사람에 의한 소송 절차의 수계 유무에 있다고 하겠다. 참조: 민사 소송법 제233-247조; 이시윤,『新民事訴訟法』, 박영사, 2020, 446쪽.

의 종지라는 원인이 있는데, 이런 이유 때문에 필요적으로 소송 시행이 정지되기 때문에 이를 필요적 정지라고 한다. 그러나 소송 당사자의 의도 때문에 유발된 정지도 있는데 이를 의도된 정지라고 부를 수 있고, 여기에는 중간 소송으로 인한 정지가 있다.[389)]

정지에 속하는 것 가운데 이 자리에서는 배우자의 사망, 법정 대리인이나 소송 대리인의 임무 종지, 중간 소송으로 인한 정지를 다룬다.[390)]

1.1. 배우자 사망에 의한 소송의 정지

배우자의 사망으로 소송이 정지되는 경우는 두 경우로 나누어

389) Cf. Manuel J. Arroba Conde, *Diritto Processuale Canonico*, pp.349, 353.

390) 용어의 혼동을 방지하기 위해서 밝혀야 할 점은, 한국의 민사 소송법상 구분되어 있는 중지(中止)와 중단(中斷)이 교회법전에서는 한 가지 단어 '정지(停止: suspendere)'라는 용어로 통일되어 있다는 것이다. 그런데 민법상 중지와 중단에 속하는 경우들을 볼 때 교회법전에서 '배우자의 사망'과 '법정 대리인과 소송 대리인의 임무 종지'는 한국의 민법상 중단에 해당되고, 교회법상 '중간 소송으로 인한 정지'는 민법상 중지에 해당되는 것으로 보인다. 민법상 중단 사유에는 당사자의 사망(민소 제233조), 법인의 합병(민소 제234조), 당사자의 소송 능력의 상실과 법정 대리인(대표자)의 사망으로 대리권(대표권)의 소멸(민소 제235조), 신탁 재산에 관한 소송 당사자인 수탁자의 임무 종료(민소 제236조), 소송 담당자의 자격 상실 및 선정 당사자 전원의 자격 상실(민소 제237조), 파산 재산에 관한 소송 중의 파산 선고 및 파산 해지(민소 제239조, 제240조)가 있다. 민법상 중지 사유에는 당연 중지(천재지변, 그 밖의 사고로 법원 전부가 직무 집행이 불가능한 경우: 민소 제245조), 재판 중지(법원의 직무 수행이 가능하나 당사자에 소송 행위 불능한 장애가 발생한 경우: 민소 제246조), 그리고 위헌 여부 제청(헌재 제42조 1항), 조정에 회부(민조규 제4조 2항), 특허 심결이 선결 관계에 있는 경우(특허 제164조), 채무자 회생 및 파산 절차에서 회생 절차 개시의 신청이 있는 경우(채무자 회생 및 파산에 관한 법률 제44조)와 같은 다른 절차와의 관계에서 진행이 부적당한 경우가 중지에 속한다. 참조: 이시윤, 앞의 책, 447-454쪽.

볼 수 있다.[391] 첫째 경우는 배우자가 증거 제출 마감 전에 사망하는 경우로서, 다른 배우자나 다른 이해 당사자가 소송의 시행을 재개할 때까지 소송은 정지된다.[392] 둘째 경우는 배우자가 증거 제출 마감 후에 사망하는 경우로서, 만약 소송 대리인이 있으면 그를 소환하고 그가 없으면 사망자의 상속인이나 후계자를 소환하여 재판관에 의하여 소송은 시행되어야 한다.[393]

1.2. 법정 대리인이나 소송 대리인의 임무 종지로 인한 소송 시행의 정지[394]

---

391) 소송의 계류 중에 배우자가 사망하면 교회법 제1518조의 규정을 준수해야 하는데, 그 규범은 크게 두 경우, 곧 증거 제출 마감 전 사망과 증거 제출 마감 후 사망의 경우를 상정해 놓고 있다. 증거 제출 마감이란 당사자들 편에서 더 이상의 증거가 없다는 선언이나 재판관이 정한 증거 제출 유용 기간이 경과하거나 충분히 증거가 수집되었다고 선언하는 때에 이루어지며, 재판관은 이에 대한 재결을 내려야 한다. 참조:「혼인의 존엄」, 제237조; 교회법 제1599조, 제1675조 2항.

392) 참조:「혼인의 존엄」, 제143조 1호; 교회법 제1518조 1호.

393) 참조:「혼인의 존엄」, 제143조 2호; 교회법 제1518조 2호.

394) 교회법은 어떤 특정한 경우에는 반드시 보호인 곧 부모나 후견인, 법정 대리인을 통해서만 소송 행위를 허용하고 있지만, 당사자는 자기를 위한 변호인과 소송 대리인을 선임할 자유를 가진다. 물론 형사 재판에서는 피고가 선인하든 재판관이 정하든 반드시 변호인이 있어야 한다. 민사 재판에서 미성년자들이나 공익에 관련된 재판인 경우에 보호인 없는 당사자를 위해 재판관은 직권으로 보호인을 선임해야 한다. 그러나 혼인 무효 소송의 경우, 비록 이것은 공익에 관련된 소송이지만 그 자체로 보호인을 선임해야 하는 것은 아니다. 다시 말해서 혼인 무효 소송의 경우, 당사자들이 자신을 변호할 권리가 스스로에게 있다는 것이다. 그렇더라도 법원은 배우자들을 도와 권리를 보호해 줄 의무가 있고, 특히 더 어려운 사건에 있어서는 더욱 그러하다. 또한 우리와 관련하여 주교 앞에서 이루어지는 혼인 소송 절차처럼 두 배우자가 공동으로 소송을 제기하는 경우, 공동 소송대리인과 변호인을 선임할 수 있는 권리도 배우자들에게 있다. 참조:「혼인의 존엄」, 제101조 1호, 제102조; 교회법 제1425조 1항 1호 나), 제1478조, 제1481조; Cf. Luigi Chiappetta, *op.cit.*, p.78.

법정 대리인이나 소송 대리인이 자신의 임무를 그만두면, 소송의 시행은 그동안 정지되며 재판장과 주심관은 되도록 빨리 다른 법정 대리인을 선임하여야 하는데, 재판관이 정한 짧은 기한 내에 당사자가 다른 법정 대리인 선임에 태만하면, 재판관이 소송 대리인을 선임할 수 있다.[395)]

1.3. 중간 소송 사건으로 인한 시행의 정지

재판 진행 중에 주 소송 안건에 부수적으로 제기된 사건을 중간 소송(causa incidens)이라고 하며, 주 소송 사건이나 소송의 계속이 좌우되는 문제가 제기되는 때마다 주 소송 사건은 정지된다.[396)]

이런 정지는 종국 판결에 불복하는 무효 확인 항고가 계류 중이거나 전 혼인 유대에 대한 의심이 드는 혼인 유대 장애에 관한 소송인 경우에 정지된다.[397)]

1.4. 소송 시행의 소멸

소송 시행의 소멸(消滅: peremptio)이란, 6개월 동안이나 개별법이 정한 기간 동안 당사자들이 아무런 소송 행위를 하지 않은 결과로 소송의 시행이 종료되는 것, 곧 그 시행의 죽음을 뜻하며, 이 책임은 어디까지나 당사자들 편에서 어떤 장애도 없음에도 불구하고 소송 행위를 하지 않은 결과로 자동적으로 발생하는 법률적 상황을 말한다.[398)]

---

395) 참조:「혼인의 존엄」, 제144조; 교회법 제1519조.

396) 참조:「혼인의 존엄」, 제145조 1항, 제217조; 교회법 제1587조.

397) 참조:「혼인의 존엄」, 제145조 2항; 교회법 제1085조, 제1619조.

398) Cf. Manuel J. Arroba Conde, *Diritto Processuale Canonico*, p.350. 그리고 참고적으로 언급할 점은 소송 시행의 '소멸peremptio'은 제1520조의 연장선상

장애가 없음에도 불구하고 당사자들이 소송 진행을 6개월 동안 행하지 않으면, 그 소송 진행은 법 자체로 자동 소멸된다. 만약에 어떤 장애 때문에 소송을 진행하지 못하였다면 그 기간은 소멸 기간에 계산되지 아니한다. 개별법은 소송 소멸 기한을 달리 정할 수 있다.[399] 소권 소멸 확정(peremptio)은 미성년자들 및 이와 동등시되는 이들을 포함한 모든 이들에 대하여 법 자체로 효과를 발생하며 직권으로(ex officio)도 선언되어야 한다.[400]

그리고 기억해야 할 것은, 소송 시행의 소멸은 단지 소송 절차상 발생된 법률적 상황이란 점이다. 그렇기 때문에 소송의 본질에 관련된 기록들에 대한 가치를 소멸화시키지 아니한다. 우선 소송 절차 기록 문서(acta processus; the acts of the process)와 소송 사건 기록 문서(acta causae; the acts of the cause)는 구분된다는 점에 주목해야 한다. 소송 절차 기록 문서는 소장이나 소환장, 고지, 시비점 등을 비롯하여 재판 절차상 관련된 문서, 절차의 격식에 대한 문서들을 뜻하며, 소송 사건 기록 문서는 증거, 증인 심문, 감정인의 평가서, 중간 판결 등의 문서들을 뜻한다.[401] 소권 소멸 확정 선언으로 인하여 소송 절차 기록 문서는 소멸되지만, 소송 사건 기록 문서는 소멸되지 아니한다. 그러므로 소송 사건 기록 문서는 동일한 혼인 무효 선언을 위한 새로운 시행에서 동일한 효력을 지

에서 소송 시행의 소멸을 의미하는 것이지, 교회법 제1491-1500조에서 다루는 '제소와 항변'에 언급되는 소권의 소멸로 이해되지 말아야 한다는 것이다. 소송 시행의 소멸과 포기(peremptio et renuntiatio instantiae)는 소권의 소멸과 포기(extinctio et renuntiatio actionis)와는 구별된다. 참조: 정진석, 앞의 책, 643쪽.

399) 참조:「혼인의 존엄」, 제146조; 교회법 제1520조.

400) 참조:「혼인의 존엄」, 제147조; 교회법 제1521조.

401) 참조: 교회법 제1472조 1항.

니는 것이다.[402)]

재판관이 중대한 사유로 달리 결정하지 아니하는 한, 당사자들 모두 소송 시행에 대하여 미행위했기 때문에 소멸 확정된 소송 비용은 쟁송의 당사자들 각자가 쓴 것을 각기 부담하여야 한다.[403)]

1.5. 소송의 포기

소송의 포기(抛棄: renuntiatio)란 청구인이 여러 가지 이유로 인하여, 예를 들면 증거 불충분이나 승소의 희망이 없어 보이는 경우에 재판관의 판결을 기대하지 않고 소송을 종료하고자 하는 의사를 표시하는 행위이다.[404)] 청구인은 재판의 어느 단계에서나 심급에서든지 소송 시행을 포기할 수 있고, 청구인이든 피청구인이든 소송 절차 기록 문서에 있어서 전부나 일부만을 포기할 수도 있다.[405)]

이렇게 요청된 소송 시행의 포기가 유효하려면 먼저 그 포기는 서면으로 작성되어야 하고, 당사자 자신이나 그의 소송 대리인의 서명이 있어야 한다. 그리고 이러한 포기 사실을 상대방 당사자에게 통지하여 그의 수락을 받거나 아니면 적어도 공격받지 않아

402) 참조:「혼인의 존엄」, 제148조; 교회법 제1522조.

403) 참조:「혼인의 존엄」, 제149조; 교회법 제1523조.

404) 참조: 정진석, 앞의 책, 639쪽; Cf. Manuel J. Arroba Conde, *Diritto Processuale Canonico*, p.352.

405) 포기에 대해서 교회법은 소송 시행의 포기와 소송 절차 기록 문서에 대한 포기를 구별하고 있다. 소송 시행에 대한 포기는 오직 청구인만이 가능하며, 소송 절차 기록 문서에 대한 포기는 청구인이나 피청구인 모두 가능하고 일부나 전부 포기가 가능하다. 참조:「혼인의 존엄」, 제150조; 교회법 제1524조 1항; Cf. Luigi Chiappetta, op.cit., p.112.

야 하고, 재판장이나 주심관에 의하여 수리되어야 한다. 그리고 이러한 사실에 대하여 성사 보호관에게 통지되어야 한다.[406)]

재판관이 중대한 사유로 달리 결정하지 아니하는 한, 포기가 재판관에 의하여 수리되면 포기된 소송은 소송 시행의 소멸과 동일한 효과를 지닌다. 그리고 이미 초래한 비용에 대한 부담은 포기한 당사자에게 있다.[407)]

1.6. 소송 시행의 소멸이나 포기된 소송의 신규 청구

소송 시행의 소멸 확정이나 포기된 소송의 신규 청구는 관할 법원에 제기될 수 있다. 여기서 말하는 관할 법원이란 소송 시행 소멸 확정이나 소송의 포기 당시 제소되었던 법원이 아니라, 신규로 혼인 무효 소송을 청구하려는 순간 법에 따른 관할 법원을 뜻한다.[408)]

2. 의문 중에 있는 성립되고 미완결된 혼인 소송의 정지

소송 진행 중에 성립되고 미완결된 혼인(ratum et non consummatum)[409)]으로서 매우 개연적인 의문이 생길 때 소송은 법원의 재결

---

406) 참조:「혼인의 존엄」, 제150조 2, 3항, 제197조; 교회법 제1524조 3항.

407) 참조:「혼인의 존엄」, 제151조; 교회법 제1525조.

408) 참조:「혼인의 존엄」, 제19조, 제152조; Cf. Pont. CIC Auth. Interpr., "Resp.", 29 apr. 1986, in *AAS* 78(1986) 1324.

409) 혼인 무효 소송과 성립되고 미완결된 혼인에 대한 관면은 그 성격이 전혀 다른 것이다. 혼인 무효 소송은 혼인의 무효성을 주장하여 그 확인을 받는 사법적 판결인 데 비해, 성립되고 미완결된 혼인에 대한 관면은 그것을 위한 청원에 대한 교황의 행정적 은전, 특전인 것이다. 그리고 혼인의 무효성을 확정 선

로 정지될 수 있다. 자의 교서「온유한 재판관이신 주 예수님」이전 교회법 제1681조와「혼인의 존엄」제153조 1항에서는 이 행정적 절차 진행을 위하여 양편 당사자들의 동의를 요구하였다. 그러나 자의 교서로 개정된 현 교회법 제1678조 4항은 단순히 당사자들의 의견을 듣는 것으로 변경되었다.[410)]

미완결된 혼인에 대한 의심이 강하게 들어서 법원의 재결로 진행 중이던 소송이 중지되면, 미완결된 혼인에 대한 관면 청원을 위한 예심 조사를 진행할 수 있다.[411)] 예심 조사가 보완되었으면,

---

언하는 것이 아니라 성립된 혼인을 교황의 관면을 통하여 해소하는 것이다. 성립되었으나 미완결된 혼인에 대한 교황의 특전을 받기 위해 주장될 수 있는 청원자의 법적 당위성은 존재하지 않는다. 왜냐하면 가톨릭 교회는 혼인의 본질적 특성 가운데 하나로, 사회법에서는 혼인의 비해소(非解消)주의라는 말로 표현되기도 하는 혼인의 불가해소(不可解消)성을 주장하기 때문이다. 따라서 미완결된 혼인에 대한 관면은 청원자의 법적 당위성에 근거한 취득권에서 유래하는 것이 아니라 교황 편에서의 은전인 것이다.

410) 이 변경에 대해서 당사자들의 동의와 소송 공격권이 약간 침해되는 것은 아닌가 하는 비판이 있을 수 있겠으나 일단 청구인에 의하여 제기된 혼인 무효 소송의 목표는 종국 판결을 통하여 그 무효성 여부에 대한 확인인 점을 감안하면, 양편 당사자의 동의라는 선행 조건이 채워지지 않아서 이 행정적 절차를 진행할 수 없게 되는 경우에 무효 소송을 제기한 청구인의 소송 권리가 침해되는 소지도 있다는 측면 역시 고려되어야 하겠다. 한번 시작된 혼인 무효 소송이 다른 당사자 편에서 관면의 행정적 절차를 반대한다고 하여 중지되는 일은 없어야 할 것이다. 왜냐하면 비록 종국 판결에서 무효가 확인되지 않는다고 해도 소송 권리는 존중되어야 하기 때문이다. 사실 2005년 3월 2일 자로 교황청 교회법평의회는「혼인의 존엄」제153조 4항을 분명하게 해석하면서, 당사자들의 동의가 미완결된 혼인에 대한 의심 때문에 소송을 정지시키는 재결의 유효성은 아니라고 밝힌 바 있다. 참조:「혼인의 존엄」, 제153조 1항; 교회법 제221조, 제1681조(개정 전), 제1678조 4항; Cf. Manuel Jesús Arroba Conde - Claudia Izzi, *Pastorale giudiziaria e prassi processuale nelle cause di nullità del matrimonio*, pp.116-117; Luigi Chiappetta, *op.cit.*, p.228; *Communicationes* 37[2005], pp.107-112.

411) 참조: 교회법 제1678조 4항, 제1702-1704조.

그 소송 기록 문서는 관면 청원과 성사 보호관의 의견과 아울러 법원 및 주교의 의견과 함께 사도좌에 보내야 한다.[412]

미완결된 혼인에 대한 관면 청원서를 사도좌로 송부할 경우에 첨부되어야 할 서류들이 있다. 우선 그 관면 청원을 위한 의견서의 작성자는 청원 당사자의 주교와 협의하여 법원 책임 주교가 작성해야 한다. 그리고 미완결의 사실과 관면의 정당한 사유를 그 의견서에 함께 작성해야 한다. 그리고 관면 수여를 위한 정당하고 타당한 사유와 신자 편에서의 추문이 없다는 사실을 확증하는 주교의 서명이 들어가야 한다.[413]

412) 여기서 말하는 사도좌는 로마 공소 법원의 미완결 혼인 담당 부서이다. 참조: 「혼인의 존엄」, 제153조 3항; 교회법 제1678조 4항; Cf. Congregatio pro sacramentis, "Litterae circulares Congregatio pro sacramentis de processu super matrimonio rato et non consummato", n.7., prot.n.1400/86, 20 dicembre 1986: *Communicationes* 20(1988), 78-84; EV/10: 1021.

413) 참조:「혼인의 존엄」, 제154조. Cf. Congregatio pro sacramentis, "Litterae circulares Congregatio pro sacramentis de processu super matrimonio rato et non consummato", n. 23b., prot.n.1400/86, 20 dicembre 1986: *Communicationes* 20(1988), 78-84; EV/10: 1021.

제4장
증거

제1절
총설

1. 거증(挙証) 책임

거증(挙証) 책임이란, 재판을 위해 어떤 사실을 증명할 책임을 말한다. 증명은 의문되는 점이나 시비가 되는 점에 대해서 합법적 논증을 통하여 재판관에게 진실을 제시하는 것이다. 원칙적으로 증명은 사실에 대하여 필요한 것이지 법률에 대해서는 증명이 따로 필요 없는 것이다.[414] 이 거증 책임은 주장하는 이가 지며 법률 자체로 추정되는 사항들은 증거가 필요 없다.[415]

2. 증거 채택과 그 제한, 문서 공개 및 증인

어떤 종류의 증거들이든지 소송 사건을 이해하는 데 유용하게

414) 참조: 정진석, 앞의 책, 648쪽

415) 법률 자체로 추정되는 사항은 혼인의 유효성(교회법 제1060조), 동침한 부부의 완결된 혼인(교회법 제1061조 2항), 혼인 합의의 표현(교회법 제1101조 1항)을 들 수 있다. 참조:「혼인의 존엄」, 제156조; 교회법 제1526조 1항, 2항 1호.

보이고 합당한 것이면 채택될 수 있지만, 취득 방법상 불법성이 있으면 채택될 수 없으며 용인될 수 없다.[416)]

또한 중대한 사유나 당사자들의 변호인과 함께 증거 교환이 보증되지 아니하는 한, 증거들은 비밀스럽게 인정될 수 없다.[417)] 그러나 매우 중대한 위험을 피하고자 재판관이 어떤 소송 기록들을 당사자들이 열람할 수 없도록 판정할 수 있지만, 방어권은 항상 온전히 보호되도록 주의해야 하고, 당사자들의 변호인들에게 비밀 준수의 맹세를 시킨 다음 열람을 허가할 수 있다.[418)]

재판관은 과도한 수의 증인이나 증거들을 제한할 수 있으며, 그 밖에 소송 절차에서 소송 사건을 지연하기 위하여 제시된 증거들을 허락하지 않을 수 있다.[419)]

3. 각하된 증거 채택의 허부 문제

이미 각하된 증거의 채택 허부(許否)에 대해서는 합의제 재판부 자신이 매우 신속하게 판정해야 한다. 합의제 재판부가 매우 신속하게 판정해야 한다는 데에는 단지 시간적 신속성만 아니고 그렇게 신속하게 판정한 합의제 재판부의 결정은 상소될 수 없음도 포함된다.[420)]

---

416) 참조:「혼인의 존엄」, 제157조 1항; 교회법 제1527조 1항.
417) 참조:「혼인의 존엄」, 제157조 2항; 교회법 제1598조 1항.
418) 참조:「혼인의 존엄」, 제230조, 제234조; 교회법 제1598조 1항.
419) 참조:「혼인의 존엄」, 제157조 3항; 교회법 제1553조.
420) 참조:「혼인의 존엄」, 158조 1항; 교회법 제1527조 2항, 제1629조 5호. 법률에

그리고 이 문제에 있어서 예심관은 오로지 재판관의 위임 범위 내에서만 판정할 수 있다. 왜냐하면 예심관의 임무는 재판관의 위임에 따라 증거들을 수집하고 수집된 증거들을 재판관에게 제출하는 것이기 때문이며, 그는 이러한 자신의 임무를 수행하는 동안 재판관이 정한 위임 범위 내에서 어떤 증거를 어떻게 수집할 것인지를 결정할 수 있기 때문이다.[421)]

4. 성사 보호관과 보호인의 심문과 문서 열람 권리

예심 조사 과정에서 기록 문서의 공표 이전에 당사자들의 보호인들과 성사 보호관, 그리고 검찰관이 개입된 경우, 검찰관은 재판 기록들과 당사자들이 제출한 문서들을 검사할 권리를 지니며, 공적 당사자들 곧 성사 보호관과 검찰관은 당사자들과 증인들, 감정인들의 심문에 입회할 권리도 지닌다.[422)] 그러나 혼인 무효 소송에서 당사자들은 결코 상대편 당사자와 증인, 감정인의 심문에 참석할 수 없다.[423)]

당사자들의 보호인들도 공적 당사자들과 같은 권리를 지니지

매우 신속하게 판정하도록 규정한 사안들에 대해서 재판관이 신속하게 내린 판결이나 재결은 상소 대상이 아닌데, 기피의 판정(교회법 제1451조), 소장의 각하 판정(교회법 제1505조 4항), 쟁송 목표의 설정(교회법 제1513조 3항), 증거 채택 허부 판정(교회법 제1527조 2항), 중간 소송의 허부 판정(교회법 제1589조 1항), 상소권의 유무에 관한 문제(교회법 제1631조)가 여기에 해당된다.

421) 참조:「혼인의 존엄」, 제50조 3항, 제158조 2항; 교회법 제1428조 3항.

422) 참조: 교회법 제1677조 1항.

423) 참조: 교회법 제1677조 2항.

만, 재판관이 물적 및 인정 상황 때문에 비밀히 진행되어야 한다고 여기면 이런 권리 행사를 할 수 없다.[424] 그러나 재판관이 이들의 권리를 제한하려면 그 재결에 근거가 되는 이유들이 들어가야 하며, 만약 이런 이유들이 결여된 재결은 무효가 될 것이다.[425] 다시 말해서 혼인 무효 확인 소송이 사법적 소송 절차인 만큼 방어권에 대한 규범들은 항상 존중되어야 할 것이며, 그렇기 때문에 당사자들이 선정한 보호인들이 심문에 참여하는 것과 소송 문서 열람에 대한 제한은 그 이유가 있어야 하는 것이고 그런 재결에 대한 공격은 변호인이나 성사 보호관이 중간 소송 사건으로 제기될 수 있는 것이다.[426]

5. 증거 수집 착수 원칙

법원에 의한 증거 수집은 소송 쟁점의 설정 이후에 착수되는 것이 원칙이다.[427] 그러나 중대한 이유가 있으면, 예를 들면 증인이 사망할 위험이 있다든가 다른 이유로 증인의 진술을 받을 수 없거나 어려운 경우에는, 쟁점의 설정 이전에도 증거 수집이 가능하겠다.[428] 「혼인의 존엄」 제120조는 소장의 심리 과정에서 필요한 경우 예심 조사를 할 수 있다는 것을 규정하고 있다.

---

424) 참조: 교회법 제1559조.

425) 참조: 교회법 제1617조.

426) Cf. Manuel Jesús Arroba Conde - Claudia Izzi, *Pastorale giudiziaria e prassi processuale nelle cause di nullità del matrimonio*, pp.115-116.

427) 참조: 「혼인의 존엄」, 제135조, 제160조; 교회법 제1529조.

428) Cf. Luigi Chiappetta, *op.cit.*, p.116.

6. 증언 청취 방식

당사자나 증인이 신문을 위한 출두를 거부하면, 재판관이 지명한 적합한 사람, 예를 들어 예심관을 통해서 그들을 신문할 수 있으며, 공증관 앞에서나 합법적인 다른 방법으로 그들의 진술을 요구할 수 있다.[429)]

그리고 증거 수집의 규범들을 지키기 어려운 경우, 그때마다 어떠한 사기나 통모(通謀) 그리고 매수는 배제되어야 하며 증거의 확실성과 완전성(흠 없음)을 입증하기 위하여 항상 주의해야 한다.[430)]

제2절
법정 심문

1. 심문 장소

원칙적으로 당사자들, 증인들, 감정인은 법원 소재지에서 심문을 받아야 하지만, 추기경들, 총주교들, 주교들 및 자기 국가의 법률상 이와 비슷한 혜택을 누리는 이들은 본인들이 선택하는 장

429) 참조:「혼인의 존엄」, 제161조 1항; 교회법 제1428조 3항, 제1528조.
430) 참조:「혼인의 존엄」, 제161조 2항.

소에서 청취되어야 한다.[431] 그렇지만 재판관은 원거리나 질병 또는 그 밖의 장애 때문에 법원 소재지에 출두하는 것이 불가능하거나 곤란한 사람들이 있는 경우 그들이 어디에서 심문되어야 하는지를 결정해야 한다. 이를 위해서는 타법원과의 협조, 적합한 사람을 통한 심문, 재판관이 자기 관할 지역이 아닌 곳에서 행위하는 등의 규범들도 고려되어야 한다.[432]

2. 심문 대상자의 소환과 출석

재판에서 심문받을 사람에게 내려진 소환 통지는 재판관의 재결로 이루어지며, 정식으로 소환된 사람은 출석하거나 또는 결석의 이유를 재판관에게 통지하여야 한다.[433]

3. 심문 대상자에 대한 질문 요점들

당사자들은 몸소 또는 그들의 변호인을 통해서, 그리고 성사보호관은 당사자들 자신이나 증인들 또는 감정인들이 요구했던 질문의 요점들을 제출해야 하며, 이는 재판관이 미리 정한 기한 내에 이루어져야 하고, 만일 이들이 정한 기한 내에 제출하지 않으면, 재판관은 직권으로도 소송을 진행할 수 있고 당사자들의

431) 참조:「혼인의 존엄」, 제162조 1항, 2항; 교회법 제1558조 1항, 2항.
432) 참조:「혼인의 존엄」, 제29조, 제51조, 제85조, 제162조 3항; 교회법 제1558조 3항.
433) 참조:「혼인의 존엄」, 제163조; 교회법 제1556조, 제1557조.

이러한 태만을 보충할 수 있다.[434)]

4. 개별 심문의 원칙과 예외적 대질 심문

당사자들과 증인들 그리고 감정인들은 각각 따로 심문되어야 하지만, 그들 서로 간에 중대한 사항에 대하여 의견이 맞지 않으면 재판관은 가능한 논쟁과 추문을 배제하면서 대질 심문할 수 있다.[435)]

5. 심문자의 범위

심문은 재판관이 해야 하며, 이는 공증관 앞에서 이루어져야 한다.[436)] 만일 심문에 참석한 성사 보호관이나 변호인들이 어떤 질문들을 해야 할 경우 그들은 재판관이나 그를 대신하는 자에게 질문하고, 그 재판관이나 재판관을 대신하는 자가 심문해야 한다.[437)] 물론 성사 보호관이나 변호인들이 교회법 제1678조 1항에 근거하여 지닌 권리는 존중되며 개별법으로 달리 정하면 그렇지 아니하다.[438)]

---

434) 참조:「혼인의 존엄」, 제71조, 제164조; 교회법 제1552조 2항.

435) 참조:「혼인의 존엄」, 제165조; 교회법 제1560조.

436) 심문은 공증관 앞에서 이루어져야 하며, 공증관이 서명하지 아니한 문서는 무효이다. 참조: 교회법 제1437조 1항, 제1561조, 제1568조.

437) 참조:「혼인의 존엄」, 제166조; 교회법 제1561조.

438) 참조:「혼인의 존엄」, 제159조; 교회법 제1678조.

6. 심문 대상자의 선서와 비밀 준수

재판관은 증인들에게 진실만을 말하도록 알려주고, 증인들은 소송의 진행 중에 진실만을 말할 것을 맹세하거나 선서해야 하며, 만약 이를 거부할 경우 진실을 이야기한다는 것을 약속이라도 해야 한다. 더 나아가 비밀 준수에 대한 선서나 약속을 받을 수 있다.[439)]

7. 심문 사안과 그 방식

증인 심문을 할 때에 심문 대상자의 신원 확인이 선행되어야 하고, 그와 당사자들의 관계, 소송과 관련된 특정 질문들, 자신이 알고 있는 내용의 출처와 정확한 시기를 물어야 한다. 그리고 그러한 질문은 간단하게 심문받는 자에게 알맞게, 어떤 모욕도 없이 관련 소송과 연관된 것에 대해서만 이루어져야 한다. 그러므로 여러 가지를 한 번에 질문하거나 궤변적이거나 속여서 답변을 미리 알려 주는 식으로 질문해서는 아니 된다.[440)]

8. 심문 내용에 대한 사전 통지 불허 원칙과 그 예외

질문의 내용은 심문받을 사람에게 미리 통지되어서는 아니 되지만, 증언해야 할 사람의 기억이 오래되어 확실하게 진술할 수

---

439) 참조:「혼인의 존엄」, 제167조; 교회법 제1532조, 제1562조.

440) 참조:「혼인의 존엄」, 제168조, 169조; 교회법 제1563조, 제1564조.

없는 경우에 미리 상기시켜 주기 위해 사전에 통지될 수 있다. 그렇지만 질문에 대한 사전 통지가 별다른 위험이 없다고 여겨져야 한다.[441]

9. 구두 답변 원칙과 그 예외

법정 심문에서 증인은 구두 답변을 하는 것이 원칙이다. 왜냐하면 말로 하는 것이 더 솔직하고 더 자발적이며 또 심문하는 재판관이 말하는 사람의 진위를 쉽게 구별할 수 있기 때문이다. 다만, 감정인의 보고서에 설명이 필요한 경우에 그 감정인은 자신이 준비해 온 기록을 참고하면서 진술할 수 있을 것이다.[442]

10. 번역 및 통역

만일 심문받아야 할 사람이 재판관이 모르는 언어를 사용하면, 재판관이 지명하고 선서시킨 통역자를 활용해야 하며, 진술은 원어로 서면으로 작성되고 번역이 첨가되어야 한다. 농아자(귀머거리나 벙어리)가 심문받아야 하는 경우에도 수화 통역자를 채용하여야 한다. 다만 재판관이 자신의 질문에 대하여 서면으로 답변받기를 원하면 농아자 본인이 서면으로 답할 수 있다.[443]

---

441) 참조:「혼인의 존엄」, 제170조; 교회법 제1565조.
442) 참조:「혼인의 존엄」, 제171조; 교회법 제1566조.
443) 참조:「혼인의 존엄」, 제172조; 교회법 제1471조.

11. 증언의 기록

법정 심문의 내용은 공증관에 의하여 즉시 서면 기록화해야 한다. 적어도 재판의 대상에 직접 관련된 것은 증언한 말 그대로 기록되어야 한다. 녹음기나 그 밖에도 기록을 남기기에 유용한 도구들을 사용할 수는 있되, 그 내용들은 서면으로 기록되어야 하고 될 수 있으면 그 진술자에게서 서명을 받아 놓아야 한다.[444)]

12. 공증관의 기록 의무와 서명

공증관의 핵심적 의무는 진술된 모든 내용에 대하여 기록해야 한다는 점, 그리고 서면으로 기록된 내용을 그 진술자에게 들려주어야 한다는 점이며, 서면으로 작성된 진술서에 심문받은 사람과 재판관, 공증관은 서명해야 하고 성사 보호관, 검찰관, 변호인이 출석하였다면 그들의 서명도 기재되어야 한다. 그리고 그 심문받은 자는 서면으로 기록된 내용에 대한 추가, 삭제, 정정, 변경의 특별 권한이 있다. 「혼인의 존엄」 제174조와 제175조는 법정 심문에서 공증관의 의무를 다음과 같이 규정하고 있다:

"제174조 공증관은 맹세의 실행·면제·거부에 대하여, 보증(약속)의 실행·면제·거부에 대하여, 성사 보호관과 변호인의 출석에 대하여, 직권으로 부가된 질문들이나 일반적으로 심문 중에 있었던 기억해야 할 만한 모든 사항들에 대하여 기록 문서에 기재하여야 한다(교회법 제1568조 참조)."

444) 참조:「혼인의 존엄」, 제173조; 교회법 제1567조.

"제175조 ① 심문의 결말에 공증관이 심문받은 사람의 증언에 관해 서면으로 기록한 것을 증인에게 읽어 주어야 하며, 심문받은 사람은 증언과 관련해 기록한 것을 들어야 한다. 심문받은 사람에게는 추가, 삭제, 정정, 변경의 권한이 주어진다(교회법 제1569조 제1항 참조).

② 제89조의 규정을 준수하면서, 심문받은 사람과 재판관, 공증관은 기록 문서에 서명하여야 한다. 성사 보호관, 검찰관, 변호인이 출석하면 그들도 서명하여야 한다(교회법 제1569조 제2항 참조).

③ 제173조 제2항에 언급된 도구를 사용하면, 제2항에 언급된 바와 같이 이를 증명하는 기록 문서에 서명하여야 한다. 공증관은 녹취록을 공증하여야 하고, 녹음물이 안전하고 손상되지 않게 보관되도록 조심하여야 한다."

13. 재심문

이미 한 번 심문 받은 사람에 대하여 재심문이 이루어질 수 있다. 우선 성사 보호관이나 청구인의 요청으로 재심문이 이루어질 수 있다. 그리고 재판관이 필요하거나 유익하다고 여길 경우, 재판관의 직권상(ex officio) 다시 심문이 이루어질 수 있다. 다만, 그러한 경우에 어떠한 공모나 매수도 없어야 할 것이다.[445]

---

445) 참조:「혼인의 존엄」, 제176조; 교회법 제1570조.

제3절
증거의 종류

1. 당사자들의 진술

1.1. 당사자에 대한 심문

혼인 무효 소송에서 당사자들의 진술은 그 어떤 증거들보다 더 중요한 위치를 차지한다. 왜냐하면 혼인의 특성상 부부 사이의 은밀한 사실 관계에 대한 출처는 부부 당사자 자신이기 때문이다. 더욱이 당사자들의 진술이 역사적 사실들 일관되게 일치하고 상대방 당사자의 진술과 일치할 때 그 당사자의 진술은 상당한 신빙성을 지니게 되기 때문에, 재판관은 혼인 무효의 진실을 더 잘 규명하기 위하여 당사자들을 심문할 의무가 항상 있는 것이다.[446)]

교회법 제1530조에서는 'interrogare semper potest'라고 한 반면, 훈령「혼인의 존엄」에서는 'interrogandas curet'라고 변경되었다. 이것은 제1530조에서도 밝히고 있듯이 당사자가 청구하거나 또는 공익상 의문의 여지가 없어야 되는 사실을 증명하기 위해서는 심문을 하는 것이 재판관의 의무이기에 혼인 무효 소송 문제에서 소송의 당사자들에 대한 심문과 그 진술을 듣는 것은 매우 중요하다는 것을 말한다.[447)]

---

446) Cf. Manuel Jesús Arroba Conde - Claudia Izzi, *Pastorale giudiziaria e prassi processuale nelle cause di nullità del matrimonio*, p.113.

447) 참조:「혼인의 존엄」, 제177조; 교회법 제1530조.

합법적으로 심문받는 당사자는 답변하여야 하며 진실을 온전히 말하여야 한다. 당사자가 답변을 거부할 경우, 사실 증명을 위하여 무엇을 추론할 것인지에 대하여 평가하는 것은 재판관의 소임이다.[448)]

1.2. 법정 자백(法廷自白:confessio iudicialis)

재판상 자백이라고 하는 법정 자백(法廷自白:confessio iudicialis)이란, 당사자가 관할 재판관 앞에서 재판의 대상이 되는 문제 자체에 대하여 자발적으로나 심문하고자 하는 재판관의 요청에 의하여 어떤 사실에 대하여 구두로나 서면으로 자기에게 불리하게 행하는 주장을 뜻한다.[449)] 그러나 혼인 무효 소송 사건에서 법정 자백이란 한편 당사자가 관할 재판관 앞에서 서면으로나 구두로 자발적으로든지 재판관의 질문에 의하든지 혼인의 유효성에 반대되는 그 고유의 사실(proprium factum adversus matrimonii validitatem)을 인정하는 진술을 의미한다.[450)]

1.3. 진술의 효력과 그 한계 및 그 보충적 진술과 증거

법정 자백을 비롯한 당사자들의 그 밖의 진술들은 나름의 증명력(vis probandi)을 지닐 수 있다. 그러나 그 증명력은 그 자체만으로는 충만한 증명력(vis plenae probationis ipsis)을 지니지는 못하고 이것들을 온전히 보강하는 다른 증명 요소들이 첨가되어야 한다.[451)] 그래서 당사자들의 법정 자백이나 진술들이 충만한 증명

---

448) 참조:「혼인의 존엄」, 제178조; 교회법 제1531조; 제1534조; 제1548조 2항.
449) 참조:「혼인의 존엄」, 제179조 1항; 교회법 제1535조.
450) 참조:「혼인의 존엄」, 제179조 2항.
451) 참조:「혼인의 존엄」, 제180조 1항; 교회법 제1536조 2항.

력을 가지는 데 충분한 자료들이 확보하지 못하면, 재판관은 당사자들에 대한 신뢰성과 그 밖의 요소들에 대한 증인들을 활용해야 한다.[452)]

여기서 말하는 충만한 증명력이란, 어떤 확실한 사실들에 근거한 윤리적 확실성에 도달한 증거가 지닌 가치를 말한다. 혼인의 무효성을 뒷받침하는 중요한 사실에 대한 증거는 교회가 인정하는 방식으로 확인된 사실 관계(역사적 사실)들과 혼인의 당사자인 부부가 제공한 사실, 그리고 다른 편 당사자와 증인과 서증들에 의하여 제공된 간접적인 2차적인 사실들에 대한 확인을 통해서 충분한 증명력을 지니게 된다.[453)]

그리고 다른 증명 요소들이란 당사자들에 대한 신빙성과 연결된 요소들을 뜻하지만, 당사자가 소송 절차에서 겪는 양심상의 동기나 당사자의 태도, 심문 과정에서 보여준 당사자의 협조 정도 등도 포함된다.[454)]

1.4. 재판 밖 자백 외의 자백

법정 외 자백(法廷 外 自白:extraiudiciales confessiones)이란, 재판정 밖에서 구두로나 서면으로나, 상대방에게나 제3자에게 말한 재판 밖 자백을 뜻한다. 혼인 무효 소송에서 자백은 혼인의 유효성에 반대하는 것이기에 형사상의 자백과의 성질을 달리한다.[455)].

452) 참조:「혼인의 존엄」, 제180조 2항; 교회법 제1678조 1항.

453) Cf. Manuel Jesús Arroba Conde - Claudia Izzi, *Pastorale giudiziaria e prassi processuale nelle cause di nullità del matrimonio*, p.113.

454) Cf. *Ibid.*, p.113.

455) 참조: 정진석, 앞의 책, 691쪽.

그러므로 혼인 유효성을 반대하는 이러한 법정 외 자백에 대해서도 그 가치가 어떤 것인지를 판단하는 것은 재판관의 책임이다.[456]

1.5. 착오나 강제된 자백의 무효성

당사자의 자백이나 그 밖의 어떤 선언이 사실의 착오 때문에 말한 것이거나 또는 힘이나 심한 공포로 강요된 것임이 확실하면 아무 효력도 없다.[457]

2. 서증

서증(書証)이라고 하는 것은 문서를 열람하여 그 내용을 증거자료로 사용하기 위한 증거 조사를 뜻한다.[458] 공문서나 사문서나 문서들에 의한 증거는 어떤 종류의 재판에서든지 인정된다고 규정하고 있다. 어떤 종류의 증거들이든지 소송 사건을 이해하는 데 유용한 것이고 합법적인 것이면 증거로서 채택될 수 있고, 이것을 판단하는 것은 재판관의 책임이다.[459]

2.1. 문서의 종류: 공문서의 공신력

문서의 종류로는 교회 공인에 의하여 작성된 교회 공문서와 국가의 법률에 따라 공문서로 여겨지는 국가 공문서, 그리고 그

456) 참조:「혼인의 존엄」, 제181조; 교회법 제1537조.
457) 참조:「혼인의 존엄」, 제182조; 교회법 제1538조.
458) 참조: 정진석, 앞의 책, 695쪽.
459) 참조:「혼인의 존엄」, 제183조; 교회법 제1539조.

외의 것으로 사문서가 있다.[460)]

명백한 반대가 드러나지 않는 한, 교회와 국가의 공문서들은 거기에 직접으로 또는 주로 주장되는 모든 것들에 대하여 공신력을 가진다.[461)] 어떤 사문서에 공증관이 준수해야 할 사항들을 준수하면서 공증한 문서는 그 공증으로써 공증된 것임을 표시하지만(Documenti privati authenticatio, ..., est quidem publica) 사문서로 남게 되며, 혼인의 무효성을 증명하려고 공증관에게 미리 작성되어 기탁된 문서는 사문서의 증명력만을 지닌다(tantummodo privati documenti vim probandi).[462)] 그러나 재판관 앞에서 심사된 사문서는 재판 밖에서 행한 자백이나 진술과 동일한 증명력을 가진다.[463)]

2.2. 서신

여기서 말하는 서신이란 문서적 증거로서 인정되는 서신을 뜻한다. 사문서들 가운데 당사자들이 혼인 전이나 후에 그리고 그들이 다른 이들에게 주고받은 서신들은 그것들을 주고받았던 기간과 진정성에 대하여 증명되고 그것을 주고받았던 시기가 자신들의 혼인에 대하여 의심이 없었던 시기였음이 분명하면, 증거로서의 충분한 가치를 지닌다.[464)] 왜냐하면 자신들의 혼인에 대하여 그 무효성을 생각하지 않을 시기에 당사자들이 혼인 무효 소송의 제기를 아직 생각하지 않았던 때에 주고받았던 서신이기 때문이다. 혼인 무효 소송의 제기는 바로 청구인 자신이 혼인의 무

460) 참조:「혼인의 존엄」, 제184조; 교회법 제1540조.
461) 참조:「혼인의 존엄」, 제185조 1항; 교회법 제1541조.
462) 참조:「혼인의 존엄」, 제185조 2, 3항.
463) 참조:「혼인의 존엄」, 제187조; 교회법 제1542조.
464) 참조: 한영만, 앞의 책, 204-205쪽.

효성을 주장하는 것이기에 무효성을 생각하거나 주장하기 시작했던 시기와 그 편지들의 온전성이 증명된다면 그것은 증거로서 충분한 가치를 지닌다. 그러므로 이 같은 사문서로서의 서신들에 대해서는 그 작성 시기와 정황들이 정확하게 파악되는 것이 그 서신들의 가치를 좌우하게 된다.[465)]

2.3. 익명 문서들의 가치

소위 익명 서신들(투서)이나 어떠한 종류든 익명의 문서들은 그 자체로는 추정의 근거가 될 만한 가치를 지니지 못한다. 다만 다른 출처들에서 입증될 수 있는 사실들을 기술하거나 입증할 수 있으면 그러하지 아니하다.[466)]

2.4. 훼손된 문서

재판관은, 문서가 지워졌거나 정정되었거나 삽입되었거나 또는 그 밖의 다른 흠으로 훼손되었음이 드러나면, 이러한 문서들이 가치가 있는지 또 얼마만큼 있는지를 평가할 책임이 있다.[467)]

2.5. 문서의 증명력

재판정에서 증명력이 있는 문서는 원본이나 공증된 등본으로서 재판관, 성사 보호관, 상대편 당사자와 그들의 변호인들이 열람할 수 있도록 법원 사무처에 맡겨진 것이 아니면 재판상 증명

---

465) 참조:「혼인의 존엄」, 제186조.

466) 'indicium'이란 추정의 근거가 되는 것으로 증명의 주요 사실과 밀접한 관계에 기초한 증명력을 뜻한다. 참조:「혼인의 존엄」, 제188조. Cf. Manuel Jesús Arroba Conde - Claudia Izzi, *Pastorale giudiziaria e prassi processuale nelle cause di nullità del matrimonio*, p.113.

467) 참조:「혼인의 존엄」, 제189조; 교회법 제1543조.

력을 지니지 못한다.[468)]

2.6. 공유 문서 제출 명령

공유 문서(共有文書: documenta communia)란 양편 당사자 모두에게 공통되는 문서로서, 유언장, 상속에 대한 문서, 계약서 등등을 생각할 수 있다.[469)] 재판관은 이런 공유 문서를 소송 중에 양편 모두에게 제출하라고 명령할 수 있다.[470)]

2.7. 문서 제출 의무 면제

공유 문서 제출 명령이 재판관으로부터 내려왔다고 하더라도 그것이 자기 자신이나 배우자 또는 밀접히 가까운 혈족이나 인척에게 불명예나 학대, 해악의 위험, 준수해야 할 비밀 누설 가능성이 존재한다면, 그것을 제출할 의무가 없다. 그러나 앞서 말한 위험들이 없이 문서의 일부를 베낄 수 있고 등본으로 제출될 수 있다면, 재판관은 그것을 제출하도록 판정할 수 있다.[471)]

3. 증인

3.1. 증인이 제시하는 증거

증인이란, 소송 당사자들의 주장에 대하여 경험하여 알고 있는 진실을 선언하도록 재판관 앞에서 증언하는 제3자를 뜻하며,

---

468) 참조:「혼인의 존엄」, 제190조; 교회법 제1544조.

469) 참조: 정진석, 앞의 책, 713쪽.

470) 참조:「혼인의 존엄」, 제191조; 교회법 제1545조.

471) 참조:「혼인의 존엄」, 제192조; 교회법 제1546조.

자신의 경험 사실을 보고하는 사람이다.[472] 증인이 제시하는 증거는 재판관의 지휘 아래 이루어져야 하며, 이러한 재판관의 지휘권은 단순히 증인을 통한 증거를 수락할 것인가 아닌가의 문제와 연관된 것만이 아니라, 소송을 위한 조사와 관련된 재판관의 지휘권이다. 재판관은 어떤 특정 증인을 인정할지 아니면 거부할 것인지, 그리고 증인의 소환과 그들에 대한 심문, 그리고 필요한 경우에 맹세와 서약까지 하도록 하는 일체의 지휘권을 지닌다.[473]

3.2. 진실 진술 의무와 답변의 면제

증인은 재판관의 질문이 불법적인 경우에는 답변할 의무가 없지만, 합법적인 경우에는 재판관에게 진실을 말할 의무가 있다. 재판관이 행하는 질문의 합법성은「혼인의 존엄」제193-202조에 수록된 증인을 통한 증거 수집에 대한 규정을 준수할 때 합법적이라고 볼 수 있다.[474]

교회법 제1548조 2항과「혼인의 존엄」제194조는 증인 자신의 직무나 의무상(ex officio vel obligatione) 비밀 준수 의무나 신뢰성을 지닌 사람은 답변 의무에서 면제된다고 다음과 같이 규정한다:

"교회법 제1548조 [...] ② 제196조 2항 2호의 규정을 지키면서, 답변할 의무에서 면제되는 이들은 다음과 같다.

1. 성직자들은 거룩한 교역(성직) 때문에 자기들에게 표명된 사항들에 관하여.
2. 국가 공무원들, 의사들, 조산원들, 변호인들, 공증관들 및

472) 참조: 정진석, 앞의 책, 719, 723쪽.

473) 참조:「혼인의 존엄」, 제157조 3항, 제162-176조; 교회법 제1547조.

474) 참조:「혼인의 존엄」, 제194조; 교회법 제1548조 1항.

그 외에 자문을 해 주었기 때문에 직무상 비밀을 지켜야 하는 이들은 이러한 비밀 준수 사항들에 관하여.

3. 자기의 증언으로 자기 자신이나 배우자 또는 밀접한 가까운 혈족이나 인척에게 불명예나 위험한 학대 또는 기타 중대한 해악이 미칠까 두려워하는 이들."

3.3. 증인의 자격

모든 이는 증인이 될 수 있지만, 첫째, 전적으로나 부분적으로나, 둘째, 법에 의하여, 셋째, 명시적으로 제척(除斥)된 자는, 예를 들어서 증인 무능력자이거나 위증할 혐의가 있거나 증언이 면제되는 자는 증인이 될 수 없으며, 만일 증인의 심문 전에 제척의 정당한 이유가 밝혀지면 당사자는 그 증인이 제척되도록 청구할 수 있다.[475)]

3.4. 증인으로서 능력자

14세 미만의 미성년자와 심신 쇠약자들은 증인으로 인정되지 말아야 하나, 재판관의 판단에 따라서 유용할 것 같으면 재결로써 증인으로서 선언할 수 있다.[476)] 여기에 언급된 심신 쇠약자(mente debilis)는 의사 결정 능력 결여자인 이성의 충분한 사용이 결여된 자(qui sufficienti ratione usu carent)와는 구분된다.[477)] 증인으로

475) 참조:「혼인의 존엄」, 제195조, 제196조, 제200조; 교회법 제1549조, 제1555조; 정진석, 앞의 책, 719, 728쪽.

476) 참조:「혼인의 존엄」, 제196조 1항; 교회법 제1550조 1항.

477) 증인으로서 능력자가 되기 위한 조건에 대해서는 교회법 제18조의 규범에 따라서 좁게 해석되어야 할 것이며, 무능력의 정도, 곧 부분적인지 절대적인지에 따라서 그 인정 여부가 결정될 것이다. 심신 박약자는 사실 관계를 전달하는 능력에서 장애를 지닐 수 있기 때문에 증인으로서 원칙적으로 인정되지 않지만, 절대적이 아닌 상대적인 문제이므로 재판관은 재결을 통해 그들

서 무능력자들에 대해서「혼인의 존엄」제196조 2항은 다음과 같이 규정한다:

"제196조 ② 무능력자들로 간주되는 이들은 다음과 같다.

1. 소송 사건의 당사자들, 당사자들의 이름으로 재판에 참여하고 있는 이들, 재판관과 그의 보조자들, 변호인 및 동일한 소송 사건에서 당사자들을 도와주고 있거나 도와준 그 밖의 사람들. 그러므로 이들의 증언을 통하여 진실 규명에 기여할 수 있는 사람들은 이러한 직무를 맡지 않도록 주의하여야 한다.
2. 사제들은 비록 참회자가 그 내용의 발표를 청하였더라도, 성사적 고백에서 알게 된 모든 사항들에 관하여, 그뿐 아니라 고백의 기회에 누구한테든지 어떤 방법으로든지 들은 것은 진실의 간접 증거로라도 채택될 수 없다."

특별히 고해성사와 관련해서는 성사적 비밀 봉인의 문제를 심각하게 고려하여 증인 인정 여부를 평가해야 할 것이다.[478] 재판관은 증인의 자격 여부를 평가할 때 교회법 제1572조에 나온 사항들도 고려하여 평가해야 한다.

3.5. 증인 채택권

증인을 내세운 당사자는 그 증인의 심문을 포기할 수 있다. 소송 당사자, 성사 보호관, 검찰관, 재판관도 소송 절차에 필요한 증인을 지명하여 소환할 수 있다. 바로 이렇게 증인을 내세운 사람

의 증언을 듣겠다고 인정할 수 있는 권한이 있다. Cf. Manuel J. Arroba Conde, *Diritto Processuale Canonico*, p.404.

478) 참조: 교회법 제983조 2항.

들이 그 증인에 대한 심문을 포기할 수 있는 것이다. 그러나 상대방 당사자나 성사 보호관은 그래도 그 증인이 심문받도록 요청할 수 있다.[479)]

3.6. 증인들의 명단 및 채택된 증인의 성명 통지

증인들의 심리가 요청되는 때에는 그들의 이름과 주소 또는 거주지가 법원에 제시되어야 한다. 증인들이 심문받기 전에 이들의 이름이 당사자들에게 통고되어야 한다. 그러나 재판관의 현명한 판단에 따라 중대한 곤란 없이는 통고될 수 없다면, 적어도 증언들의 공고 전에 통고하여야 한다.[480)]

3.7. 증언에 대한 평가 기준

증인들이 하는 모든 진술들에 대해서 재판관이 평가하기 위해서는 나름의 기준이 있어야 하는데 「혼인의 존엄」 제201조는 교회법 제1572조를 기초로 증언에 대한 평가 기준을 다음과 같이 규정하고 있다:

"제201조 재판관은 증언들을 평가할 때 필요하다면 신분증을 요구하고 아래 사항을 고려하여야 한다.

1. 증인의 신분 조건과 정직성의 정도.
2. 증인이 자기가 아는 것에 대하여 특히 자기가 직접 보고 들은 것에 대하여 증언하는 것인지 혹은 자기의 의견이나 풍문 또는 타인들로부터 전해들은 것에 대하여 증언하는 것인지의 여부.
3. 증인이 주장하는 바를 알았던 때, 특히 의문이 없었던 때

479) 참조: 「혼인의 존엄」, 제197조; 교회법 제1551조.

480) 참조: 「혼인의 존엄」, 제198조, 제199조; 교회법 제1552조 1항, 제1554조.

(tempore non suspecto), 즉 당사자들이 아직 소송의 제기를 고려하지 않았던 때.

4. 증인이 한결같고 앞뒤 조리가 맞는지 혹은 변덕스럽거나 흐릿하거나 망설이는지의 여부.
5. 증언에 공동 증인이 있는지 또는 그 밖의 다른 증명의 요소(방증)로 확인되는지의 여부."

3.8. 증언의 가치와 직무상의 증언

증언이 충분한 신빙성을 가지려면 한 명의 증언만으로는 부족하다. 증언들 중에는 의견이 합치되는 증언도 있고 의견이 다른 것도 있으며 서로 중복되는 것도 있고 상이한 증언도 있기 때문에, 그것을 평가하기 위해서는 오직 한 명의 증언은 충분한 신빙성을 가질 수 없는 것이다. 다만, 그 증인이 특수 자격을 가지고 있어서 직무상 행한 사항들에 대한 증언이나 사물들과 사람들의 상황이 다른 것을 시사하는 경우에는 그 한 사람의 증언만으로도 충분한 신빙성을 지닌다.[481)]

증인이 수행하는 직무 때문에(본당 사목구 주임) 그 증언에 충분한 증거력을 주는 경우가 있으며, 특별히 혼인 무효 소송에서 유일한 증거를 제공할 때에 당사자들의 진술을 확고하게 뒷받침할 수 있다.[482)]

---

481) 참조: 「혼인의 존엄」, 제202조; 교회법 제1573조, 제1678조 2항.

482) Cf. Manuel Jesús Arroba Conde - Claudia Izzi, *Pastorale giudiziaria e prassi processuale nelle cause di nullità del matrimonio*, p.114.

4. 감정

4.1. 감정인 활용 범위

재판관은 성교 불능, 정신적, 심리적 질환으로 인한 합의의 흠결로 인한 소송 사건들에서 한 명이나 여러 명의 감정인들을 활용해야 하며, 소송상 객관적 정황으로 보아 감정인의 활용이 소용없어 보이는 경우, 예를 들어 재판 밖의 증거라도 병원 진단서 또는 직업상 입증된 증인의 문서 등으로 객관적 정황이 감정인을 활용하지 않아도 된다고 보이는 경우에는 이것을 생략할 수도 있다.[483]

그리고 재판관의 지시에 따라 어떤 사실을 입증하거나 또는 어떤 사물의 진실한 본성을 규명하기 위하여 기록 문서의 진정성에 관한 조사가 이루어져야 할 때, 기술과 과학의 법칙에 근거한 감정인들의 조사와 의견이 요구되는 때마다 감정인들의 활동을 활용하여야 한다.[484] 또한 재판관은 무능력으로 무효 소송 이외에는 당사자들의 요청에 따라서 재판관이 감정인의 활용이 유익하다고 보면 활용할 수도 있을 것이다.[485]

4.2. 감정인의 선임

어떤 감정인에 대한 임명, 그리고 다른 감정인이 이미 작성한 보고서의 채택 여부는 재판장이나 주심관의 임무이며, 감정인에

---

483) 참조: 교회법 제1678조 3항;「혼인 무효 선언 소송 사건의 절차 지침」 제14조 2항.

484) 참조: 교회법 제1574조; 제1678조 3항.

485) Cf. Claudia Izzi, *Valutazione del fondamento antropologico della perizia. Studio sulla recente iurisprudenza rotale in tema d'incapacità consensuale*, Lateran University Press, Città del Vaticano, 2004, p.22.

대한 임명은 당사자들과 성사 보호관에게 통지되어야 하고 당사자와 성사 보호관은 재판관이 지정한 날까지 논증의 조목들을 재판관에게 제출해야 한다.[486)]

당사자 자신들도 사적 감정인을 선임할 수 있지만 재판관의 승인을 받아야 한다. 그리고 그러한 사적 감정인도 재판관으로부터 인정된 이상 소송 사건들의 기록 문서들을 필요한 만큼 열람할 수 있고, 감정의 집행에 참여할 수 있으며 자기의 보고서를 언제나 제출할 수 있다.[487)]

감정인의 임무를 위해서는 합당한 감정인 자격 증명서를 취득하였을 뿐 아니라, 감정술에 관한 우수한 지식과 경험 그리고 신앙심이 깊고 정직한 사람이어야 하고, 특별히 교회법 제1095조에 언급된 무능력자와 관련한 소송 사건에서 감정인들의 도움이 참으로 유용하기 위해서는, 감정인들이 그리스도교 인간학의 신념에 충실한 이들로 선출되도록 각별한 주의가 요구된다.[488)]

감정인의 제척이나 기피는 증인의 경우와 동일한 이유로 이루어질 수 있다.[489)]

---

486) 참조:「혼인의 존엄」, 제164조, 제204조; 교회법 제1575조.

487) 참조:「혼인의 존엄」, 제213조; 교회법 제1581조.

488) 참조:「혼인의 존엄」, 제205조.

489) 감정인이란 소송 절차에서 나름 증인과 재판관의 두 성질을 가지는 전문가인데, 그의 증인다운 성질(witnesslike qualities)이 재판관다운 성질(judgelike qualities)을 능가한다고 보아야 하고, 그렇기 때문에 그는 증인의 경우와 동일한 이유로 제척되거나 기피되지만 재판관의 제척 사유나 기피 이유로 그러하지 아니한 것이라고 본다. 참조:「혼인의 존엄」, 제196조, 제200조, 제206조; 교회법 제1576조; 정진석, 앞의 책, 791쪽.

4.3. 감정인의 의무

감정인의 활동에 대해서는 당사자들과 성사 보호관으로부터 제출되는 것들을 고려하여, 재판관이 자신의 재결로 정하여야 한다.[490] 그리고 소송 사건 기록 문서들과 기타 문서들 및 보조 자료들이 감정인에게 교부되어야 하는데, 이는 그가 자신의 임무를 올바로 충실하게 수행하기 위해서 필요할 수 있기 때문이다.[491]

또한 재판관은 감정인의 의견을 들은 후, 조사를 수행하고 보고서를 제출하여야 할 기한을 정해 주어야 한다. 그러나 소송 사건이 헛되이 지연되지 않도록 주의하여야 한다.[492]

그리고 감정인은 감정서 작성 의무를 지닌다. 혼인의 존엄 제210조는 교회법 제1578조를 참조하여 감정서 작성 시 유의점에 대해서 다음과 같이 규정한다:

"제210조 ① 감정인들은 각기 다른 이들의 것과는 구별되는 자기의 보고서를 작성하여야 한다. 다만 재판관이 각 감정인들이 서명한 하나의 보고서를 작성하도록 명하였으면 그러하지 아니하다. 이렇게 하는 경우에는 혹시라도 견해의 차이가 있었다면 그것을 성실히 기재하여야 한다.

② 감정인들은 사람이나 사물의 동일함을 어떤 문서나 그 밖의 적절한 수단으로 확인하였는지, 또한 위탁받은 임무를 수행함에 있어 어떠한 경로와 방법으로 진행하였는지, 결론이 주로 어떤 논증에 근거하고 있는지 명백히 표시하여

490) 참조:「혼인의 존엄」, 제207조 1항; 교회법 제1577조 1항.
491) 참조:「혼인의 존엄」, 제207조 2항; 교회법 제1577조 2항.
492) 참조:「혼인의 존엄」, 제207조 3항; 교회법 제1577조 3항.

야 한다."

4.4. 성교 불능 장애 심사를 위한 감정인의 역할

성교 불능이 절대적인지 상대적인지, 영구적인지 일시적인지, 결혼 전부터 존재하던 것인지 그 후부터 생긴 것인지, 치료가 가능하다면 그 방법은 무엇인지를 재판관은 감정인에게 요구해야 한다. 왜냐하면 혼인 전부터의 영구적 성교 불능은 남자 편이든 여자 편이든 절대적이든 상대적이든 그 본성상 혼인을 무효로 하기 때문이다.[493)]

4.5. 혼인 합의의 무능력자에 대한 감정인의 역할과 그 제한성

교회법 제1095조에 따른 혼인 합의의 무능력자에 대한 감정은 상당히 면밀하게 이루어져야 한다. 주의할 점은 감정인의 활동이 이 분야에서 중요하다고 해도 그 영역은 재판관의 재결서에 지시된 것에 제한되며, 그 한계를 넘어서고 또 재판관에게 속하는 판단을 내리는 일은 금지된다는 것이다. 곧 감정인은 감정인으로서 기술적이고 과학적인 지침에 따라 답변하면 된다. 이를 위하여 「혼인의 존엄」 제209조는 다음과 같이 그 감정 원칙을 제시하고 있다:

"제209조 ① 무능력의 소송 사건에서 교회법 제1095조에 따라 재판관은 감정인에게 한편 또는 양편 당사자가 혼인 시 독특한 습관이나 일시적인 이상으로 고통을 겪었는지, 그것이 심각하였는지, 그리고 언제부터 그러한 원인이나 상황이 시작되었으며 나타났는지에 대한 질문을 생략하여서는 안 된다.

---

493) 참조: 「혼인의 존엄」, 제208조; 교회법 제1084조 1항, 제1678조 3항.

② 특수 상황

1. 의사 결정 능력의 결여로 인한 소송 사건에서, 재판관은 혼인 거행 시에 이성 사용의 저해로 인한 심각한 비정상이 얼마만한 강도로 그 증상이 나타나는지를 질문하여야 한다.
2. 분별력의 결여로 인한 소송 사건에서 재판관은 중요한 결정을 하는 데 중대한 선택적 능력, 특히 생활의 자유로운 선택의 상태에 관한 비정상의 영향을 질문하여야 한다.
3. 끝으로 혼인의 본질적 의무를 지는 것에 대한 무능력의 소송 사건에서, 재판관은 당사자가 처한 심각한 어려움뿐 아니라 혼인의 의무를 지탱해 주는 고유한 활동들에 대한 불가능도 고려하여 심리적 원인의 성격과 심각성을 질문하여야 한다.

③ 감정인은 재판관의 재결로 정한 각 사항들에 대해 기술과 과학 지침에 따라 자신의 의견을 답하여야 한다. 감정인은 재판관에게 의견을 제공하는 자신의 직무 한도를 넘지 않도록 주의하여야 한다."

4.6. 감정인의 호출

만약에 설명이 더 필요한 경우, 곧 자신의 결론을 확증하고 설명이 더 필요한 경우에 재판관은 감정인을 호출할 수도 있을 것이다.[494)]

4.7. 감정 결과에 대한 재판관의 평가

재판관은 감정인들의 결론들이 일치하더라도, 그 결론들뿐만

---

494) 참조:「혼인의 존엄」, 제211조; 교회법 제1578조 3항.

아니라 그 소송 사건의 그 밖의 다른 사정들도 신중하게 고려해야 하고 판결 이유를 표시할 때 어떤 논증 때문에 감정인들의 결론들을 인정하거나 거부하였는지를 표명하여야 한다.[495)]

5. 추정(推定)

추정(推定: praesumptio)이란 불확실한 사항에 대한 개연적 추측으로서, 어떤 것이 증명되기에 앞서서 재판관이 미리 진실로 받아들이는 것을 뜻한다.[496)] 추정에는 실정법으로 규정된 추정인 법률상 추정(praesumptio iuris)과 법률에 정해져 있지는 않지만 재판관에 의하여 인정되는 인위적 추정인 사법적 추정(praesumptio iudicialis)이 있다.[497)]

법률상 추정을 인정받는 이는 증명할 (거증) 책임이 면제되고, 그 책임은 상대편에게 있다. 재판관은 법률로 정하여지지 아니한 추정들을 하여서는 아니 된다. 그렇지만 그 추정이 쟁송의 대상물에 직접 연관된 확실하고 확정적인 사실에 근거한 것이면 추정될 수 있다.[498)]

주의할 점은 로마 공소 법원의 판례와 불합치하는 추정은 용인되지 아니한다는 것이다. 왜냐하면 로마 공소 법원은 상급심으로

495) 참조: 「혼인의 존엄」, 제212조; 교회법 제1579조.
496) 참조: 정진석, 앞의 책, 799쪽.
497) 참조: 같은 책, 800쪽.
498) 참조: 「혼인의 존엄」, 제214조, 제215조; 교회법 제1584조, 제1585조, 제1586조.

서 교회 안에서 권리를 보호하기 위하여 통상적으로 상소심의 단계로 행하며 법리학의 일치를 도모하고 그 판결을 통하여 하급심 법원들을 도와주는 목적을 지향하기 때문에, 하급심의 재판관들은 로마 공소 법원의 판례에 대한 연구와 그 판례에서 제시된 법리를 따라서 판결해야지 그것과 불합치되는 사항에 대해서 추정해서는 아니 된다는 것이다.[499]

---

499) 참조:「혼인의 존엄」, 제35조 3항, 제216조 2항;「착한 목자」, 제126조; Cf. Romanae Rotae Tribunal, *Normae Romanae Rotae Tribunalis*, 1994.02.07.(EV 14/951-1070); Luigi Chiappetta, op.cit., pp.46-47.

제5장
중간 소송 사건

제1절
중간 소송의 제기

1. 중간 소송의 개념

중간 소송 사건(causa incidens)은 본안에 부수되어 제기된 안건을 말하며, 주 소송 사건과 밀접한 관련이 있기 때문에 주 소송 사건에 대한 종국 판결이 내려지기 전에 해결되어야 할 문제가 제기되는 때마다 제기될 수 있다.[500] 그러므로 중간 소송 사건이란, 주 소송 사건의 소장에 명시적으로 기재되지 않았지만 주 소송이 결정되기 전에 많은 부분에서 선행적으로 해결해야 하는 주 소송 자체에 속하는 것이 된다.[501] 그러나 혼인 무효 소송에서 중간 소송 제기는 신중하게 이루어져야 하며, 수리되면 가급적 빨리 해결되도록 각별한 주의가 요구된다.[502]

500) 참조: 정진석, 앞의 책, 809쪽.
501) 참조:「혼인의 존엄」, 제217조; 교회법 제1587조.
502) 참조:「혼인의 존엄」, 제218조.

2. 중간 소송의 제기와 심사

중간 소송 사건은 서면이나 구도로 제기되며, 이 문제와 주 소송 사건 사이의 관계를 표시하여 주 소송 사건을 종결할 관할 재판관 앞으로 제기된다.[503] 주 소송 사건과 관계가 없거나 또 제기 근거가 명백하게 결여되는 경우에는 중간 소송 사건이 기각될 수 있는데, 재판관은 이를 처음부터 기각할 수 있으나 기각에 대한 소원 청구권은 남게 된다.[504]

3. 기각에 대한 소원 청구

기각된 중간 소송 사건에 대한 소원 청구는 이해 당사자와 성사 보호관에 의하여 제기될 수 있다. 이들은 기각 재결[505] 통보 수령으로부터 10일 이내에 기각 처분 불복 소원 청구를 해야 하며, 만약에 이 기간이 지나면 기각 재결은 받아들인 것으로 간주된다. 이러한 기각 재결 처분 불복 소원 청구는 우선 그 재결을 내린 재판장이나 주심관 또는 예심관에게 제출되어야 하고, 이들이 취

503) 참조:「혼인의 존엄」, 제219조; 교회법 제1588조.

504) 참조:「혼인의 존엄」, 제220조, 제221조 1항.

505) 재결이란, 재판관이 덜 중대한 중간 소송 사건을 결판 짓거나 단순히 소송 절차를 준수하도록 합법적으로 내린 명령인데, 재판관이 증거 제출 마감에 대한 재결(교회법 제1599조 3항)처럼 소송 절차를 준수하도록 합법적으로 내린 명령은 절차적 재결(節次的 裁決:decretum proceduale, decretum ordinatorium)이라고 한다. 반면 실체적 재결(実体的 裁決:decretum decisivum, decretum substantivum)이란 재판관이 덜 중대하다고 여기는 중간 소송을 판결하는 합법적 선고로서, 논증 절차를 요약적으로라도 명시해야 효력을 갖는다. 참조: 정진석, 앞의 책, 926-927쪽.

소할 생각이 없으면 그는 합의제 재판부에 불복 소원을 지체없이 이관시켜야 한다.[506)]

4. 기각 재결 불복 소원 청구에 대한 재판부의 판정

소원 청구를 접수한 합의제 재판부는 성사 보호관과 당사자들의 의견을 들은 후, 그 청구가 근거가 있는지 또 주 소송 사건과 관계가 있는지 또는 처음부터 기각해야 하는지를 매우 신속하게 판정해야 한다. 만일 불복 소원 청구가 인정되면 재판부는 이것을 온전한 소송 절차 형식을 준수하면서 해결할지, 다시 말해서 중간 소송으로서 그 소송 쟁점을 설정(cum dubiorum propositione)하면서 중간 판결(per sententiam interlocutoriam)로 해결할 것인지, 아니면 당사자들이나 성사 보호관에 의하여 서면으로 작성된 의견들을 요약하여 재판 외 약식 소송을 위한 조사 및 진술서(per memorialia), 다시 말해서 중간 재결(per decretum)로 해결할 것인지, 아니면 그 문제가 중요해서 판결로 판정할지 판정해야 하고, 이에 대한 상소나 소원은 인정되지 아니한다.[507)]

만일 합의제 재판부가 중간 소송의 문제를 종국 판결 전에 해결되지 않아야 된다고 판단하면, 주 소송 사건이 종결되는 때에 이것을 참작할 수 있도록 매우 신속하게 판정하여야 한다.[508)]

---

506) 참조:「혼인의 존엄」, 제221조.

507) 참조:「혼인의 존엄」, 제222조 1, 2항; 교회법 제1589조 1항; 제1629조 5호; Cf. Romanae Rotae Tribunal, "*Normae Quam maxime decet Romanae Rotae Tribunalis", 18 aprilis 1994: AAS* 86(1994), pp.508-540, art.75.

508) 참조:「혼인의 존엄」, 제222조 3항; 교회법 제1589조 2항.

5. 중간 소송에 검찰관의 개입

중간 소송 문제의 본성상 또는 어려움이 요구한다면 한편 당사자나 성사 보호관의 요청 또는 직권으로 합의제 재판부는 검찰관이 관련 소송 절차에 관여하지 않았더라도 그의 개입을 요구할 수 있고, 검찰관이 앞선 심급의 주 소송이나 중간 소송에 관여하였다면, 동일한 소송 사건의 상급심에서도 관여해야 한다.[509]

제2절
중간 소송의 판결

중간 소송에 대한 판결은 크게 합의제 재판부의 판결, 단독 재판관의 판결, 재판부나 단독 재판관의 재결로 이루어질 수 있다.

1. 합의제 재판부의 판결(per sententiam collegii)에 의한 중간 소송의 판정

중간 소송의 문제가 합의제 재판부의 판결로 해결되어야 하면, 구두 쟁송 절차에 관한 교회법 제1658-1670조의 규정이 지켜져야 한다. 다만 사항의 중대성에 비추어 합의제 재판부가 달리 여기면 그러하지 아니하다.[510] 그러나 합의제 재판부는 소송 절차상 준

509) 참조:「혼인의 존엄」, 제57조 2항, 제223조; 교회법 제1431조 2항.

510) 참조:「혼인의 존엄」, 제224조 1항; 교회법 제1590조 1항.

수해야 하는 구두 쟁송 절차법 가운데 일부를, 만일 그것이 소송의 유효성을 위해 규정되지 않았으면 신속하게 처리하기 위해서 정의를 지키면서(salva iustitia) 일부분을 폐지(derogare)할 수 있다. 이러한 소송 절차상의 부분 폐지는 재판부의 재결로써 이루어져야 하며, 거기에는 왜 그렇게 하는지의 이유가 밝혀져 있어야 한다.[511)]

2. 합의제 재판부 재결(per decretum)에 의한 중간 소송 판정

중간 소송 판정 문제가 재결로 해결되어야 하면, 재결을 내리기 전에 서면 개요서(per breve scriptum) 또는 재판 외 약식 소송을 위한 조사 및 진술서(per memoriale)를 제출할 수 있는 유용 기한이 당사자나 성사 보호관에게 제공되어야 하고, 합의제 재판부는 다른 결론이 없거나 사안의 본성이 요구하지 않으면, 이 문제를 예심관이나 재판장에게 위탁할 수도 있다.[512)]

3. 단독 재판관을 통한 중간 소송 사건 판정

중간 소송 사건에서, 앞에서 다른 규정들은 원칙적으로 합의제 재판부를 전제한 규정들인데, 단독 재판관이 혼인 무효 소송 사건을 심리하는 경우 적절한 방식으로 중간 소송 사건을 판정한다.[513)]

---

511) 참조:「혼인의 존엄」, 제224조 2항; 교회법 제1670조.
512) 참조:「혼인의 존엄」, 제225조; 교회법 제1590조 2항.
513) 참조:「혼인의 존엄」, 제227조.

4. 중간 판정에 대한 취소나 정정

주 소송 사건이 종결되기 전에 재판부의 판결(per sententiam interlocutoriam)에 의해서든 재결(per decretum)에 의해서든, 내려진 중간 소송 사건에 대한 결정은 재판부에 의하여 취소되거나 정정될 수 있다. 이러한 취소나 정정이 가능하려면, 먼저 중간 소송에 대한 결정이 종국 판결로서의 효력을 지니지 않아야 하고 그러한 정정이나 취소를 요구할 만한 정당한 이유가 있어야 한다. 이러한 정정이나 취소는 당사자나 성사 보호관의 요청으로도 이루어질 수 있고, 재판부의 직권으로 이루어질 수도 있다. 물론 당사자들과 성사 보호관의 의견을 듣는 것은 당연하다.[514)]

5. 중간 소송에 대한 결정에 대한 상소 불가 원칙

종국 판결의 효력이 없는 재결이나 판결은 상소가 용인되지 않지만, 그 재결이나 판결이 종국 판결에 대한 상소와 겹쳐지면 상소가 용인된다. 곧 혼인 무효 소송 사건에서 중간 소송 사건으로 제기된 문제에 대한 결정이 종국 판결의 효력이 없는 한, 그것이 판결에 의한 것이거나 재결에 의한 것이거나 상관없이 종국 판결에 대한 상소와 겹쳐지는 것이 아니면 그에 대한 상소는 불가한 것이다.[515)]

514) 참조:「혼인의 존엄」, 제226조; 교회법 제1591조.

515) 참조:「혼인의 존엄」, 제228조; 교회법 제1629조 4호.

제6장 기록 문서의 공표, 증거 제출 마감 및 소송의 변론

제1절 기록 문서의 공표

1. 재결을 통한 기록 문서의 공표

증거들이 수집된 다음, 재판관은 소송 사건의 변론에 앞서 재결로써 소송 기록의 공표를 진행해야 하며 이 재결을 통하여 당사자들과 그들의 변호인들은 소송 기록을 열람할 수 있게 된다.[516)]

재판관은 이와 같은 재결로 당사자들과 그들의 변호인들에게 열람되지 않은 기록들을 법원 사무처에서 열람하도록 허가하여야 한다.[517)] 다만 매우 중대한 위험을 피하기 위하여 재판관은 어떤 소송 기록을 당사자들에게 보여주지 않도록 판정할 수 있으나, 변호권(방어권)은 항상 온전히 보전되도록 주의하여야 한다.[518)]

---

516) 참조:「혼인의 존엄」, 제229조 1항, 2항; 교회법 제1598조 1항.

517) 참조:「혼인의 존엄」, 제229조 3항; 교회법 제1598조 1항.

518) 기록 문서의 공표는 소송 절차에서 중요한 위치를 점한다. 법원 측에서는 기록 문서 공표를 통하여 재판관의 판결이 수집된 증거에 의한 것임을 당사자들에게 보여줌으로써 그 신임을 얻기 위함이고, 당사자들 편에서는 자신들의 고유 방어권을 행사하기 위한 것이다. 그러므로 기록 문서 공표 단계는 소송 절차에서 당사자들의 방어권을 행사하기 위해 알 권리가 실현되는 단계

2. 문서 열람권 목적과 방어권 보호

문서 열람의 목적은 방어권의 차원에서 중요하다. 그러므로 재판관은 열람에 앞서 당사자들이 소송 기록의 열람으로 얻게 될 정보를 교회 법원에서 자신들의 합법적 변호를 위해서만 사용한다는 점을 맹세하도록 요구할 수 있으며, 필요한 경우 서약을 요구할 수 있다.[519] 맹세가 필요한데 당사자가 서약을 거부하면, 소송 기록의 열람권을 포기한 것으로 간주된다. 그러나 개별법이 달리 정하면 그러하지 아니하다.[520]

문서 열람권이 주어지지 아니한 경우, 결과는 두 가지로 나타난다. 하나는 판결이 보정될 수 있는 무효가 되는 것이고, 다른 하나는 보정될 수 없는 무효가 되는 것이다. 이와 같이 문서 열람권은 방어권을 위해 필요한 것이므로 그것을 허락하는 재결은 중요한 행위이고, 비록 매우 중대한 위험을 피하려고 몇몇 기록 문서를 누구에게도 보여주지 말아야 한다고 하더라도 방어권은 항상 보전되도록 조심해야 할 것이다.[521]

재판관은 공익 보호를 위하여 매우 중대한 위험이 있다고 판단하면, 문서 기록의 열람을 제한할 수 있다. 문서 기록의 열람권을

인 것이다. 그러나 교회법은 명예 훼손이나, 불화의 빌미, 추문 등의 위험 때문에 어떤 기록 문서들을 공표하지 못하도록 제한될 수도 있는데, 이는 당사자들의 비밀이 보호받을 권리가 있기 때문이다. 참조:「혼인의 존엄」, 제230조; 교회법 제1598조 1항; 정진석, 앞의 책, 846-847쪽.

519) 참조:「혼인의 존엄」, 제232조 1항; 교회법 제1455조 3항.

520) 참조:「혼인의 존엄」, 제232조 2항.

521) 참조:「혼인의 존엄」, 제231조; 교회법 제1598조 1항; 제1620조 7호; 제1622조 5호.

당사자들에게 제한한다는 것은 한편으로 공익을 보호하는 차원도 있지만, 또 다른 한편 당사자들의 방어권을 침해할 수 있는 소지도 있다. 그러므로 비록 재판관의 판단에 따라 매우 중대한 위험을 피하고자 당사자의 열람권을 제한한다고 하더라도, 그들의 변호인들에게 열람권이 제한되었던 바로 그 동일한 소송 기록에 대한 열람권을 비밀 준수 맹세나 서약을 시킨 뒤 허용할 수 있는 것이다.[522)]

만일 당사자들에게 배척되었던 문서 열람권을 대신 허락받은 변호인이 소송 기록의 사본을 청구하면 재판관은 이를 허가할 수 있지만, 그 변호인들은 당사자들을 포함한 그 밖의 사람들에게 소송 기록 사본의 전부 또는 일부를 교부하지 말아야 할 중대한 의무가 있다.[523)]

3. 문서 공표와 열람 장소

소송 기록의 열람은 원칙적으로 재판관의 재결에 정해진 기한 내에 소송 사건을 심리하는 법원 사무처에서 이루어져야 하지만, 당사자가 관할 법원 소재지에서 멀리 떨어진 곳에 살면, 방어권을 온전히 보존하기 위하여 당사자가 현재 살고 있는 곳의 소재지 법원이나 다른 적당한 장소에서 소송 기록을 열람할 수도 있다.[524)]

522) 참조:「혼인의 존엄」, 제159조 1항 2호, 제234조.
523) 참조:「혼인의 존엄」, 제235조; 교회법 제1598조 1항.
524) 참조:「혼인의 존엄」, 제233조.

4. 당사자와 성사 보호관의 추가 문서 제출

기록 문서 공표가 완료된 다음에 변론이 시작되기 전에라도 당사자들과 성사 보호관은 증거 보완을 위하여 다른 증거를 재판관에게 제출할 수 있고, 이렇게 나중에 추가된 증거들에 대해서 재판관이 판단하여 당사자들과 변호인들이 열람할 수 있는 재결을 다시 내려야 한다.[525)]

제2절
증거 제출 마감

1. 예심 조사의 종결

증거 제출 마감[526)]이란 증거 제출에 관한 모든 것이 완료되는 것을 뜻하며, 이는 당사자들이나 성사 보호관이 더 추가할 증거가 없다고 선언하거나, 또는 증거 제출을 위해 재판관이 정해 준 유용 기간이 지나거나, 또는 재판관이 소송 사건을 충분히 예심

525) 참조: 「혼인의 존엄」, 제229조 3항, 제236조; 교회법 제1598조 2항.

526) 증거 제출 마감이라고 번역된 'conclusio in causa'는 예심 조사의 종결(予審調査終結: conclusio in causa instructoria) 또는 증명 단계의 종료(証明段階終了: clausura periodi probatoriae)라고 번역된다. 재판관이 판결을 내리기 위한 사전 절차로서 청구가 이루어지고 당사자들이 소환되어 그들의 의견을 듣고 그들이 주장하는 바에 대한 증거 조사를 다양한 방법으로 하고, 그 기록 문서들에 대한 공표를 하여 당사자들이나 성사 보호관이 더 이상 자신들의 입장에 대하여 이견이 없을 때, 증거에 대한 모든 사항이 완료됨으로써 예심 조사 과정 또는 증명 단계의 종료가 이루어진다.

조사하였다고 선언하는 때에 이루어진다.[527] 증거 제출 마감이 되면 재판관은 이에 대하여 재결을 내려야 한다.[528]

2. 예심 조사 종료에 대한 재결상 주의

예심 조사 종료 재결은 더 이상 증거 수집이 필요하지 않아 증거 수집을 종료한다는 것을 의미하므로, 충분한 예심 조사를 위해 여전히 다른 것들을 조사해야 한다고 판단하면, 재판은 예심 조사 종료 재결을 내리지 말아야 한다. 이런 경우에 필요하다고 여기면 재판관은 성사 보호관의 의견을 듣고 부족한 것을 채우도록 명령해야 한다.[529]

사실 재판관은 진실한 판결을 내리기 위하여 예심 조사 단계에서 당사자들의 태만으로 잘 이루어지지 않은 것들을 자기 직권으로 보충할 임무가 있다.[530]

3. 증거 보충

예심 조사가 종결된 이후에도 재판관은 이미 청취되었던 증인들을 다시 소환할 수 있고, 또 다른 이들을 소환하거나 이전에 요

527) 참조:「혼인의 존엄」, 제237조 1항, 2항; 교회법 제1599조 1항, 2항.
528) 참조:「혼인의 존엄」, 제237조 3항; 교회법 제1599조 3항.
529) 참조:「혼인의 존엄」, 제238조.
530) 참조:「혼인의 존엄」, 제71조; 교회법 제1452조 2항.

구하지 않았던 다른 증거들을 명령할 수 있다.[531]「혼인의 존엄」 제239조는 증거 보충에 대한 규정을 다음과 같이 제시하고 있다:

"제239조 ① 소송 사건에서 증거 제출 마감 후에도, 아래의 경우에 재판관은 같은 증인들이나 다른 이들을 소환할 수 있으며, 이전에 요구하지 않았던 다른 증거들을 명령할 수 있다.

1. 새로운 증거를 허용하지 않으면, 교회법 제1645조 2항 1–3호에 언급된 이유들 때문에 앞으로의 판결에 부당하다고 추정될 때.
2. 다른 상황에서 당사자들의 의견을 들은 후, 중대한 이유가 있고 어떠한 사기나 위증의 위험을 막아야 할 경우(교회법 제1600조 제1항 참조).

② 재판관은 이해 관계자들의 탓이 없이 전에 제출하지 못하였던 문서들이 혹시 있으면 제출하도록 명하거나 허용할 수도 있다(교회법 제1600조 제2항).

③ 새로운 증거들은 제229–235조의 규정에 따라 공표되어야 한다(교회법 제1600조 제3항 참조)."

---

531) 증거 제출 마감이 가져오는 효과는 더 이상 증거를 허용하지 않겠다는 것인데, 교회 소송법상 예외적인 경우들이 있다. 교회법 제1600조는 이런 예외적 상황들을 열거하고 있는데,「혼인의 존엄」 제239조는 교회법 제1600조 1항 1호에 해당하는 것을 빼고 거의 그대로 혼인 무효 소송에서 증거 보충에 관한 규범을 제시하고 있다.

제3절
소송 사건에 대한 변론

1. 서면 변론

소송의 예심 조사가 종결되면 그에 대한 변론[532] 준비를 해야 하는데, 이러한 변론 준비를 위한 자료로서 재판관은 양편 당사자들이 상대방의 주장에 반대하는 주장을 담은 방어서(防禦書: defensio)와 당사자들이 자기주장을 펴는 견해서(見解書: animadversio)를 제출할 수 있는 적당한 기간을 정해야 한다.[533] 전통적으로 방어서는 'restrictus iuris et facti'라고 하고, 성사 보호관의 견해서는 'animadversiones defensoris vinculi', 검찰관의 견해서는 'votum pro rei veritate'라고 한다.[534]

그리고 요약서, 방어서, 의견서의 준비, 등본의 수, 그리고 이와 비슷한 그 밖의 사항들에 관해서는 법원의 규칙을 따라야 한다.[535]

---

532) 변론(辯論: discussio)이란 법률과 사실의 인증을 통하여 증명 단계에서 수집된 자료들을 근거로 주장하는 당사자들의 방어를 위해 논쟁하는 것을 의미한다. 참조: 정진석, 앞의 책, 854쪽. Cf. Manuel J. Arroba Conde, *Diritto Processuale Canonico*, p.440.

533) 참조:「혼인의 존엄」, 제240조; 교회법 제1601조.

534) 교회법전에서 'animadversio'라는 용어를 사용하는 것에 대하여, 혼인 유대의 무효성을 반드시 주장하지 않을 수도 있고 혼인 유대의 유효성을 주장할 만한 요소들이 없을 수 있기 때문에 의견서라는 용어를 선호한다고 주장하기도 한다. 참조: 정진석, 앞의 책, 854쪽. Cf. Manuel J. Arroba Conde, *Diritto Processuale Canonico*, p.441.

535) 참조:「혼인의 존엄」, 제240조 2항; 교회법 제1602조.

일단 예심 단계 곧 증명 단계가 종료되면 재판관은 재량으로 변론 기일을 정할 수 있고, 정당한 이유가 있으면 그 기일을 연장할 수도 있다. 만약 이 기일을 단축시키려면 상대편 당사자의 동의를 구해야 한다.[536]

2. 소송 사건 문서의 이외의 정보

당사자들이나 변호인들 또는 그 밖의 사람들이 소송 사건 기록 문서 밖의 정보를 재판관에게 제공하는 것은 전적으로 금지된다.[537] 사실 재판관은 윤리적 확실성을 지녀야 하는 것이며, 이러한 재판관의 윤리적 확실성은 기록 문서들과 증거들에 근거해야 한다.[538]

3. 변론의 진행

양편 당사자[539]들은 방어서들과 견해서들을 서로 교환한 후, 재판관이 정한 짧은 기간 내에 양편 당사자들은 서로에게 답변서들을 제시할 수 있다.[540] 당사자들은 이런 권리를 원칙적으로 한 번만 지니지만 재판관이 볼 때 중대한 이유가 있어서 다시 허가해야 한다고 여기면 이 권리는 서로에게 다시 주어질 수 있다. 한

536) 참조: 교회법 제1465조, 제1601조.

537) 참조: 「혼인의 존엄」, 제241조; 교회법 제1604조 1항.

538) 참조: 교회법 제1608조.

539) 여기서 말하고 있는 당사자란 변호인, 소송 대리인뿐만 아니라 성사 보호관까지 포함되며, 검찰관이 개입되었다면 그도 포함된다.

540) 참조: 「혼인의 존엄」, 제242조 1항; 교회법 제1603조 1항.

편에 허용된 권리는 상대편에게도 허용된 것으로 여긴다.[541]

4. 답변서에 대한 성사 보호관의 최종 심리권

혼인성사 유대를 보호하기 위한 임무를 수행하는 성사 보호관은 당사자들이 서로 주고받고 작성한 답변서들에 대하여 최종적으로 심리할 권리가 있으며, 만일 그가 재판관이 정한 기한 내에 의견서를 제출하지 않으면 더 추가할 것이 없는 것으로 추정되어 소송이 진행될 수 있다.[542]

5. 구두 변론

혼인 무효 소송에서 답변서 교환을 통한 서면 변론만이 아니라 보조적인 성격을 지닌 구두 변론도 있을 수 있다. 그러나 구두 변론은 먼저 서면 변론이 이루어진 다음에 특정 사안을 좀 더 분명하게 밝히기 위하여 개정 중인 법원에서 구두 토론하도록 재판관에 의하여 허용될 수 있는 것이다.[543] 공증관은 이 과정에 참석하여 재판관이 명하거나 또는 당사자나 성사 보호관이 요구하고 재판관이 동의하면, 토의되어 종결된 것들을 즉시 변론 조서[544]로

---

541) 참조:「혼인의 존엄」, 제242조 2항; 교회법 제1603조 2항.

542)「혼인의 존엄」에서는 성사 보호관이 최종적 심리권이 있다고 말하고 있는데, 이를 교회법 제1603조 3항과 비교하면 마지막으로 제출된 방어서에 대하여 성사 보호관이 다시 반박할 권리로 이해하는 것이 좋겠다. 참조:「혼인의 존엄」, 제243조; 교회법 제1603조 3항.

543) 참조:「혼인의 존엄」, 제244조 1항; 교회법 제1604조 2항.

작성하여야 한다.[545]

6. 변론 포기

당사자들은 변론을 포기할 수 있다. 그들은 이것을 분명하게 표시할 수도 있고 단순하게 재판관의 지식과 양심에 자신을 맡긴다는 의사표시를 통하여 포기할 수 있는데, 이런 경우 재판관이 볼 때 소송 사안이 분명하면 즉시 판결을 진행할 수도 있다.[546]

그런데 변론 포기는 변호인들의 태만으로 발생할 수 있고, 이런 경우 당사자들은 합법적으로 선임된 다른 변호인을 통해서나 아니면 몸소 재판관이 지정한 날까지 사안을 처리해야 한다.[547] 그러나 당사자들이 변론을 포기했다고 해도 공적 당사자들, 곧 혼인 소송에 있어서 성사 보호관은 그 직무상 자신의 견해를 밝히는 것을 포기할 수 없고, 성사 보호관의 의견서를 접수하여 검토한 후에 재판관은 판결을 선고할 수 있다.[548]

---

544) 민사 소송법에서 변론 조서(辯論調書)란 변론의 성과를 분명하게 기록 보존하기 위하여 법원 사무관 등이 작성하는 문서로서, 변론 기일에 당사자가 변론 또는 변론 준비 기일에 말로 하고자 하는 사실상, 법률상 사항을 기일 전에 예고적으로 기재하여 법원에 제출하는 서면인 변론 준비 서면과 다른 것이다. 교회법에서 변론 조서(辯論調書)란 변론의 내용과 그 경과를 명확하게 기록하고 보존하기 위하여 공증관으로 하여금 구두 변론 때 배석토록 하여 구두 변론이 끝나는 즉시 그 내용과 경과를 기록하여 작성된 문서를 뜻한다고 볼 수 있다. 참조: 교회법 제1605조; 이시윤,『新民事訴訟法』, 박영사, 2020, 368, 407쪽.

545) 참조:「혼인의 존엄」, 제244조 2항; 교회법 제1605조.

546) 참조: 교회법 제1606조.

547) 참조:「혼인의 존엄」, 제245조 1항.

제7장
소송의 종료

제1절
판결의 확정

1. 판결에 있어서 재판관의 윤리적 확실성

소송은 그것이 주 소송 사건이면 재판관에 의한 종국 판결로 판정되고, 그것이 중간 소송 사건이면 중간 판결이나 재판관의 재결로 판정된다.[549)]

혼인의 무효를 선고하기 위해서 재판관은 혼인 무효에 대한 윤리적 확실성을 가져야 한다. 윤리적 확실성이란 "양심과 법률에 따라서 증거들을 평가하면서 기록 문서(ex actis)와 증거에(ex probatis) 객관적으로 기초한 개인적 동의"[550)]이다. 이런 윤리적 확실성은 다수의 증거들과 정황만으로는 불충분하고, 사실적 근거(in iure)와 법적 근거(in facto)에 기초해야 하며, 어떤 인간적 착오에 대한 의심도 없어야 한다.[551)] 다시 말해서 혼인의 무효성을 뒷받침할 만한 다수의 증거나 무효일 것이라는 추측으로는 불충분하고,

548) 참조:「혼인의 존엄」, 제245조 2항; 교회법 제1432조, 제1606조.

549) 참조:「혼인의 존엄」, 제222조 1항, 제246조; 교회법 제1607조, 제1589조 1항.

550) Cf. Manuel Jesús Arroba Conde - Claudia Izzi, *Pastorale giudiziaria e prassi processuale nelle cause di nullità del matrimonio*, pp.120-121

551) 참조:「혼인의 존엄」, 제247조 1항, 2항; 교회법 제1608조 제1항.

그렇다고 절대적 확실성이 요구되는 것은 아니며 혼인 유대를 위해 인간적 착오도 배제한 모든 의심이 극복될 때 윤리적 확실성에 도달했다고 본다.[552)]

재판관은 기록 문서들과 증거들로부터 이 확실성을 끌어내야 하고, 양심에 따라 판단해야 하지만, 특별히 법률로 규정된 공문서의 공신력, 특수 자격자의 증언과 같은 증거들의 효과에 관한 법률 규정들은 유효하다.[553)] 만일 혼인 무효 소송 사건에 대해서 면밀한 조사를 했음에도 재판관이 윤리적 확실성에 도달할 수 없다면 '혼인의 무효성이 입증되지 않는다'는 판정을 내려야 한다.[554)]

2. 합의제 재판부의 평의(評議)

혼인 무효 소송 사건은 원칙적으로 세 명으로 구성된 합의제 재판부에 유보된다.[555)] 합의제 재판부의 판사들이 모여서 재판 내용에 대하여 토론하고 어떤 합의를 도출하여 의결하는 것을 평의(評議)라고 하며, 그러한 결정을 합의제 재판부의 평결(評決)이라고 한다.[556)]

---

552) 참조:「혼인 무효 선언 소송 사건의 절차 지침」, 제12조; Pius PP., "Allocutio ad Rotam Romanam"[01.10.1942], in *AAS* 34[1942], 338-343; Giovanni Paolo II PP., "Allocutio ad Rotam Romanam"[04.02.1980], in *AAS* 72[1980], 172-178.

553) 참조:「혼인의 존엄」, 제247조 3항; 교회법 제1541조, 제1573조, 제1608조 2, 3항.

554) 참조:「혼인의 존엄」, 제247조 4항, 제248조 5항; 교회법 제1060조, 제1608조 2, 3, 4항, 제1609조 5항.

555) 참조: 교회법 제1673조 3항.

556) 참조: 정진석, 앞의 책, 900쪽.

「혼인의 존엄」 제248조는 교회법 제1609조를 참조[557]하여 다음과 같이 합의제 재판부 평결 원칙을 제시하고 있다:

"제248조 ① 소송 사건의 변론이 종료되었을 때, 합의제 재판부의 재판장은 어떠한 법원 직원들의 참석도 없는 평의를 위한 재판관들의 회합 날짜와 시간을 정하여야 한다. 특별한 이유로 달리 제시하지 않는 한 회합은 법원의 소재지에서 열려야 한다(「혼인의 존엄」 제31조; 교회법 제1609조 1항 참조).

② 지정된 회합 날에 각 재판관은 소송의 쟁점들에 대한 자기의 결론과 그 결론에 이르게 된 법률상 및 사실상 이유를 서면으로 작성하여 가지고 와야 한다(교회법 제1609조 2항 참조).

③ 하느님의 이름을 불러 기원한 다음, 항상 소송 사건의 주심관, 즉 보고관부터 시작하여 각 재판관이 순위에 따라 각자의 결론을 제출한 다음, 특히 판결의 주문에 정해야 할 사항을 확정하기 위하여 재판장의 지휘 아래 평의하여야 한다(교회법 제1609조 3항 참조).

④ 평의 중에 각 재판관은 원래의 자기 결론을 철회할 수 있다. 그러나 다른 이들의 결정에 따르기를 원하지 않는 재판관은 자기의 결론을 비밀리에(sub secreto) 상급 법원으로 이송해 주도록 요구할 수 있다(교회법 제1609조 4항 참조).

⑤ 재판관들이 제1차 평의에서 판결에 이르기를 원하지 않거나 또는 할 수 없다면, 그 결정은 서면으로 정한 다음 회합으로 연기할 수 있으나 7일(일 주간) 이상은 안 된다. 다만 제239조

557) 「혼인의 존엄」 제248조는 교회법 제1609조의 내용을 거의 그대로 반복한다. 그러나 제6항의 내용은 훈령 고유의 내용으로, 판결이 합의에 도달하였을 경우, 주심관(ponens)은 제출된 소송 쟁점에 대해서 긍정적 형식으로나 또는 부정적 형식으로 답변을 써야 하고, 다른 재판관들과 함께 서명하고 소송 기록의 관련 서류들을 첨부해야 하는 것이 차이점이다.

의 규정을 따라 소송 사건의 예심 조사가 보완되지 않으면, 그러한 경우 재판관은 기한의 연장과 판결문의 보완(dilata et compleantur acta)을 명령하여야 한다(교회법 제1609조 5항 참조).

⑥ 판결이 합의에 도달하였을 때 재판장은 제출된 쟁점에 대해 인용(긍정) 또는 기각(부정)의 답변 형식으로 써야 하며, 다른 재판관들과 함께 서명하고 소송 기록의 관계 서류들을 첨부하여야 한다.

⑦ 각 재판관들의 의견은 비밀이 유지되도록 밀봉되어 기록 문서에 첨부하여야 한다(교회법 제1609조 2항 참조)."

3. 판결서 작성 원칙

판결서는 합의제 재판부에서는 주심관 또는 보고관 판사가 작성하고, 단독 재판관의 경우에는 그 재판관이 직접 작성한다.「혼인의 존엄」제249조는 교회법 제1610조를 참조하여 다음과 같이 판결서 작성 원칙을 제시한다:

"제249조 ① 합의제 재판부에서 판결문을 작성하는 것은 주심관 또는 보고관의 소임이다. 다만 평의에서 정당한 이유가 나타나 이 임무를 다른 재판관에게 위임하였다면 그러하지 아니하다(교회법 제1610조 2항 참조).

② 판결문을 작성하는 사람은 각 재판관들이 평의에서 제시한 것들에서 (판결의) 이유를 선택하여야 한다(교회법 제1610조 2항 참조).

③ 판결문은 각 재판관들의 승인을 받아야 한다(교회법 제1610조 2항 참조).

④ 재판관이 단독이면 그가 몸소 판결문을 작성한다(교회법 제1610조 1항).

⑤ 판결문은 소송이 종결된 날부터 한 달 이내에 발행되어야 한다. 다만 합의제 재판부에서 재판관들이 중대한 이유로 기간을 더 길게 정하였다면 그러하지 아니하다(교회법 제1610조 3항)."

4. 판결서의 네 가지 주된 내용들

교회법 제1611조에 근거하여 볼 때, 판결문에는 네 가지 내용이 들어가야 한다.[558] 첫째, 내용은 소장에서 제기된 쟁점을 종결

558) 교회법 제1611조 2호에 해당하는, 재판으로 발생된 의무와 그 이행 방식에 대한 부분이「혼인의 존엄」제250조에는 빠져 있고,「혼인의 존엄」제250조 3호에 해당하는 금혼령 기재 부분은 교회법 제1611조에 빠져 있다. 금혼령에 대한 부분은 필요한 경우에 기재할 사항이기 때문에 필요적 기재 사항이라고 보기에는 어렵다고 여겨지며 부수적 기재 사항으로 보인다. 금혼령에 대해서는「혼인의 존엄」제251조에서 자세하게 다루고 있다. 참조:「혼인의 존엄」, 제250조 판결은 다음과 같이 되어야 한다. 1. 각 시비점에 대하여 적합한 답변을 주면서 법원에서 다루어진 문제를 종결하여야 한다. 2. 판결의 주문이 근거하고 있는 법률상 및 사실상의 논거와 이유를 제시하여야 한다. 3. 필요하다면 제251조에 언급된 금혼령(vetitum)을 부가하여야 한다. 4. 소송 비용을 정하여야 한다(교회법 제1611조 참조); 제251조 ① 소송 과정에서 당사자의 절대적 성교 불능이나 영구적 무능력의 이유로 혼인의 무자격이 발견되었다면, 당사자가 새로운 혼인 생활에 들어가는 것을 금하는 금혼령(vetitum)을 판결문에 첨가하여야 한다. 다만 판결을 내린 같은 법원이 권고하였다면 그러하지 아니하다. ② 당사자의 범의나 가장(simulatio)으로 인한 혼인 무효 소송 사건의 경우, 법원은 그 소송 사건의 모든 상황들을 검토한 후 새로운 혼인이 이루어져야 하는 곳의 교구 직권자와의 사전 논의 없이는 새로운 혼인을 맺는 것이 금지된다는 것을 표시해야 하는지 정해야 한다. ③ 하위 법원에서 판결문에 금혼령을 부가하였으면, 상소 법원은 이를 추인할지에 대해 조사하여야 한다.

해야 하는데, 혹시라도 변경된 쟁점이 있다면 이것도 고려하여 각 시비점에 합당한 답변을 주어야 한다. 만일 부분적으로라도 쟁점을 해결하지 않으면 그 판결문은 보정될 수 없는 무효인 판결이 된다.[559] 둘째, 재판에서 어떤 의무가 발생했는지 정해야 하고 상대편 당사자와 자녀에 대해서 자연적 의무를 이행하는 방식도 정하며, 필요한 경우 새로운 혼인을 맺기 전에 이행해야 할 의무도 정해야 한다.[560] 셋째, 법률과 사실상의 판결 이유를 표시해야 하는데, 법률상 이유에는 관련 법률만이 아니라 판례와 각종 가르침도 포함될 수 있고, 사실상 이유에는 수집된 증거에 근거한 이유가 기재되어야 한다.[561] 만일 판결 이유가 표시되지 아니한 판결문인 경우 그것은 보정될 수 있는 무효인 판결문이 되고, 만일 판결 이유에 동의할 수 없는 경우, 그것으로 손해를 입었다고 여기는 당사자는 그 판결을 반대하여 항소 할수 있다.[562] 마지막으로 소송 비용을 정해야 한다.[563]

5. 판결서의 격식

앞서는 판결서의 내적 요건에 해당하는 판결서의 내용을 살펴보았다면 이제는 판결서의 외적 요건에 해당하는 그 격식에 대해

559) 참조: 교회법 제1514조, 제1611조 1호, 제1620조 4, 8호.

560) 참조:「혼인의 존엄」, 제252조; 교회법 제1611조 2호.

561) 참조: 교회법 제1611조 3호; Cf. Manuel Jesús Arroba Conde - Claudia Izzi, *Pastorale giudiziaria e prassi processuale nelle cause di nullità del matrimonio*, pp.121-122.

562) 참조: 교회법 제1622조 2호; Cf. Manuel Jesús Arroba Conde - Claudia Izzi, *op.cit.,* p.122.

563) 참조: 교회법 제1611조 4항.

서 살펴보아야 한다.[564)]교회법 제1612조는 판결서를 작성할 때 어떤 격식으로 그 내용을 담아낼지 알려준다. 이를 정리하면 다음과 같다[565)]:

- 서론: 하느님의 이름을 불러 기원한 다음, 순서대로 누가 재판관 또는 법원인지, 누가 청구인(원고), 피청구인, 소송 대리인인지 그 이름들과 주소들을 정식으로 표기하고, 검찰관과 성사 보호관이 재판에 관여하였다면 이들도 명기.
- 사건 개요(Species facti) 또는 서술 부분(Pars narrativa): 당사자들의 청구와 제시된 시비점의 서식을 서술.
- 법률상 이유 또는 법적 근거(In iure): 판결의 주문이 근거하고 있는 법률상 이유 기재. 이를 위하여 적용할 법률을 제시하면서 그에 대한 해석, 특별히 로마 공소 법원의 판례에 따른 해석과 어떤 저술들에서 제시된 이론들에 기초한 해석을 하면서 법률상의 이유를 제시함.

---

564)「혼인의 존엄」제253조는 그 근거가 되는 교회법 제1612조와는 달리, 판결서의 공표 시에 제시되어야 할 판결의 집행 여부와 그 공격에 대해서 언급하고 있다.「혼인의 존엄」제253조가 요구하는 대로 판결 집행 여부와 공격 방식에 대해서 기재해야 하겠다. 참조:「혼인의 존엄」제253조 ① 판결문에는 하느님의 이름을 불러 기원한 다음, 순서대로 누가 재판관 또는 법원인지, 누가 청구인(원고), 피청구인, 소송 대리인인지 그 이름들과 주소들을 정식으로 표기하고, 검찰관과 성사 보호관이 재판에 관여하였다면 이들도 명기하여야 한다(교회법 제1612조 1항 참조). ② 그다음에 사실의 종류를 당사자들의 논증들과 시비점들의 서식과 더불어 간단히 서술하여야 한다(교회법 제1612조 2항). ③ 판결의 주문이 근거하고 있는 법률상, 사실상 이유들을 먼저 기술한 다음 판결의 주문이 따라야 한다(교회법 제1612조 3항 참조). ④ 선고된 장소와 날짜를 표기하고, 모든 재판관들 또는 단독 재판관 및 공증관의 서명으로 끝맺어야 한다(교회법 제1612조 4항 참조). ⑤ 판결문이 즉시 집행될 수 있는지와 이의 신청할 수 있는 방법들에 관한 정보를 추가하여야 한다. 그 경우에 소송 사건의 상소 법원 이송 접수처를 추가하여야 한다(교회법 제1614조; 제1682조 1항 참조).

565) Cf. Manuel J. Arroba Conde, *Diritto Processuale Canonico*, pp.453-454.

– 사실상 이유 또는 사실적 근거(In facto): 판결의 주문을 지탱하는 소송 진행 가운데 수집된 증거와 그 평가에 기초한 사실상 이유를 기재해야 하며, 이때 어떤 '쪽'에 진술이나 서증이나 증인, 감정 내용이 있는지 정확하게 표시해야 하고 그에 대한 평가를 서술해야 함.
– 주문 또는 조치 부분(Pars dispositiva): 혼인의 무효성이 확인되는지 여부를 확인이면 '긍정affirmative', 확인되지 않으면 '부정negative'을 발생된 의무와 함께 기재.
– 결론: 선고된 장소와 날짜를 표기하고, 모든 재판관들 또는 단독 재판관 및 공증관의 서명 기재. 만약 결론 부분의 요건들이 기재되지 않으면 그것은 보정될 수 있는 무효인 판결임 (교회법 제1622조 4호).

6. 판결서 작성 시 유의 사항

앞서 판결문에 포함되어야 하는 네 가지 중요 내용과 격식 외에, 판결문이 작성될 때 그 작성자가 유의해야 할 점들도 있다. 「혼인의 존엄」 제254조는 판결서 작성 시 그 이유 근거들을 작성할 때 유념해야 할 기준들을 제시하는데, 이는 교회법 제1622조 2호의 내용을 더욱더 심도 있게 설명한 것이라고 볼 수 있고, 그것을 다음과 같이 밝히고 있다:

"제254조 ① 판결문은 지나치게 간략하거나 긴 것을 피하여 법률상, 사실상 이유들에 관한 설명이 명백하여야 하며, 어떠한 경로로 재판관들이 그러한 판결에 이르게 되었는지 그리고 어떻게 법률이 사실들에 적용되었는지를 명백하게 하기 위하여 소송 기록과 증거에 근거하여야 한다.

② 문제의 성격이 요구하더라도 사실의 제시는 당사자들, 증인들, 재판관들과 그 밖의 법원 직원들에게 어떠한 모욕도 피하면서 신중하고 조심스럽게 행해져야 한다."

7. 금혼령

교회법 제1682조 1항은 새로운 혼인의 금지를 명하는 금혼령이 판결문에 제시되거나 교구 직권자에 의하여 금혼령이 내려질 수 있음을 규정하고 있다.「혼인의 존엄」제251조는 다음과 같이 금혼령에 대한 규범을 상세하게 제시한다:

"제251조 ① 소송 과정에서 당사자의 절대적 성교 불능이나 영구적 무능력의 이유로 혼인의 무자격이 발견되었다면, 당사자가 새로운 혼인 생활에 들어가는 것을 금하는 금혼령(vetitum)을 판결문에 첨가하여야 한다. 다만 판결을 내린 같은 법원이 권고하였다면 그러하지 아니하다.

② 당사자의 범의나 가장(simulatio)으로 인한 혼인 무효 소송 사건의 경우, 법원은 그 소송 사건의 모든 상황들을 검토한 후 새로운 혼인이 이루어져야 하는 곳의 교구 직권자와의 사전 논의 없이는 새로운 혼인을 맺는 것이 금지된다는 것을 표시해야 하는지 정해야 한다.

③ 하위 법원에서 판결문에 금혼령을 부가하였으면, 상소 법원은 이를 추인할지에 대해 조사하여야 한다."

8. 재판관의 유고 시 그 서명 문제

합의제 재판부에서 판결문에 서명해야 할 순간 서명을 해야 할 재판관이 사망, 중병, 그 밖의 중대한 장애로 서명을 할 수 없는 경우, 합의제 재판부의 재판장이나 사법 대리가 재판관이 서명한 판결 주문의 등본을 첨부하여 이를 선고하면 충분하다.[566]

9. 종국 판결 규칙에 대한 중간 판결에의 준용

중간 소송 사건에 대한 판결도 비록 한정된 부분에 대한 판결이지만 진정한 의미에서 판결서이기 때문에, 앞서 언급했던 판결문에 대한 규범들은(교회법 제1608–1612조) 중간 소송 사건의 중간 판결에도 적용되어야 한다.[567]

제2절
판결의 선고

1. 판결의 공표

판결문은 되도록 빨리 공표되어야 한다. 비록 공표 이전에 재판관의 허가로 판결의 주문이 당사자들에게 알려졌더라도, 그것

566) 참조:「혼인의 존엄」, 제248조 6항, 제255조.
567) 참조:「혼인의 존엄」, 제256조; 교회법 제1613조.

이 아직 공표되지 않은 것이라면 아무런 효력이 없다.[568)]

개정된 혼인 무효 소송법의 특징 가운데 하나는 무효에 대한 두 가지 합치된 판결이 더 요구되지 아니하기 때문에, 법이 정한 기한 내에 상소하지 않으면 집행력을 지닌다.[569)]다시 말해서 한 번 무효 확인된 판결에 대한 상소가 15일간의 유용 기한 내에 판결을 내린 재판관 앞으로 제기되지 않으면 집행력을 지닌다는 것이다.[570)] 이렇게 상소가 제기된 상소심은 제기된 때부터 1개월 내에 상소심의 재판관 앞으로 그 수속이 진행되어야 한다.[571)]

지역 상소 법원 외에도 로마 공소 법원에 제소할 수 있는 권한에 대한 명백한 언급과 더불어, 상소가 제기되고 속행되는 방법에 관한 정보가 판결의 공표 때에 제시되어야 한다.[572)]

2. 판결의 송달

판결서를 이해 관계자들에게 알리는 통고는 판결문의 등본을 당사자들이나 그들의 소송 대리인에게 주거나 그 등본을 발송함으로써 이루어지며, 만일 성사 보호관과 검찰관이 재판에 관여하였다면, 판결문은 동일한 방식으로 그들에게 통지되어야 한다.[573)]

---

568) 참조:「혼인의 존엄」, 제257조 1항; 교회법 제1614조.
569) 참조: 교회법 제1679조.
570) 참조: 교회법 제1630조 1항.
571) 참조: 교회법 제1633조.
572) 참조:「혼인의 존엄」, 제257조 2항; 교회법 제1614조.
573) 참조:「혼인의 존엄」, 제130조, 제258조 1항, 2항; 교회법 제1615조.

판결서의 통지는 결석 선언한 당사자에게도 통지되는 것을 포함한다.[574] 만약에 한 편 당사자가 소송과 관련된 그 어떤 통지도 받기를 거부하였다면, 그 당사자는 판결문의 등본도 받기를 포기한 것으로 간주된다. 이러한 경우 개별법을 준수하면서 거부하였던 바로 그 당사자에게 판결 주문(pars dispositiva sententiae)만이 통지될 수 있다.[575]

3. 종국 판결의 기속력

유효한 종국 판결은 철회될 수 없으며 이를 판결의 기속력[576]이라고 한다. 그렇기 때문에 설사 재판관들이 만장일치로 종국 판결의 철회에 대하여 동의하더라도, 유효한 종국 판결은 철회될 수 없기 때문에, 종국 판결이 내려진 다음 동일한 소송 사건을 동일한 심급에서 심리하면 그 재판부는 심급의 이유로 절대적 무관할권을 행사하는 것이 된다.[577]

4. 판결의 경정

판결의 경정(更正)이라 함은 판결의 실질적 내용을 변경하지

---

574) 참조: 교회법 제1593조 2항.

575) 참조:「혼인의 존엄」, 제258조 3항.

576) 기속력이란 자기 구속력이라고 하며, 이는 판결이 선고되고 난 다음에는 판결을 한 법원 자신도 이에 구속되기 때문에 스스로 판결을 철회하거나 변경하는 것이 허용되지 않음을 뜻한다. 참조: 이시윤,『新民事訴訟法』, 박영사, 2020, 622쪽.

577) 참조:「혼인의 존엄」, 제9조 2항, 제259조.

않으면서 표현상의 잘못이나 계산의 착오 등 오류가 발생했을 때 그것을 법원 스스로 고치는 것을 뜻한다.[578] 경정 대상이 교회법 제1612조 4항에 따른 기재 사항들(obiectum materiale sententiae)[579]의 누락 또는 잘못된 기재이면, 이런 판결문은 보정될 수 있는 무효인 판결인 것이기에 수정되어야 한다.[580] 이런 경우 교회법 제1626조 2항의 규범을 준수하면서 격식을 갖추어야 할 것이다.

그리고 판결서에 재판관의 의도가 잘 드러나지 않을 때, 다시 말해서 주문에 관해서 재판관의 의도와 판결서에 나타난 것 사이에 불일치점이 있거나 또는 재판관의 의도와 당사자들의 청구나 사실을 서술하는 데 있어서 불일치점이 있을 때에, 판결을 내린 법원이 당사자의 청구나 직권으로 판결문을 정정하거나 보완하여야 한다.[581] 그러나 재판관은 항상 성사 보호관과 당사자들의 의견을 먼저 듣고 직권으로나 또는 그들의 청원으로 재판관이 판결서를 수정하고자 할 경우에 경정 결정(更正決定: decretum decisorium)을 판결문에 첨부하여야 한다.[582]

만일 어느 당사자나 성사 보호관이 판결문을 경정하는 데 이의를 제기하면, 그것은 중간 소송이 되며 중간 소송 사건은 동일한 법

578) 참조: 이시윤, 앞의 책, 623쪽.

579) 만일 경정 대상이 단순히 형식적 요건들에 관련되거나 재판관의 의도가 불분명하게 드러나는 것이 아닌 재판의 대상 자체가 누락되었다면, 그런 판결서는 무효 항고를 통한 공격 대상이 될 것이다. 참조: 교회법 제1626조 2항.

580) 참조: 교회법 제1622조 3항, 4항.

581) 참조:「혼인의 존엄」, 제260조 1항; Cf. Manuel J. Arroba Conde, *Diritto Processuale Canonico*, p.455.

582) 참조:「혼인의 존엄」, 제253조 4항, 제260조 1항; 교회법 제1590조 1항, 제1612조 4항, 제1616조 1항.

원에서 되도록 빨리 경정 이유를 담은 재결로 판정되어야 한다.[583]

5. 재결

판결 이외의 재판관의 다른 선고들은 재결들이라고 하며, 여기에는 두 가지 종류가 있는데, 하나는 지시적 재결이고, 다른 하나는 중간 소송에 대한 판결과 같은 판결적 재결이다.[584] 판결 이외에 지시적 재결들이 아닌 재판관의 선고들은 아무런 효력을 갖지 못한다. 판결적 재결에는 적어도 이유들이 요약되어 표명되어야 하고, 이런 이유들은 그 유효성을 위해 필요한 것이며, 이는 재결서에 포함될 수도 있고 다른 기록 문서에 표명될 수도 있다.[585]

6. 중간 판결이나 재결이 지닌 종국 판결의 효력

재결에는 두 종류가 있을 수 있다. 지시적 재결은 소송 절차상의 방식과 질서에 관한 재판관의 결정이고, 판결적 재결은 시비점에 근거한 실체법상의 문제를 결정하는 것이다. 판결적 재결 중에서 확정적 재결(decretum ratificationis)과 같은 중요한 재결이 있는데, 이것은 주 소송 사건의 어떤 심급이나 단계에서 발생한 것에 대한 해결점을 내용으로 삼고 있다.[586] 이와 같은 중간 재결이

583) 참조:「혼인의 존엄」, 제260조 2항; 교회법 제1616조 2항.

584) 참조: 교회법 제1589조 1항.

585) 참조:「혼인의 존엄」, 제261조; 교회법 제1617조.

586) 참조: 교회법 제1680조 2항.

덜 중요한 것이면 종국 판결의 효력을 지닐 수 있다. 다시 말해서 덜 중요한 사안에 대한 중간 판결이나 재결은 종국 판결의 효력을 지니는 데 아무런 장애가 없다는 뜻이다.[587)]

제3절
재판 비용 및 무상 변호

1. 재판 비용의 무상성 원칙

자의 교서「온유한 재판관이신 주 예수님」은 가능한 한 혼인 무효 소송이 무상으로 이루어질 것을 요구한다. 이 요구의 목적은 혼인 무효 소송이 신자들의 영혼 구원과 관계된 사안이며, 우리 모두를 구원하신 그리스도의 무상의 사랑을 체험할 수 있는 가능성을 보장하기 위한 것이다. 다만 법원 직원들의 정당하고 품위 있는 임금도 보장되어야 할 사안이기 때문에, 법원 유지를 위한 재원을 마련하는 데 노력해야 할 것이며, 사목적 차원에서 소송 당사자들이 가난한 이들을 위한 지향으로 소액의 헌금을 기부하도록 하는 것도 고려하도록 권고된다.[588)] 사실 훈령「혼인의 존엄」제308조 역시 이미 영혼의 구원이란 관점에서 비용 문제를

587) Cf. Manuel J. Arroba Conde, *Diritto Processuale Canonico*, p.449; 참조:「혼인의 존엄」, 제262조; 교회법 제1618조, 제1629조 5호.

588) 참조:「온유한 재판관이신 주 예수님」, 머리말, VI; "자의 교서「온유한 재판관이신 주 예수님」의 적용 지침", 4.「온유한 재판관이신 주 예수님」이전에 유효하던「혼인의 존엄」제302-308조는 새로운 자의 교서의 취지에 따라서 이해되어야 할 것이다.

바라보아야 한다는 점을 다음과 같이 규정하고 있다:

"제308조 법원을 주관하는 주교는 법원 직원들의 행동 방식뿐 아니라 지나친 비용 때문에 영혼에 중대한 손해와 더불어 신자들이 법원을 멀리하지 않도록 감독하여야 하며, 영혼의 구원이 항상 교회에서 최상의 법이어야 한다."

2. 무상 변호

교회는 재판 비용만이 아니라 당사자들을 위한 변호에서도 무상 변호를 강조한다.「혼인의 존엄」제307조는 사법 대리에 의하여 선임되는 무상 변호인의 문제를 다루고 있고, 무상 변호인으로 지명된 자는 재판관이 승인하지 아니하는 한 그 직무를 포기할 수 없다.[589] 만일 무상 변호인이 의무를 잘 이행하지 아니할 경우에 재판장은 자신의 직권으로나 당사자나 성사 보호관의 요청으로 무상 변호의 임무를 성실하게 수행하도록 요구할 수 있다.[590] 이런 원칙은 가난한 이들도 자신의 권리 주장에 필요한 비용의 부담 때문에 권리를 포기하는 일이 없도록 법원 측에서 배려해야 한다는 것을 규정한 것이다.

---

589) 참조:「혼인의 존엄」, 제307조 1, 2항.

590) 만일 검찰관이 개입된 혼인 무효 소송 사건인 경우, 검찰관도 무상 변호인의 불성실을 지적하며 성실성을 요구할 수 있다. 참조:「혼인의 존엄」, 제307조 3항.

제4절
첫 혼인 무효 판결의 집행력과 그 기록

1. 첫 혼인 무효 판결의 집행력

자의 교서「온유한 재판관이신 주 예수님」에 따른 개정은 단 한 차례의 무효 판결이 집행력[591)]을 지닌다고 규정함으로써, 더 이상 두 개의 합치된 판결이 요구되지 아니하고 정해진 기한 내에 상소가 없으면 그 첫 번째 무효 판결이 집행력을 지니게 되었다.[592)] 그러므로 당사자들 가운데 한 명이 상소를 제기하지 아니하는 한, 첫 번째 무효 판결이 나면 새로운 혼인을 맺을 수 있는 권리가 생긴다.[593)] 그렇지만 새로운 혼인을 맺을 경우에 당사자

591) 민법상의 집행력이란, 판결의 여러 효력들 가운데 하나로서, 좁은 의미의 집행력과 넓은 의미의 집행력으로 구분될 수 있다. 좁은 의미의 집행력은 판결에 따른 의무 이행을 강제 집행에 의하여 실현될 수 있게 하는 집행력을 말하며, 넓은 의미의 집행력은 강제적 수단 이외의 방법으로 판결의 내용에 적합한 상태가 실현될 수 있게 하는 집행력을 말한다. 교회의 혼인 무효 소송에서 집행력은 무효 소송의 당사자들이 첫 번째 무효 판결에 따라서 상소를 제기하지 아니하는 한, 혼인을 거행할 수 있는 상태가 되었음을 의미한다. 혼인 무효 소송에서 판결의 집행력이란 어디까지나 무효 판결을 받은 당사자들이 새로운 혼인을 맺을 수 있는 상태로서 이해되고, 그렇더라도 새로운 혼인을 맺어야 하는 의무가 지워지는 것이 아니라 자신들의 결정에 따라 좌우되기 때문에 넓은 의미의 민법상 집행력에 가깝다고 보인다. 참조: 이시윤,『新民事訴訟法』, 박영사, 2020, 761쪽; "Adolfo Zambon, "Esecutività della *sentenza e impugnazione", in La Roforma del processo canonico per la dichiarazione di nullità del matirmonio*, Quaderni della Mendola, Glossa, 2018, p.271.

592) 참조:「온유한 재판관이신 주 예수님」, 머리말 I; " 자의 교서「온유한 재판관이신 주 예수님」의 적용 지침", 3; 교회법 제1679조, 제1680조.

593) 참조: 교회법 제1682조 1항.

들은 혼인 거행에 준수되어야 할 사항들을 지켜야 한다.[594]

2. 무효 판결의 기록

교회법 제1682조는 혼인의 무효성을 확인하는 판결이 집행되면 당사자들이 새로운 혼인을 맺을 수 있다고 규정하는 동시에, 사법 대리로 하여금 혼인 거행되었던 곳의 교구 직권자에게 판결을 통지하여 혼인 대장과 세례 대장에 이 사실을 되도록 빨리 기입하도록 규정하고 있다. 그리고 이렇게 통지받은 교구 직권자는 혼인 무효의 재결이나 금혼령이 있으면 그런 사항도 위의 두 대장에 기입해야 한다.[595] 그렇지만 교구 직권자가 판결이 무효한 것이라고 확신하면, 사안을 법원에 되돌려 보내고 당사자들에게 통지하여야 한다.[596]

판결의 무효 항고가 2심이나 그 이상의 심급에서 결정된 판결문들을 포함하고 있다면, 그 무효성에 대해서는 마지막으로 판결한 재판관이 선고해야 한다.[597]

594) 참조: 교회법 제1066-1071조.
595) 참조:「혼인의 존엄」, 제300조 1항; 교회법 제1682조.
596) 참조 :「혼인의 존엄」, 제300조 2항; 교회법 제1654조 2항.
597) 참조:「혼인의 존엄」, 제274조 2항.

제8장
상소심 절차

제1절
상소심 총칙

1. 합의제 재판부 구성 의무

상소가 접수되면 그 사법 대리는 상소심 재판부를 구성해야 하고, 상소심은 그 유효성을 위하여 항상 합의제 재판부이어야 한다.[598] 만약에 제2심이나 상급심에서 합의제 재판부를 통하여 사건을 심리하지 아니하고 결정된 판결은, 보정될 수 있는 무효의 하자를 지니게 된다.[599]

2. 상소 제기권

자의 교서「온유한 재판관이신 주 예수님」이전 교회법 제1682조 1항에 따라서는 혼인의 무효를 처음 선언한 판결문은 그 판결의 공표로부터 20일 이내에 상소 법원에 직권으로 이송되어야 했다. 그러나 현재 교회법 제1680조 1항은 더 이상 상소 제기권을 의무적으로 규정하지 아니하고, 피해를 입었다고 여기는 당사자

598) 참조: 교회법 제1673조 5항.
599) 참조: 교회법 제1622조 1호.

와 검찰관, 성사 보호관[600]이 지니는 자유로운 권리로 보고 있다. 왜냐하면 이제는 두 차례의 합치된 무효 판결 선언이 의무적으로 요구되지 않고, 한 번의 무효 확인 선언으로 그 판결은 집행력을 지니기 때문이다. 이런 상소 제기권은 교회법 제1619-1640조의 규범에 따라 행사되어야 한다.[601]

3. 상급심 법원

상급심 법원은 상소 제기자가 로마 공소 법원에 분명하게 제기하지 아니하는 한, 하급심 판결을 내린 법원에 상응하는 지역 상급심 법원이 된다. 만일 당사자들이 여러 법원에 상소를 제기한 상태면 속인적 원칙이 준수되면서도 사도좌 법원이 우선한다.[602]

상소는 15일의 유용 기한 내에 제출되어야 하고, 30일 이내에 상급심에 진행되어야 한다.[603] 만일 성사 보고관이나 검찰관이 상소를 제기한 경우, 상소장은 하급심의 성사 보호관이나 검찰관이 제출하고 그다음 소송 진행은 상급심의 성사 보호관이나 검찰

---

600) 주목할 점은 「혼인의 존엄」 제279조 2항의 규범이다. 이에 따르면 혼인 무효를 선언한 먼저 번의 판결에 불충분한 점들이 있다고 생각하는 성사 보호관은 직권으로 상소해야 한다. 개정된 혼인 무효 소송에서 더 이상 두 개의 합치된 무효 판결이 필요 없다는 점을 고려하면, 성사 보호관의 이러한 역할은 매우 중요하다고 생각된다. 혼인의 성사성을 교회의 입장에서 진리에 기초하여 찾아야 하는 성사 보호관의 이러한 상소 제기 권한은 상당히 중요한 것이며, 존중되어야 할 것으로 본다.

601) 참조: 교회법 제1680조 1항.

602) 참조: 교회법 제1632조.

603) 참조: 교회법 제1630조, 제1633조.

관이 진행한다.[604)]

4. 상급심의 소송 절차 방식

상급심의 절차는 크게 필요적 절차와 우연적 절차로 나누어 볼 수 있다.[605)] 우선 필요적 절차는 다음과 같이 진행된다: 우선 그 상소와 수속을 위해 정해진 기한이 지나고 소송 기록이 접수되면, 사법 대리는 합의제 재판부 구성과 성사 보호관을 지명하는 재결을 내려야 하고, 당사자들과 성사 보호관에게 정해진 기한 내에 견해서를 제출하도록 권고해야 한다.[606)] 그 기간이 지나고 합의제 재판부는 평의를 통해 그 상소가 순전히 연기적인 것임이 분명하면 제1심 판결에 대한 확정 재결을 내리며, 이 재결로써 제1심 판결은 집행력을 지니게 된다.[607)] '순전히 연기적인 상소'임을 확인한다는 것은 항상 윤리적 확실성에 근거해서 확인한다는 것을 의미한다. 그래서 앞서 말한 것처럼 소송 기록들과 상소심 성사 보호관의 견해서, 상소 제기자가 제출한 상소장이나 하급심의 성사 보호관이 제기한 상소라면 그 성사 보호관이 제출한 상소장을 면밀히 검토하여야 한다. '순전히 연기적인 상소'임을 확인했다는 것은 그 상소를 거절한다는 재결을 내림과 동시에, 제1심의 무효 선언을 확인하는 재결을 내린다는 것을 의미한다.[608)]

604) Cf. Manuel Jesús Arroba Conde - Claudia Izzi, *Pastorale giudiziaria e prassi processuale nelle cause di nullità del matrimonio*, p.123.

605) Cf. Ibid., p.123.

606) 참조: 교회법 제1680조 2항.

607) 참조: 교회법 제1680조 2항.

608) Cf. Manuel Jesús Arroba Conde - Claudia Izzi, *op.cit.,* p.124.

다음은 우연적 절차인데 그것은 다음과 같다: 만약에 합의제 재판부가 재결로써 상소를 수리하면 제1심과 같은 소송 절차를 적절히 준용하여 소송을 진행해야 한다.[609] 한 가지 유념할 점은 교회법 제1600조에 따라서 정해진 기한 내에 새로운 증거도 제출될 수 있다는 것이다. 그렇지만 만약에 혼인 무효를 위한 새로운 명목들이 제출되는 경우, 이것은 상급심이 아니라 제1심처럼 절차를 진행해야 한다. 새로운 증거들이나 새로운 명목이 제출되지 않으면 시비점의 서식을 정하고 소송을 진행한다.[610]

상소심의 판결이 그 하급심의 판결과 반대되는 경우에 상소심 판결로 피해를 입었다고 여기는 당사자가 상소할 권리는 남아 있고, 그래서 그 당사자는 제3심에 상소할 수 있으며 제3심에 상소한 경우 30일의 소멸 확정 기한 내에 새롭고 중대한 증거들이나 논증들을 제출해야 한다.[611]

제2절
판결 무효 확인의 항고

1. 판결 무효 확인 항고와 항고권자

판결 무효 확인 항고란, 무효를 수반하는 흠결을 지니고 있고 아직 법 규범에 따라서 유효화되지 아니한 어떤 판결을 배격하는

609) 참조: 교회법 제1680조 2, 3항.

610) Cf. Manuel Jesús Arroba Conde - Claudia Izzi, *op.cit.,* p.124.

611) 참조: 교회법 제1681조.

방법을 의미하며, 본안에 대한 것이라기보다 절차상의 하자 여부에 주의를 기울이면서 절차상 불법한 행위들 때문에 사실에 대한 잘못된 판결을 유발했고 판결이 무효라고 배격하는 방법이라 하겠다.[612] 자기가 피해를 입었다고 여기는 당사자뿐 아니라 성사 보호관이나 소송에 관여된 검찰관도 무효 확인의 항고를 제기할 수 있다.[613]

그리고 재판관 역시 자기가 내린 무효한 판결을 판결의 공표의 통고 때부터 3개월 안에 정정 또는 다시 심리할 수도 있다. 만약에 판결 무효 확인 항고와 상소가 함께 제기된 경우거나 판결 공표의 통고 때부터 3개월 이내에 무효성이 유효화되면 그러하지 아니하다.[614]

2. 구두 쟁송 절차로 심리된 혼인 무효 판결의 환송(還送)

교회법 제1425조 1항 1호에서는 혼인 무효 소송이 합의제 재판부에 의해서 다루어져야 한다고 규정하고 있다. 물론 합의제 재판부로 소송을 심리할 수 없는 경우, 단독 재판관으로 심리될 수는 있다.[615] 만일 상소 법원으로 어떤 혼인 무효 소송 사건이 구두 쟁송 절차를 통하여 판결된 것이 제기되는 경우, 상소 법원은 판

---

612) Cf. Manuel J. Arroba Conde, *Diritto Processuale Canonico*, p.466; Manuel Jesús Arroba Conde - Claudia Izzi, *Pastorale giudiziaria e prassi processuale nelle cause di nullità del matrimonio*, p.125.

613) 참조: 교회법 제1626조 1항, 제1680조 1항.

614) 참조: 교회법 제1626조 2항.

615) 참조: 교회법 제1675조 4항.

결의 무효를 선언[616]하고 원심 법원으로 되돌려 보내야 한다.[617]

교회법 제1656조에 따르면, 법으로 배제되지 아니하는 모든 소송 사건은 구두 쟁송 절차로 처리될 수 있는 것이나, 당사자가 보통 민사 소송 절차를 청구하면 구두 쟁송 절차에 의하여 할 수 없다. 만약에 법으로 배제된 소송 사건에 대하여 구두 쟁송 절차로 진행하면 그 재판 행위들은 무효이다. 법으로 구두 쟁송 절차가 배제된 소송 사건들은 혼인 무효 소송, 미완결 혼인의 해소 절차, 서품 무효 소송, 형사 소송이다.[618]

교회법 제1691조 2항에 따라 볼 때, 혼인 무효 소송 사건은 구두 쟁송 절차로 다루어질 수 없는 것이고, 하급심에서 혼인 무효 소송 사건을 구두 쟁송 절차로 심리해서 판결하였으면, 그 판결이 무효임을 선언하고 원심 법원으로 그 사건을 되돌려 보내야 한다.[619]

3. 보정될 수 없는 판결 무효

보정될 수 없는 판결 무효 확인의 항고 기한은 항변의 양식(per modum exceptionis)으로는 영구하게, 소권의 양식(per modum vero actionis)으로는 판결 공표일로부터 10년 이내에 판결을 내린 재판관

616) 구두 쟁송 절차로 다루어진 혼인 무효 소송의 판결은 보정될 수 없는 무효인 판결이다. 참조:「혼인의 존엄」, 제9조; 교회법 제1669조, 제1691조 2항.

617) 참조:「혼인의 존엄」, 제269조; 교회법 제1669조.

618) 참조: 교회법 제1691조 2항, 제1702조, 제1710조, 제1728조 1항.

619) 참조: 교회법 제1620조.

앞으로 제기될 수 있다.[620]

「혼인의 존엄」 제270조는 보정될 수 없는 무효인 판결의 예를 다음과 같이 제시한다:

"제270조 교회법 제1620조의 규정에 따라 판결이 보정될 수 없는 무효의 하자(흠결)가 있는 경우는 다음과 같다.

1. 절대적 무관할권의 재판관이 내린 경우.
2. 소송이 종결된 법원에서 재판권이 없는 이가 내린 경우.
3. 재판관이 힘이나 심한 공포로 강제되어 판결을 내린 경우.
4. 제114조에 언급된 재판 청구 없이 재판이 이루어졌거나 또는 어떤 피청구인을 상대로 하여 제기된 것이 아닌 경우.
5. 당사자들 중 적어도 한편이 소송 행위 능력이 없는 당사자에게 판결을 내린 경우.
6. 어떤 이가 합법적 위임 없이 타인의 이름으로 행한 경우.
7. 방어권이 양편 당사자들 중 한편에게 거부된 경우.
8. 쟁송이 한 부분이라도 종결되지 아니한 경우."

4. 보정될 수 있는 판결 무효

보정될 수 있는 판결 무효 확인을 위한 항고는 판결의 공표 통지로부터 3개월 이내에 제기될 수 있고, 이 기간 곧 3개월이라고 하는 법정 최종 기한이 경과하면 법 자체로 자동적으로 보정된 것으로 간주된다.[621]

---

620) 참조: 「혼인의 존엄」, 제271조; 교회법 제1621조.

621) 참조: 교회법 제1465조 1항, 제1623조.

「혼인의 존엄」 제272조는 교회법 제1622조에 근거하여 다음과 같이 보정될 수 있는 무효인 판결을 열거한다:

"제272조 판결이 보정될 수 있는 무효의 하자(흠결)가 있는 경우는 다음의 경우뿐이다.

1. 제30조의 규정을 위반하여 합법적인 인원수가 아닌 재판관들이 내린 경우.
2. 판결의 동기와 이유들이 포함되지 않은 경우.
3. 법으로 규정된 서명들이 없는 경우.
4. 선고된 연월일과 장소를 표기하지 않은 경우.
5. 무효가 보정되지 않은 무효 재판 행위에 근거하고 있는 경우.
6. 제139조 2항에 따라 합법적으로 결석한 당사자에게 불리하게 내린 경우(교회법 제1622조 참조)."

5. 무효 항고의 재판관

원칙적으로 판결 무효 확인의 항고는 비이심(非移審)적으로 처리하므로, 그 판결을 내린 재판관이 그것을 심리한다. 그러나 당사자가 그 재판관을 기피(忌避)하여 다른 이를 대체해서 항고를 심리하도록 요구할 권리도 있다.[622] 그러나 판결 무효 확인 항고가 정해진 기한 내에 상소와 함께 제기되면 이심(移審)적으로 상소심의 재판관이 심리한다.[623] 만일 무효 확인의 항고가 둘이나 그 이상의 심급에서 내린 판결문과 관련되면 마지막으로 판결을

622) 참조: 교회법 제1450조, 제1624조.

623) 참조: 교회법 제1625조.

내린 재판관이 그 문제를 심리하여야 한다.[624]

6. 판결 무효 확인의 항고 기한

무효 확인의 항고가 소권의 양식으로 이루어지면, 그 무효 원인들이 보정될 수 없는 흠결이 있는 경우 판결 공표로부터 10년 이내에 제기되어야 하고,[625] 보정될 수 있는 흠결에 의한 것이면 3개월 이내에 제기되어야 한다.[626] 판결 무효 확인의 항고는 그것이 항변의 양식으로 이루어지든 또는 재판관의 직권에 의한 것이든 소송이 계류 중인 그 재판관에 의하여 심리된다.[627]

7. 항고 심리 재판부 형태

무효 판결 확인 항고가 제기되면 그것을 처리하는 방식은 그것이 제기된 방식에 따라 달라지는데, 소권의 방식으로 제기된 판결 무효 확인 소원은 구두 쟁송 절차에 의하여 처리될 수 있으나, 항변의 형식으로나 직권상으로 제기된 것은 중간 소송으로 처리된다.[628]

---

624) 참조:「혼인의 존엄」, 제274조 2항.

625) 참조: 교회법 제1620-1621조.

626) 참조: 교회법 제1622-1623조.

627) 참조:「혼인의 존엄」, 제77조 1항, 제275조; 교회법 제1459조 1항.

628) 참조:「혼인의 존엄」, 제77조 1항, 제217-225조, 제227조, 제277조 1항; 교회법 제1627조.

합의제 재판부에 의해 내린 판결의 무효를 심리하는 것은 합의제 재판부의 소관이다.[629] 판결 무효 확인 항고의 결정에 불복하는 상소가 가능하다.[630]

8. 무효 확인된 판결

판결문이 상소 법원에 의해 무효로 선언되었으면, 소송 사건은 법률에 따라 진행되도록 원심 법원으로 되돌려진다.[631]

제3절 상소(항소)

1. 상소권자

앞서 밝힌 것처럼 교회법 제1680조 1항은 상소를 제기할 권리를 지닌 자들을 나열한다. 여기에는 무효 확인을 못 받은 청구인(공동 소송인 경우 양편 당사자), 무효 확인을 받았든지 못 받았든지 판결로 피해를 입었다고 여기는 피청구인, 유효성을 공격했던 검찰관의 주장과는 반대로 유효성이 확인된 경우 검찰관, 의무적이지는 아니하지만 무효 확인 판결에 대한 성사 보호관이 포

629) 참조:「혼인의 존엄」, 제277조 1항.
630) 참조:「혼인의 존엄」, 제277조 3항.
631) 참조:「혼인의 존엄」, 제278조.

함된다.[632]

2. 상소권에 대한 문제

상소권에 대한 문제가 제기되면, 상소심 법원은 이 문제를 구두 쟁송 절차 규범을 따라서 매우 신속하게 판정해야 한다.[633] 상소는 원심 재판관 앞으로 상소를 제기하는 것과 상소심 재판관 앞으로 그 수속을 시작하는 것으로 이루어진다.[634] 따라서 상소권이 합법적인 것이냐 아니냐의 문제에 대한 것은 중간 소송 사건으로서, 중간 소송 판정으로 매우 신속하게 심리되고 판정되어야 한다.[635]

3. 상소 불가 판결들

교회법 제1680조 1항은 상소 제기권을 가진 자들은 자유로이 상소를 제기할 수 있다고 규정하지만, 상소가 용인되지 아니하는 대상들도 있는데 이는「혼인의 존엄」제280조에서 다음과 같이 규정하고 있다:

"제280조 ① 상소가 용인되지 않는 판결은 다음과 같다.

---

632) 참조: 교회법 제1628-1640조, 제1680조 1항. Cf. Manuel Jesús Arroba Conde - Claudia Izzi, *Pastorale giudiziaria e prassi processuale nelle cause di nullità del matrimonio*, pp.122-123.

633) 참조: 교회법 제1631조.

634) 참조: 교회법 제1630조, 제1633조, 제1634조.

635) 참조: 교회법 제1590조 1항, 제1607조.

1. 교황이 친히 내린 판결 또는 대심 법원이 내린 판결.[636]
2. 무효의 하자(흠결)가 있는 판결. 다만 제274조 제3항의 규정에 따라 무효 확인의 항고와 함께 제기되면 그러하지 아니하다.[637]
3. 기판 사항(旣判事項)으로 된 판결.[638]
4. 종국 판결의 효력이 없는 재판관의 재결이나 중간 판결. 다만 종국 판결에 대한 상소와 함께 제기되면 그러하지 아니하다.[639]
5. 법이 사안을 매우 신속하게 판정하도록 규정한 소송 사건에서 그 판결이나 재결.[640]

② 1항 3호에 제시된 규정은, 혼인 무효의 주 소송이 판결된 기판 사항에 관련하지 않는다).[641]"

기판 사항이란 다시 뒤집을 수 없도록 확정된 종국 판결을 말하는 것으로, 기판 사항으로 된 판결은 상소나 항고가 용인되지 않고 원상회복의 청구만이 가능하다.[642]

상소 불가 대상인 기판 사항으로 된 판결에는 혼인 무효의 주 소송에 대한 판결이 포함되지 아니한다. 왜냐하면 교회법 제1643조

636) 참조: 교회법 제1442-1455조.
637) 참조: 교회법 제1625조.
638) 참조: 교회법 제1641조.
639) 참조: 교회법 제1591조.
640) 참조: 교회법 제1451조 1항, 제1505조 4항, 제1513조 3항, 제1527조 2항, 제1629조, 제1631조.
641) 참조: 교회법 제1643조.
642) 참조: 교회법 제1641조, 제1643조.

에 따르면 사람들의 신분에 관한 소송 사건들은 결코 기판 사항이 되지 않기 때문이다. 곧 혼인 무효 소송, 성품 유대 무효 소송, 수도 서원 무효 소송 등은 기판 사항이 되지 않는다는 것이다.

4. 상소의 제기 기한

상소는 판결의 공표의 통고 때부터 15일의 유용 소멸 확정 기한 내에 판결을 내린 재판관에게 제기되어야 하고, 이는 상소를 제기하는 자가 판결을 내린 재판관에게 표명하는 것으로 충분하다.[643] 만일에 판결이 공표되기 전에 당사자에게 판결의 주문이라도 알려진 경우에는 시간의 계산은 교회법 제1634조 2항에 따라서 계산되어야 한다.[644] 만일 상소가 구두로 제기되면, 공증관이 상소인 앞에서 이를 문서로 작성하여야 한다.[645]

643) 참조: 「혼인의 존엄」, 제281조 1, 2항; 교회법 제1630조 1항.

644) 교회법 제1614조에 따르면, 판결문이 아직 공식적으로 공표되지 아니하였는데 재판관의 허가로 판결의 주문이 당사자들에게 알려진 경우 그것은 아무런 효력이 없다. 그런데 이러한 경우, 곧 공식적으로 공표되지 않았으나 재판관의 허가로써 판결문의 처리 조치부분(処理措置部分)을 안 당사자가 상소를 제기하는 경우에는 교회법 제1634조 2항이 준수되어야 한다. 참조: 「혼인의 존엄」, 제257조 1항, 제285조 2항; 교회법 제1634조 2항 "당사자가 공격하는 판결문의 등본을 유용 기간 이내에 원심의 법원으로부터 얻을 수 없으면, 이 동안은 기한이 경과하지 아니한다. 그리고 이러한 장애를 상소심 재판관에게 알려야 하고, 상소심 재판관은 원심의 재판관에게 되도록 빨리 자기의 직무를 이행하도록 명령으로 강제하여야 한다."

645) 참조: 「혼인의 존엄」, 제281조 3항; 교회법 제1630조 2항.

5. 상소 법원

제1심 법원의 판결은 제2심의 관구 법원으로 상소되며,[646] 만약 어느 법원 앞으로 제기되는 것인지 표시되지 않았다면, 교회법 제1438조 1호, 제1438조 2호, 제1439조 1항, 제1439조 2항에 따른 관구장 법원, 제2심을 위하여 사도좌의 승인 아래 고정적으로 지정된 법원, 교구 연립 2심 법원, 주교회의가 설치한 제2심 법원에 상소된 것으로 추정된다.[647] 만약에 두 당사자들이 서로 다른 상소 법원에 상소할 경우 원칙적으로는 선착수의 원칙에 의하여 그 관할 법정이 결정된다.[648]

6. 로마 공소 법원에 제기된 상소

당사자들은 로마 공소 법원에 제2심을 상소할 권리도 있다.[649] 만약에 한편 당사자는 로마 공소 법원에 상소하고 상대편 당사자는 다른 상소 법원에 상소하면, 로마 공소 법원이 그 소송 사건을 심리하여야 한다.[650]

로마 공소 법원으로 상소가 제기되었을 때, 원심 법원은 재판 기록을 로마 공소 법원에 발송하여야 하며, 그 재판 기록이 이미 다른 상소 법원으로 발송되었다면, 원심 법원은 그 소송 사건의 심리

646) 참조. 교회법 제1673조 6항.
647) 참조: 교회법 제1632조 1항.
648) 참조: 「혼인의 존엄」, 제18조; 교회법 제1415조.
649) 참조: 교회법 제1444조 1항 1호.
650) 참조: 「혼인의 존엄」, 제18조, 제283조 2항; 교회법 제1415조, 제1632조 2항.

를 시작하지 않도록 이 문제에 대하여 즉시 그 법원에 알려야 한다. 그리고 그 재판 기록을 로마 공소 법원으로 발송해야 한다.[651)]

그리고 당사자들이 지닌 로마 공소 법원에로의 상소권을 보호하기 위해서 법률이 정한 기한의 만료되기까지는 그 어떤 상소 법원도 당사자의 로마 공소 법원 상소 권리를 박탈하지 못하도록 소송 사건을 자기의 것으로 만들 권리를 지니지 아니한다.[652)]

7. 상소 수속 진행과 상소 포기

상소심은 원심 재판관 앞으로 상소를 제기한 지 1개월 이내에 수속이 진행되어야 하지만, 원심 재판관이 당사자에게 상소 수속을 위한 기한을 연장하여 주었으면 그렇지 않다. 상소하는 자는 원심 법원에게 상소 수속 행위(actus prosecutionis appellationis)가 상소심 법원으로 이송될 수 있도록 요구할 수 있다.[653)]

상소는 최종 기한이 원심의 재판관 앞으로나 상소심의 재판관 앞으로나 헛되이 지나면 포기된 것으로 여겨진다.[654)] 또한 상소인은 교회법 제1525조에 언급된 효과들과 더불어 분명하게 상소를 포기할 수 있다.[655)]

상소의 최종 기한이 지나거나 자발적으로 상소를 포기한 경우

651) 참조:「혼인의 존엄」, 제283조 3항.
652) 참조:「혼인의 존엄」, 제283조 4항.
653) 참조:「혼인의 존엄」, 제284조; 교회법 제1633조.
654) 참조:「혼인의 존엄」, 제286조; 교회법 제1635조.
655) 참조: 교회법 제1524조, 제1636조 1항.

그에 따른 효과는 동일한데, 우선 피청구인의 소환이 있었으면 소송 시행 소멸이 확정되고, 소송 절차 기록들이 소멸되며, 소송 비용을 지불해야 하고, 기판 사항이 된다.[656] 검찰관이나 성사 보호관에 의한 상소 포기는 상급심 검찰관이나 성사 보호관에 의하여 이루어질 수 있다.[657]

8. 상소심의 진행

상소심을 진행하려면 당사자가 공격하는 판결을 정정하여 주도록 그 판결문의 등본을 첨부하고 상소의 이유를 표시하여 상급 재판관의 근무를 청구해야 하며, 그것으로 충분하다.[658]

당사자가 상소의 대상이 되는 판결문의 등본을 유용 기간 이내에 원심 법원으로부터 얻을 수 없으면, 이 동안 기한은 경과하지 아니한다. 당사자는 이러한 장애를 상소심 재판관에게 알려야 하고, 상소심 재판관은 원심의 재판관에게 되도록 빨리 자기의 직무를 이행하도록 명령으로 강제하여야 한다.[659] 원심의 재판관은 교회법 제1474조 1항과 2항[660]에 따라 소송 기록(기록 문서)을 상소심 재판관에게 보내야 한다.[661]

---

656) Cf. Manuel J. Arroba Conde, *Diritto Processuale Canonico*, p.483.

657) 참조:「혼인의 존엄」, 제151조; 교회법 제1525조, 제1641조 3항, 제1636조.

658) 참조:「혼인의 존엄」, 제285조 1항; 교회법 제1634조 1항.

659) 참조:「혼인의 존엄」, 제285조 2항; 교회법 제1634조 2항.

660) 교회법 제1474조 ① 소송 사건이 상소 법원에서 심리되면, 공증관은 기록 문서들의 등본이 정본임을 공증하고서 이를 상급 법원에 보내야 한다. ② 기록 문서가 상급 법원이 모르는 언어로 작성되어 있다면 그 법원이 아는 다른 언어로 번역하고, 성실한 번역임이 확증되도록 보증을 붙여야 한다.

9. 상소의 대상 범위

상소란 원칙적으로 판결의 모든 항목들에 대해서 제기된 것으로 추정된다.[662] 또한 한편 당사자와 다른 편 당사자가 각기 다른 항목들에 대해서 상소를 제기할 수도 있는데, 만일 한편이 어떤 한 항목을 상소한다면 상대편 당사자는 비록 상소 최종 시간이 경과했더라도, 자기에게 주 상소가 통지된 날부터 15일의 소멸 확정 기한 이내에 다른 항목들에 대하여 중간 상소를 제기할 수도 있다.[663]

10. 상소심의 효과

상소는 원심 판결에 대하여 이심의 효과(移審: effectus devolutivus)와 집행 정지의 효과(停止: effectus suspensivus)를 동반한다.[664] 판결을 내린 재판관 앞으로 그 판결에 대한 공격을 제기하는 상소의 제기는 그 집행을 정지시키며, 상급심의 재판관에게 소송이 이심된다.[665] 하급심 재판관은 직무상 소송 기록 문서들을 상소심 재

661) 참조: 「혼인의 존엄」, 제285조 3항; 교회법 제1634조 3항.

662) 참조: 「혼인의 존엄」, 제288조 3항; 교회법 제1637조 4항.

663) 교회법 제1637조 1항은 청구인이 제기한 상소가 피청구인에게도 유리하다는 규범을 제시하는데, 이는 청구인이나 피청구인 모두에게 상소심에서도 동등한 권리를 지니면서 공평한 취급을 받는다는 것을 의미한다. 이 점을 감안하면 한편 당사자가 제기한 부분 상소에 대해서 다른 상대편 당사자가 다른 항목들을 제출하는 권리가 주어지는 것은 양편 당사자에게 상급심에서도 동등한 권리를 부여한다는 점을 말해준다고 여겨진다. 참조: 「혼인의 존엄」, 제288조 2항, 교회법 제1637조 3항; 정진석, 앞의 책, 994쪽.

664) 참조: 정진석, 같은 책, 998쪽.

판관에게 보내야 할 의무를 지는데, 이는 더 이상 관할권이 없음을 의미한다. 그렇기 때문에 하급심 재판관은 이심된 소송 사건에 대한 어떤 변경도 가할 수 없게 된다.[666)]

그리고 상급심 재판관의 개입을 요청하면서 제기된 판결에 대한 심리를 상급심 재판관 앞에서 유용 기한 내에 진행되는 단계인 상소의 수속은 집행 정지의 효과와 이심의 효과를 이어서 발휘한다. 그러나 교회법이 허용하고 있는 소송의 새로운 제기인 상고의 경우 판결의 집행을 정지시키지 아니하며,[667)] 재판관이 가집행 처분을 명령한 경우도 판결은 정지되지 아니한다.[668)] 상급심에 이송된 사건은 제1심과 같이 소송이 개시된다.[669)] 만일 상소심에서 혼인 무효의 새로운 명목이 제출될 경우, 재판부는 상급심으로 심리하지만 새로운 명목에 대해서는 마치 1심에서처럼 재판한다.[670)]

그리고 어느 법원에서 결정된 어떤 혼인 무효 소송이 동일한 혼인 소송 사건과 동일한 혼인 무효의 법적 근거를 다룰 경우, 이미 결정을 내린 바로 그 법원이나 또는 그와 같은 심급의 다른 법

665) 참조: 교회법 제1638조

666) 참조 : 교회법 제1474조, 제1512조 5호, 제1514조, 제1634조 3항. Cf. Manuel J. Arroba Conde, *Diritto Processuale Canonico*, p.481.

667) 두 가지 합치된 판결에 대한 상고는 상소와 다른 것이므로, 원칙적으로 판결을 정지시키지 아니한다. Cf. Pio Vito Pinto, *I Processi nel codice di diritto canonico: commento sistematico al Lib.* VII, LEV-PUP, 1993, p.441.

668) 참조: 교회법 제1644조 2항, 제1650조 2, 3항.

669) 참조: 교회법 제1640조.

670) 참조: 교회법 제1680조 4항.

원에서 다시 판결될 수 없다.[671] 동일 소송 사건을 다시 동일 심급에서 심리되면 심급의 이유로 그 재판관의 무관할권은 절대적인 것이 된다.[672]

11. 소의 신규 제기(Nova propositio causae)

혼인의 무효 소송 사건은 결코 기판 사항(旣判事項)이 되지 않기에, 항상 다시 심리될 수 있는 가능성이 열려 있다.[673] 이를 '소의 신규 제기(Nova propositio causae)'라 한다. 이는 혼인 유대의 중요성에 기초하여 판결을 공격하는 특별한 방법으로서, 일반적 의미의 '상소appellatio'가 아니며 최종심도 아닌 공격 방법이다.[674]

신규 제기된 소의 관할권은 제3심 법원에 있다.[675] 소의 신규 제기는 제3심 법원에 제기된다는 면에서 상소심의 성격을 지니지만, 새롭고 중대한 증거들과 논증들이 소 제기 30일 이내에 제출되어야 한다는 점에서 단순한 하급심의 소송 문서에 기초한 심

671) 참조:「혼인의 존엄」, 제289조 2, 3항.

672) 참조:「혼인의 존엄」, 제9조 2항.

673) 참조: 교회법 제1643조.

674) Cf. Manuel Jesús Arroba Conde - Claudia Izzi, *Pastorale giudiziaria e prassi processuale nelle cause di nullità del matrimonio*, p.126.

675) 교회법 제1644조 1항은 소의 신규 제기에 대한 전제 조건으로 '두 차례의 합치된 판결'을 규정하지만, 개정된 혼인 소송법은 제1679조에 따라 무효를 처음으로 선언한 판결이 교회법 제1630조, 제1633조에서 정한 기한이 지나면 집행력을 가진다는 규범을 근거로, 교회법 제1681조는 소의 신규 제기에 관한 전제 조건으로 집행 판결을 규정하고 있다. 그러므로 만일 첫 혼인 무효 판결의 확인과 집행이 제1심을 통해서 이루어졌어도, 그것이 집행 판결인 한 이에 대한 소의 신규 제기는 제3심에 제출되어야 한다. 참조: 교회법 제1681조. Cf. Manuel Jesús Arroba Conde - Claudia Izzi, op.cit., p.126.

리가 아니며, 상소적인 성격을 지니지만 판결의 집행을 정지시키지 아니한다는 면이 통상의 상소심과 다르다 하겠다.[676] 소의 신규 제기가 이루어지기 위해서는, 첫째, 새롭고 중대하고 새로운 증거와 논증들이 있어야 하고, 둘째는 새로이 소를 제기한 날부터 30일의 소멸 확정 기한 내에 제3심 법원에 새롭고 중대한 논증들과 증거들이 제출되어야 한다.[677]

만일 두 차례 합치된 혼인 무효 미확인 판결의 경우, 제3심 법원에 제출되는 소의 신규 제기 규범이 적용된다. 현재까지 보편법상 라틴 교회의 제3심 법원은 로마 공소 법원이다. 로마 공소 법원에 제출되는 소의 신규 제기 가능성은 무효 확인 판결이 명백하게 불의(iniustitia)할 때 부부 한편 당사자가 교회법적인 혼인을 맺은 경우에 한정되어 있다.[678]

676) 참조: 교회법 제1644조.

677) 참조: 교회법 제1644조 1항, 제1681조.

678) 참조: 교황 프란치스코, "혼인 소송의 새로운 법률에 관한 답서" II, 3.,『혼인 무효 선언을 위한 새로운 규범: 자의 교서「온유한 재판관이신 주 예수님」의 적용』, 한국천주교주교회의, 2016, p.123.

제9장 문서에 의한 소송 절차

1. 문서 소송의 개념

문서 소송이란, 어떤 반박이나 항변의 여지도 없는 확실한 문서에 근거하여 혼인의 무효성을 선언하는 소송이다. 문서 소송이 가능한 경우는 크게 세 가지인데, 우선 무효 장애의 존재가 확증되고 그에 대한 관면이 부재한 경우, 둘째로 합법적 혼인 형식의 결함이 확증되고 그에 대한 관면이 부재한 경우, 셋째, 결혼 대리인이 결혼 당사자로부터 유효한 위임 없이 결혼식에 대리 참석했음이 확실히 증명되는 경우이며, 혼인 합의 흠결에 의한 무효는 문서 소송의 대상에서 제외된다. 그러나 많은 경우, 장애와 형식에 의한 무효가 가장 많이 문서 소송의 대상이 된다.[679)]

2. 문서 소송 절차의 관할권 및 중요 법률

문서 소송 절차는 단독 재판관이 심리하는데, 여기에는 교구장 주교, 사법 대리, 지명된 재판관이 속하며, 문서 소송의 관할권은 혼인 무효 소송의 연관 법원이 갖는다.[680)]

---

679) 참조: 정진석, 앞의 책, 1223쪽. Cf. Manuel Jesús Arroba Conde - Claudia Izzi, *Pastorale giudiziaria e prassi processuale nelle cause di nullità del matrimonio*, p.175.

680) 참조: 교회법 제1672조, 제1688조.

문서 소송 절차에서 유념해야 할 법률들은 크게 혼인 장애에 관한 관면과 형식에 대한 관면에 결부된 법률들, 그리고 근본 유효화와 단순 유효화에 대한 법률들이다.[681] 만일 제출된 문서 소송 사건에서 장애와 형식에 관한 관면이 혼인 전후로 있었다면 더 이상 무효성 주장을 할 이유가 없는 것이다.[682]

3. 문서 소송 절차를 위한 소장 기재 사항

교회법은 특별하게 문서 소송 절차를 위한 소장 기재 사항을 나열하지 아니한다. 그러나 문서 소송을 제기하는 이유와 그것을 뒷받침하는 문서를 첨부해야 할 것이며, 그것을 입증하는 증거적 요소들을 표시해야 할 것이다. 만일 재판관이 소장을 심리하면서 어떤 반박이나 항변의 여지도 없는 문서로 무효 장애의 존재나 합법적 형식의 결함을 확증하지 못하면, 통상적 절차로 무효 소송을 진행해야 한다.[683] 통상적 절차로 진행하겠다는 재결은 상소 대상이 아니다.[684]

681) 참조: 교회법 제1078-1080조, 제1127조 2항, 제1156-1165조.

682) Cf. Manuel Jesús Arroba Conde - Claudia Izzi, *op.cit.,* p.176.

683) 참조 :「혼인의 존엄」, 제296조 2항; 교회법 제1688조.

684) 참조 : 교회법 제1629조 5호.

4. 문서 소송 절차에서 소환과 성사 보호관의 개입

문서 소송 절차로 진행되면 굉장히 단순한 형태로 진행되며,[685] 그럼에도 불구하고 상대편 당사자에 대한 소환과 성사 보호관의 개입은 필수적이다. 재판관은 그들에게 제출된 문서에 대한 직간접적 항변을 제시하도록 기회를 주어야 한다.[686]

제기된 문서 소송에 대한 판결을 위해서 재판관은 제출된 문서 외에도 당사자들의 진술이나 혼인을 거행했던 사제의 의견 등을 청취할 수 있을 것이며, 이런 증거들은 제출된 문서와 동일한 증명력을 지닌다.[687]

5. 성교 불능이나 형식의 결함 확인

성교 불능 장애나 형식의 결여는 어떠한 반박이나 항변의 소지가 없는 문서를 통해서만 드물게 밝혀지기 때문에, 이런 경우에 재판관은 소송 사건이 경솔하고 무모하게 문서 소송 절차로 수리

685) 문서 소송이 약식 재판이라고 하듯이 분명 재판 형식을 취하고 있지만, 상당히 간소화되어 있는 소송이다. 소송 제기가 있어야, 하고 소장 제출, 상대편 당사자의 소환, 성사 보호관의 개입(의무적), 선언적 판결의 순으로 진행된다. 왜냐하면 제출된 문서로써 혼인의 무효성이 그 어떤 반박이나 항변으로도 반대할 수 없이 분명하게 드러나기 때문에 소송 절차를 단순화한 것이 문서 소송이다. Cf. Manuel Jesús Arroba Conde - Claudia Izzi, *op.cit.,* p.175.

686) Cf. Ibid., p.178.

687) 이런 진술들은 객관적인 증언들이어야지, 주관적 설명이어서는 아니 될 것이다. Cf. Ibid., pp.177-178.

되지 않도록 각별한 주의로 예비 조사를 진행해야 한다.[688] 그리고 국가 공무원 앞에서나 비가톨릭 교역자 앞에서 혼인을 시도한 당사자들의 경우에는 교회법적 형식에 관한 규정을 준수하면서 교회법 제1066-1071조의 규정에 따른 충분한 혼인 전 조사가 이루어져야 한다.[689]

6. 문서 소송에 대한 상소권

교회법 제1689조 1항은 문서 소송에 대한 상소에서 성사 보호관의 역할이 중요함을 제시하고 있다. 성사 보호관은 문서 소송을 위한 조건의 하자나 관면의 결여가 확실하지 아니하다고 신중히 판단하면, 문서 소송의 결과를 반대하여 제2심의 재판관에게 상소해야 할 의무가 있다. 그리고 성사 보호관은 제2심의 재판관에게 기록 문서들을 이송시키고 문서 소송 절차로 이루어졌다는 점을 서면으로 알려야 한다.

또한 피해를 입었다고 여기는 당사자 역시 문서 소송의 결과에 반대하는 상소를 할 권리가 있다.[690]

7. 문서 소송 절차에 대한 제2심

제2심의 재판관은 성사 보호관의 관여 아래 당사자들의 진술

688) 참조:「혼인의 존엄」, 제297조 1항.

689) 참조:「혼인의 존엄」, 제5조 3항, 제297조 2항; 교회법 제1117조.

690) 참조: 교회법 제1689조 2항.

을 듣고 판결을 확증할 것인지 또는 오히려 통상적 법 절차대로 소송을 진행할 것인지를 교회법 제1688조에 언급된 동일한 방법으로 판정한다. 통상적 법 절차대로 진행할 경우 소송 문서들을 제1심 법원에 되돌려 보낸다.[691)]

---

691) 참조:「혼인의 존엄」, 제299조; 교회법 제1690조.

제3편

주교 앞에서 이루어지는 간략한 혼인 소송 절차

제1장
소송의 개시

1. 소송 개시 전 조사 혹은 사목적 조사

1.1. 사목적 조사의 목적

프란치스코 교황의 자의 교서「온유한 재판관이신 주 예수님」의 절차 지침, 곧「혼인 무효 선언 소송 사건의 절차 지침」(이하「절차 지침」) 제2-5조는 재판 전 조사, 곧 사목적 조사에 대한 규정을 제공한다.[1] 그러나 이 조사는 재판 전 조사로서 혼인의 어려움에 처한 신자들에 대한 특별한 관심을 보이면서 수용하고 그들을 도와주려는 조사이다. 다시 말해서 이 조사는 직접적으로 혼인 무효 소송을 위한 것이 아니라, 오히려 혼인 당사자들이 겪고 있는 어려움들을 더 명확하게 이해하려고 그들을 '동반'해 주기 위한 제도이다.[2] 그래서 이 '조사'는 어려움에 처한 신자들을 '동반'하기 위한 일종의 기술적 도구라고 하겠다.[3]

「절차 지침」 제2조는 이 사목적 조사의 목적을 다음과 같이 기술하고 있다:

"재판 전 조사, 곧 사목적 조사는 자신들의 혼인의 유효성을 의

1) 비록 주교 앞에서 이루어지는 간략한 혼인 소송 절차를 설명하면서 사목적 조사를 다루지만, 이것은 통상적 혼인 무효 소송 절차에 있어서도 선행되는 조사라 하겠다.

2) Cf. Massimo del Pozzo, *Il processo matrimoniale più breve davanti al Vescovo*, EDUSC, 2016, p.154.

3) Cf. XIV Assemblea Generale Ordinaria del Sinodo dei Vescovi, "Relazione finale", 24.10.2015, nn.77-83.

심하거나 무효를 확신하고 있는 별거 상태의 신자들 또는 이혼하여 갈라선 신자들을 본당이나 교구의 구조 안에 받아들이는 것으로, 그들의 상황을 파악하고 혹시라도 거행하여야 할 통상적 또는 간략한 사법 소송 절차에 도움이 되는 자료를 수집하는 데 그 목적이 있다. 이러한 조사는 교구의 통합적 혼인 사목 활동 내에서 수행될 것이다."

「절차 지침」 제2조에 잘 규정되어 있듯이, 사목적 조사의 목적은 소송을 직접적으로 준비하는 것을 목적으로 하는 것이 아니라, 결혼 당사자들의 혼인 상태의 실질적 상태에 대해서 파악하면서 혼인의 유효성에 의심을 갖거나 무효의 확신을 갖고 별거 중에 있는 신자들, 이혼하여 갈라선 신자들을 본당이나 교구 구조 안에 수용하는 것이다. 그러므로 이 조사는 단지 앞으로 있을 수 있는 소송을 위한 자료나 증거들을 수집하는 것으로 축소시킬 수 없다.[4] 이런 사목적 동기와 목적을 수행하는 가운데 소송을 청구할 필요를 만날 경우, 소송을 위한 유용한 자료들을 수집하게 되는 것이다. 다시 말해서 사목적 조사의 제1차적 목적은 소송을 위한 자료 수집이라기보다 어려움에 처한 혼인 당사자들의 상황을 파악하고 이해하며 도와주기 위한 것이며, 그 도와주는 방법으로서 혼인 무효 소송을 당사자들이 고려할 때 그것을 위한 유용한 자료들을 수집하게 되는 것이다.[5] 물론 당사자들이 혼인 무효 소송을 통해서 자신들의 문제를 해결하려고 하는지, 그리고

4) Cf. Massimo del Pozzo, *op.cit.*, p.153.

5) 참조: 교황 프란치스코,「혼인 무효 선언 소송 사건의 절차 지침」,『혼인 무효 선언을 위한 새로운 규범: 자의 교서「온유한 재판관이신 주 예수님」의 적용』, 한국천주교주교회의, 2016, 제4조.

소송을 청구하는 데 동의하는지도 조사되어야 한다.

이런 사목적 조사의 범위를「절차 지침」제4조는 다음과 같이 규정한다:

"사목적 조사는 배우자들이나 또는 그들의 보호자가 혹시라도 관할 법원에 소송 사건을 제기하는 데 유용한 자료들을 수집한다. 당사자들이 (혼인) 무효를 청구하는 데 동의하는지 조사되어야 한다."

「절차 지침」제4조에서 주목할 점은 '혹시라도'[6]라는 표현이다. 이것은 앞서 설명한 대로 이 조사의 1차적 목적이 소송이 아니라 당사자들을 동반하면서 도와주는 데 있음을 간접적으로 드러내 준다고 하겠다. 그러므로 만약 당사자들이 소송을 제기할 경우에는 거기에 유용한 자료들을 수집한다는 것이다.

로마 공소 법원이 발표한 "자의 교서「온유한 재판관이신 주 예수님」의 적용 지침"은 이런 사목적 조사의 목적이 추구하는 사목적 성격과 법률적 성격을 다음과 같이 표현한다:

"이 '동행'의 발걸음은 혼인의 위기들을 만족스러운 방법으로 극복하도록 도와줄 수 있다. 그러나 또한 구체적인 경우에 혼인의 유효성 여부를 입증하고 '혹시라도 거행하여야 할 통상적 또는 간략한 사법 소송 절차에 도움이 되는 자료를 수집할' 소명도 갖고 있다."[7]

---

6) 「혼인 무효 선언 소송 사건의 절차 지침」, 제4조.

7) 로마 공소 법원, "자의 교서「온유한 재판관이신 주 예수님」의 적용 지침",『혼인 무효 선언을 위한 새로운 규범: 자의 교서「온유한 재판관이신 주 예수님」의 적용』, 한국천주교주교회의, 2016, 93쪽.

1.2. 사목적 조사의 주체

다음으로 살펴볼 점은 이 조사를 진행하는 주체에 관한 것이다. 사목적 조사가 재판 전 조사라고 하듯이, 이 조사는 관할 법원에 제출하는 소장으로 종료된다.[8] 따라서 엄밀한 의미에서 이 조사는 법원의 활동에 속한 것은 아니라고 하겠다. 오히려 이 조사는 그 사목적 성격 때문에 "교구의 통합적 혼인 사목 활동 내에서"[9] 수행되어야 할 것이고, 이 조사를 이행하는 구체적 주체는 본당 사목구 주임이나 부부에게 혼인 거행을 준비시켰던 자가 그 첫 자리를 차지한다. 「절차 지침」 제3조는 사목적 조사의 주체가 누구인지 여러 부류의 사람들을 제시하는데 그것은 다음과 같다:

"이 조사는 비록 전적으로 법률적이고 교회법적인 전문 지식이 아니더라도 전문 지식을 갖춘 사람들로서 교구 직권자가 적합하다고 판단한 이들에게 맡겨질 것이다. 그들 중에는 그들의 본당 사목구 주임이나 또는 부부에게 혼인 거행을 준비시켰던 자가 우선이다. 이러한 자문 임무는 다른 성직자들과 봉헌 생활자들 또는 교구 직권자가 승인한 평신도들에게도 맡겨질 수 있다."

2. 소장의 제출

2.1. 혼인을 공격할 자

소송을 제기하려면 소장을 제출하여 재판관의 개입을 요구해

---

8) 참조: 「혼인 무효 선언 소송 사건의 절차 지침」, 제5조: "모든 자료들이 수집되면, 필요한 경우 관할 법원에 제출하여야 할 소장으로 사목적 조사가 종결된다."

9) 「혼인 무효 선언 소송 사건의 절차 지침」, 제2조.

야 한다.[10] 소장은 자신의 권리를 주장하는 이가 재판관의 개입을 요청하는 문서인 것이다. 혼인 소송에서 소장은, 혼인의 유효성을 공격하는 결심을 드러내고 소송을 개시하는 행위 문서이다.[11]

2.2. 소장의 형식

이 소장의 형식은 문서나 구두로 이루어질 수 있다. 교회법 제1503조 1항은 구두로 청구가 이루어질 수 있다고 언급하면서도 조건으로서 "청구인이 소장 제출에 있어서 방해받거나 또는 소송 사건이 조사하기가 쉽고 덜 중요한 것인 때는 그때마다"라고 제시하고 있다. 그러나 구두로 청구가 이루어진 경우, 재판관은 이를 서면으로 작성할 것을 공증관에게 명령해서 청구인에게 낭독해 주고 그의 승인을 받도록 명령해야 한다.[12] 이렇게 작성된 기록은 청구인에 의하여 작성된 소장을 모든 법률적 측면에서 대신하는 효력을 가진다.[13] 비록 교회법이 구두 청구 가능성을 열어두고 있다고 해도, 그런 형식이 동반하는 위험이나 어려움 등을 고려하여 조건이 충족되지 않으면 통용되지 말아야 할 것이라고 본다.[14]

통상적인 소장 제출 형식인 문서로 작성된 소장에 표시되어야 할 사항들은 교회법 제1504조에 다음과 같이 규정되어 있다:

---

10) 참조: 교회법 제1502조.
11) Cf. Massimo del Pozzo, *op.cit.*, p.155.
12) 참조: 교회법 제1503조 2항.
13) 참조: 교회법 제1503조 2항. 이는「혼인 무효 선언 소송 사건의 절차 지침」제10조와「혼인의 존엄」제115조에서도 규정된 내용이다.
14) Cf. Massimo del Pozzo, *op.cit.*, p.156.

"제1504조 소송을 제기하는 소장에 표시되어야 할 사항은 다음과 같다.

1. 어느 재판관 앞으로 소송을 제기하는지, 무엇을 누구한테서 청구하는지를 표명할 것.
2. 청구인(원고)이 어떤 권리에 근거하는지, 어떤 사실과 증거로 그 주장하는 바를 입증할 것인지를 적어도 일반적으로라도 표시할 것.
3. 연월일 및 청구인(원고)이나 그의 소송 대리인이 살고 있는 장소나 또는 기록 문서를 받기 위한 거주지로 내세우는 장소를 기재하고 청구인(원고)이나 그의 소송 대리인이 서명할 것.
4. 피청구인의 주소나 준주소를 표시할 것."

그런데 간략한 혼인 무효 소송 절차에서는 이외에도 몇 가지 사항들을 더 표시하도록 규정하는데, 이에 대하여 교회법 제1684조는 다음과 같이 규정하고 있다:

"제1684조 간략한 소송 절차를 제기하는 소장은 제1504조에 열거된 사항들 외에도 다음의 사항들을 표시하여야 한다.

1. 청구가 근거하고 있는 사실들을 간략히 온전하게 명확히 표명하여야 한다.
2. 재판관이 즉시 수집할 수 있는 증거들을 표시하여야 한다.
3. 청구가 근거하고 있는 문서들을 첨부해서 제출하여야 한다."

주교 앞에서 이루어지는 간략한 혼인 소송 절차를 위한 소장에 기재될 내용은 교회법 제1504조를 대체하는 것이 아니며, 오히려 교회법 제1683조 2호와 아주 밀접하게 연관되어 있는 규정이며,

더 상세하게 기재되어야 하는 것이다.[15] 이에 따르면 "더 면밀한 심사나 예심 조사를 요구하지 않고 혼인의 무효를 명백하게 하는 증언이나 문서들로 뒷받침된 사물들과 사람들의 (물적 및 인적) 상황이 요청하는 때마다"[16] 주교는 간략한 소송 절차로 재판하는 소임이 있다. 다시 말해서 주교가 자신 앞에서 간략한 혼인 무효 소송 절차를 진행하려면 이런 조건이 채워져야 하는데, 교회법 제1504조 만으로는 이런 조건을 확인할 수 없으며, 그래서 혼인이 무효라고 증명할 수 있는 사실들을 간략하면서도 온전하고 명확하게(breviter, intergre et perspicue) 표명하도록 요구하는 것이다.[17]

그다음은 즉시 수집 가능한 증거들과 방식을 표시해야 한다.[18] 마지막으로 무효를 주장하는 청구를 뒷받침하는 문서들을 첨부해서 제출해야 한다.[19]

또 언급해야 할 것은, 주교 앞에서 이루어지는 간략한 혼인 무효 소송 절차 청구는 단지 혼인 당사자인 청구인에게만 유보된 것이 아니라는 점이다. 이런 절차를 진행할지에 대한 결정은 사법 대리도 자신의 재결로 내릴 수 있다.[20]

이에 대하여「절차 지침」제15조는 다음과 같이 규정하면서 제1676조를 보완 설명한다:

---

15) Cf. Ibid., p.158.
16) 참조: 교회법 제1683조 2호.
17) 참조: 교회법 제1684조 1호.
18) 참조: 교회법 제1684조 2호.
19) 참조: 교회법 제1684조 3호.
20) 참조: 교회법 제1676조 2항.

"제15조 통상적 소송 절차를 제기하기 위해 소장이 제출되었으나, 사법 대리가 간략한 소송 절차로 소송 사건이 심리될 수 있다고 여긴다면, 그는 제1676조의 규범에 따라 소장을 통고할 때 소장에 서명하지 아니한 피청구인에게 제출된 청원에 동의하고 소송 절차에 참여하기를 원하는지 법원에 알려 주도록 권유해야 한다. 사법 대리는 필요할 때마다 소장에 서명한 당사자나 당사자들이 제1684조의 규범에 따라 되도록 빨리 소장을 보완하도록 권유하여야 한다."

「절차 지침」 제15조가 요구하고 있듯이, 사법 대리가 간략한 혼인 무효 소송 절차의 진행을 결정한 경우, 그는 단순히 피청구인의 동의를 받아야 하는 것[21]이 아니라 소장을 보완해야 할 의무가 있다.[22]

3. 소장에 대한 사법 대리의 평가

주교 앞에서 이루어지는 간략한 혼인 무효 소송 절차를 진행하

---

21) 교회법 제1683조 1호에 언급된 '상대편의 동의'는 '묵시적'인 것이 아닌 '명시적'인 것이어야 한다. Cf. Pontificia Commissione per l'Interpretazione dei Testi Legislativi, *Risposta partocolare circa l'applicazione del m.p. Mitis Iudex Dominus Iesus*, 1 ottobre 2015, Prot.n. 15139/2015, in www.delegumtextibus.va.

22) 물론 주교 앞에서 이루어지는 간략한 혼인 무효 소송 절차를 진행하려면 "배우자 양편이 또는 한편 배우자가 상대편의 동의를 얻어 청구를 제기하는 때마다"(교회법 제1683조 1호)라는 조건이 채워져야 한다. 여기서 청구인 배우자가 상대편의 동의를 얻는다는 것은 사법 대리의 결정을 상대편 배우자가 동의하는 것도 포함될 것이다. Cf. Elena Di Bernardo, "Problemi e criticità della nuova procedura", in *La riforma del processo matrimoniale ad un anno del Motu Proprio Mitis Iudex Dominus Iesus*, LEV, 2017, pp.130-131.

려고 사법 대리가 결정하려면, 먼저 두 가지 점이 확인되어야 한다. 첫째는 혼인이 돌이킬 수 없을 정도로 파경에 이르렀다는 점이고,[23] 둘째는 소장의 청구 내용이 상당한 근거가 있다는 점이다.[24]

우선 사법 대리가 혼인이 돌이킬 수 없을 정도의 파경에 이르렀다는 점을 평가해야 하는 것은 교회법 제1675조에서 규정되어 있다:

"제1675조 재판관은 소송 사건을 접수하기 전에 혼인이 돌이킬 수 없을 정도로 파경에 이르러 부부 공동생활을 회복할 수 없는지를 확인하여야 한다."

이것은 혼인 당사자들 사이의 관계가 파괴되어 더 이상 회복될 수 없다는 점을 확인하는 것이다.[25] 반면 개정 전 교회법 제1676조는 재판을 피하고 혼인을 유효화하고 부부 공동 생활을 회복하도록 하는 방법을 적용하도록 규정하고 있었다:

"제1676조 재판관은 소송 사건을 접수하기 전에, 좋은 결과의 희망이 엿보이는 때마다 사목적 수단 방법을 적용하여 될 수 있으면 혼인을 유효화하고 부부 공동 생활을 회보하도록 부부를 유도하여야 한다."

어떻게 보면 개정 후 교회법 제1675조와 개정 전 교회법 제1676조는 약간 충돌해 보이는 면이 없지 않아서, 개정 전 교회법

23) 참조: 교회법 제1675조.

24) 참조: 교회법 제1676조 1항.

25) Cf. Massimo del Pozzo, *op.cit.*, p.159.

규정이 더욱 복음적이고 교회적인 재판의 양상을 드러내는 듯하다. 그러나 규정의 내용은 변함이 없다고 보아야 할 이유가 있는데, 두 법조문 모두 혼인 무효 소송이 추구하는 가장 큰 이유는 혼인이 더 이상 회복될 수 없다는 파경에 이르렀다는 확신성을 얻기 위해 노력해야 한다는 점이다.[26] 사실 개정 전 교회법 제1676조의 내용은 현 교회법 규정상 재판 전 조사, 곧 사목적 조사 단계에서 확인하도록 되어 있기 때문에 현 교회법 제1675조가 교회재판의 복음적 가치를 뒤로하고 단순히 사법적 절차를 위한 확신성만을 찾으라고 규정한다고 평가할 수 없는 것이다.[27]

두 번째로는 소장의 청구 내용이 상당한 근거가 있다는 점을 평가해야 한다. 교회법 제1676조 1항은 다음과 같이 규정한다:

"제1676조 ① 소장이 접수된 후, 사법 대리는 소장이 상당한 근거가 있다고 판단되면 이를 수리하고, 소장의 말미에 재결을 첨부하여 (소장의) 등본을 성사 보호관에게 통지하도록 명령하여야 한다. 만일 소장에 두 당사자들 모두 서명하지 아니하였다면, 피청구인에게 이를 통지하도록 명령하고, 청구에 대한 자신의 견해를 밝힐 15일의 기한을 그에게 주어야 한다."

소장에 상당한 근거가 있다는 것을 확인하기 위해서 사법 대리는 교회법 제1505조 2항에 규정된 소장의 각하 사유들을 고려해야 한다:

"제1505조 ② 소장은 아래의 경우에만 각하될 수 있다.

1. 재판관이나 법원이 관할권이 없는 때.

---

26) Cf. *Ibid.*, p.160.

27) Cf. *Ibid.*, p.160.

2. 청구인(원고)에게 합법적인 소송 행위 능력이 없는 것이 의심 없이 확실한 때.

3. 제1504조 1-3호의 규정이 지켜지지 아니한 때.

4. 청구가 아무런 근거도 없고 또한 소송 절차를 통하여서도 어떤 근거도 나타날 수 없음이 소장 자체에서 확실히 드러난 때."

교회법 제1504조 2항에 규정되어 있듯이, 사법대리는 주교나 법원의 관할권에 대해서 평가해야 하고, 당사자들의 소송 능력이 있는지 여부를 평가해야 하며, 청구권이 있는지 여부와 그 외에도 문서 기재상의 요건들이 갖추어져 있는지 평가해야 한다. 이런 교회법 규정은 사실 "최소한의 법률적 요구"[28] 사항인 것이다.

소장의 근거가 확실히 존재해야 수리된다고 하는 것은「혼인의 존엄」제122조에서도 분명히 규정되어 있다:

"제122조 이의 제기의 토대가 된 사실이 완전히 참되더라도 그것만으로는 혼인을 무효로 만들 수 없고, 또 그 사실이 혼인을 무효로 만들 수 있는 것이라도 주장의 허위가 명백하면 소장 수리를 위한 아무런 근거가 없다."[29]

「혼인의 존엄」제122조 라틴어 본문에서 명확하게 드러나듯이, 혼인에 대한 공격이 근거하는 사실이 비록 참되더라도 그것만으로 혼인을 무효로 만들기에 충분하지 않거나 또는 그런 사실

28) Cf. *Ibid.*, p.162.

29) Art. 122 - Non habetur fundamentum pro admissione libelli, si factum, quo impugnatio nititur, licet undequaque verum, matrimonio tamen irritando impar omnino sit, vel, quamvis factum tale sit quod matrimonium redderet irritum, assertionis falsitas sit in aperto.

이 혼인을 무효로 한다고 해도 주장의 허위성이 드러날 경우, 소장 수리를 위한 근거가 없는 것이다. 다시 말해서 사실이 참되면서도 혼인을 무효로 만들기에 충분한 법적 근거가 있어야 하며, 법적 근거에 따른 주장에서 거짓이 없어야 한다는 점이 확인되어야 제출된 소장이 근거가 있다고 보는 것이다.[30)]

주교 앞에서 간략하게 이루어지는 혼인 무효 소송 절차를 진행하려면, 이외에도 교회법 제1683조의 규정이 요구하는 것들이 더 확인되어야 한다:

"제1683조 다음과 같은 때마다 혼인 무효 소송 사건들을 간략한 소송 절차로 재판하는 것은 교구장 주교 자신의 소관이다.

1. 배우자 양편이 또는 한편 배우자가 상대편의 동의를 얻어 청구를 제기하는 때마다.
2. 더 면밀한 심사나 예심 조사를 요구하지 않고 혼인의 무효를 명백하게 하는 증언이나 문서들로 뒷받침된 사물들과 사람들의 (물적 및 인적) 상황이 요청하는 때마다."

인용한 교회법 조문이 요구하는 두 가지 조건은 앞서 사법 대리가 평가해야 할 조건들보다 더 간략한 혼인 무효 소송 절차에 요구되는 직접적이고 필수적인 조건이라 하겠다.

---

30) 예를 들면 청구인이 혼인 무효 주장 근거로 불임이란 것을 주장하는 경우, 불임은 사실이지만 불임이라는 사실로 무효성의 법적 근거가 없는 경우이다. 또 성불능 장애를 주장하는 경우, 법적 근거는 있으나 자연적 출산을 통한 자녀가 있는 경우를 예로 들 수 있다. 첫째 경우는 소장에 소개된 사실이 참되더라도 법적 근거가 없는 경우이며, 둘째 경우는 법적 근거는 있으나 주장의 허위성이 분명하게 드러나는 경우라 하겠다. 참조: 한영만, 『훈령 혼인의 존엄 해설: 혼인 소송법』, 빅벨, 2010, 154쪽.

4. 사법 대리의 재결

소송의 제기는 단지 교회법 제1676조에 의해서 규제되고 있다:

"제1676조 ① 소장이 접수된 후, 사법 대리는 소장이 상당한 근거가 있다고 판단되면 이를 수리하고, 소장의 말미에 재결을 첨부하여 (소장의) 등본을 성사 보호관에게 통지하도록 명령하여야 한다. 만일 소장에 두 당사자들 모두 서명하지 아니하였다면, 피청구인에게 이를 통지하도록 명령하고, 청구에 대한 자신의 견해를 밝힐 15일의 기한을 그에게 주어야 한다."

이 법조문은 혼인 무효 소송 절차상 소송 제기에 있어서 공통된 내용으로서 통상적 소송 절차에서도 사용되는 것이다.

주교 앞에서 이루어지는 간략한 혼인 무효 소송 절차에서 소장 제기를 다루기에 앞서서 교회법 제1506조를 기억할 필요가 있다. 현 교회법 제1676조에는 소장 제기로부터 언제까지 소장에 대한 재결이 이루어지는지 언급이 없지만, 교회법 제1506조를 기준으로 보면 소장이 제출된 때로부터 1개월 이내에 재판관은 제1505조의 규정에 따라서 소장을 수리하거나 각하하는 재결을 내려야 한다. 따라서 주교 앞에서 이루어지는 간략한 혼인 무효 소송 절차도 소장이 제출된 이후 1개월 이내에 사법 대리는 그것을 수리하든지 아니면 각하하든지 결정해야 할 것이다.[31]

---

31) 교회법 제1506조: 소장이 제출된 때로부터 1개월 이내에 재판관이 제1505조의 규범에 따라 소장을 수리하거나 각하하는 재결을 내리지 아니하면, 이해 당사자는 재판관이 그의 임무를 이행하도록 촉구할 수 있다. 그래도 재판관이 침묵하여 촉구를 한 때로부터 10일이 헛되이 지나면 소장은 수리된 것으로 간주되어야 한다.

주교 앞에서 이루어지는 간략한 혼인 무효 소송 절차상 특별히 주의할 점은 당사자들의 동의이다. 다시 말해서 당사자들 가운데 한 명이 서명하지 않으면 서명하지 아니한 당사자에게 소장에 대해서 통지하고 그의 반응과 태도를 보면서 사법 대리가 결정해야 한다.[32] 이것은 주교 앞에서 이루어지는 간략한 혼인 무효 소송 절차상 요구되는 조건이라 하겠다. 교회법 제1683조 1호는 간략한 혼인 무효 소송을 제기하는 데 또 그것을 수리하는 데 필요한 요건으로서 배우자 양편의 동의를 얻은 청구, 곧 양편 당사자의 동의 서명이 들어간 소장이 필요하다고 규정하고 있고, 만일 한편 당사자의 동의가 없는 경우 사법 대리의 개입을 통하여 그 당사자의 동의를 얻어서 소장을 제출하도록 규정하고 있기 때문이다. 이때 피청구인에게는 15일의 기한을 주면서 자신의 의견을 표명하도록 해야 한다. 양편 당사자가 동의하여 소장을 제출하는 경우라도, 소장을 수리하기 전에 15일의 기간을 허용하는 것은 필요하다고 생각한다.[33]

제출된 청구가 수리되면, 이것은 성사 보호관에게 통지되어야 한다.

4.1. 시비점 서식의 확정

"제1676조 ② 위에 언급한 기한이 지나고, 필요하다고 여겨지는 한 사법 대리는 상대편 당사자에게 자신의 견해를 표명하도록 다시 한번 계고한 다음, 성사 보호관의 의견을 듣고 자신의 재결로 시비점의 서식을 정하고, 소송 사건을 통상적 소송 절차로 심리해야 하는지 또는 제1683-1687조의 규범에 따라 간략한 소

32) Cf. Massimo del Pozzo, *op.cit.*, p.163

33) Cf. *Ibid.*, p.164.

송 절차로 심리할 것인지 결정해야 한다. 이 재결은 당사자들과 성사 보호관에게 즉시 통지되어야 한다.

...[...].

⑤ 시비점의 서식은 어떤 명목이나 명목들로 혼인의 유효성이 공격되어야 하는지를 정하여야 한다."

혼인 무효 소송 절차에서 시비점을 정할 때 사법 대리는 어떤 명목이나 명목들로 혼인의 유효성이 공격되어야 하는지를 정해야 한다.[34] 당연히 여기에는 청구의 이유와 상황에 대해서도 언급되어야 할 것이다. 사법 대리가 시비점의 서식을 정할 때 성사 보호관의 의견을 들어야 한다.

시비점이 확정되면 재결을 통해서 통상 절차로 할지 아니면 짧은 소송 절차로 진행할지 결정해야 하고, 이런 것들을 당사자들과 성사 보호관에게 통지해야 한다.[35] 만일 시비점에 대해서 이의가 있으면, 이의 신청을 통고받은 지 10일 내에 해야 한다.[36]

4.2. 예심 조사관과 배심관 임명

간략한 혼인 무효 소송 절차로 진행할 경우, 사법 대리는 시비점을 정하는 재결에는 예심 조사관과 배심관을 임명해야 한다고 교회법 제1685조는 규정하고 있다:

"제1685조 사법 대리는 시비점의 서식을 정하는 동일한 재결

34) 참조: 교회법 제1676조 5항.

35) 참조: 교회법 제1676조 2항.

36) 참조: 교황청 교회법평의회, 「혼인의 존엄」(*Dignitas Connubii*, 2005.1.25.), 주교회의 교회법위원회 옮김, 한국천주교중앙협의회, 2008, 제137조.

로 예심 조사관과 배심관을 임명한 후, 제1686조의 규범에 따라 30일 이내에 거행해야 할 개정(開廷)에 참석해야 하는 모든 이들을 소환하여야 한다."

예심 조사관과 배심관 임명 사실은 당사자들에게도 통지되어야 한다. 이는 혹시라도 당사자들이 이들에 대한 기피를 신청할 수 있는 기회를 제공하기 위한 것이다. 기피(忌避: recusatio)란 불신임의 항변이라고 하며, 이를 통해 당사자는 어떤 재판관이나 법원의 다른 직무에 기용된 이들로 하여금 자신과 관련하여 그 역할을 할 수 없도록 하는 것이다.[37]

「절차 지침」 제16조에 따르면, 사법 대리는 자기 자신을 예심 조사관으로 지명할 수 있다고는 하나, 한 사람이 두 가지 임무를 맡기보다는 다른 사람, 특히 될 수 있으면 소송 사건이 발생한 교구에서 예심 조사관을 임명해야 한다.[38]

---

37) 참조: 정진석, 『교회법 해설 6』, 가톨릭대학교출판부, 253쪽.

38) 참조: 「혼인 무효 선언 소송 사건의 절차 지침」, 제16조. 사법 대리는 자기 자신을 예심 조사관으로 지명할 수 있다. 그러나 될 수 있는 한 소송 사건이 발생한 교구에서 예심 조사관을 임명하여야 한다.

제2장
증거

1. 증명을 위한 개정 소집

증명을 위한 개정(開廷) 소집은 주교 앞에서 이루어지는 간략한 혼인 무효 소송 절차의 특징적인 것이다. 이런 제도가 추구하는 것은 신속성이다. 원칙적으로 유일한 개정을 전제하고 있고, 이 개정은 30일 이내에 이루어져야 하며, 이 개정에 참석해야 하는 모든 이들이 소환되어야 한다고 교회법 제1685조는 규정하고 있다:

"제1685조 사법 대리는 시비점의 서식을 정하는 동일한 재결로 예심 조사관과 배심관을 임명한 후, 제1686조의 규범에 따라 30일 이내에 거행해야 할 개정(開廷)에 참석해야 하는 모든 이들을 소환하여야 한다."

2. 간략한 혼인 소송에서 증거 수집

혼인 무효 소송의 목적이라고 볼 수 있는 혼인의 유무효성에 대한 선언은 사실과 법률에 근거한 판결이어야 한다. 특별히 혼인의 유무효성에 대한 사실 관계는 주장하는 바에 대한 상반된 충분한 증거에 의해서 밝혀진다.[39]

주교 앞에서 이루어지는 간략한 혼인 무효 소송 절차에서 당사

---

39) Cf. Massimo del Pozzo, *op.cit.*, p.170.

자의 주장에 대한 증명은 두 가지 측면에서 그 특징을 드러낸다. 하나는 집중적 증거 수집이고, 다른 하나는 관련된 사람들의 참여, 또는 한 번의 개정이다.[40] 이 두 가지 측면은 상호적인 것이며, 짧은 시간에 집중적으로 연관된 사람들이 참여하여 사실에 대한 증거가 확인되도록 기능한다.

교회법 제1686조는 다음과 같이 이 두 가지 특징적 규정을 제시한다:

"제1686조 예심 조사관은 될 수 있는 대로 단 한 번의 개정에서 증거들을 수집하고, 혼인 유대에 유리한 견해서와, 만일 당사자들을 위한 방어서가 있다면 이를 제출할 15일의 기한을 정해야 한다."

입법권자의 정신은 "단 한 번의 개정으로 증거들을 수집하는 것"[41]이다. 그러나 증거 자료들을 보충하기 위하여 개정이 다시 열릴 수 있는 것을 배제하는 것은 아니다. 만일 단 한 번의 개정으로 증거 수집이 불충분하다고 한다면, 비록 당사자들과 관련된 사람들이 불편하더라도 다시 개정되어야 할 것이다.[42]

교회법 제1530조에 따르면 당사자들의 진술에 통해서 수집된 내용이 부족하다고 생각할 경우, 진실을 더 잘 밝혀내기 위하여 언제든지 당사자들을 심문할 수 있다:

"제1530조 재판관은 진실을 더 잘 밝혀내기 위하여 언제든지 당사자들을 심문할 수 있다. 더욱이 당사자가 청구하거나 또는 공익상 의문의 여지가 없어야 되는 사실을 증명하기 위하여는 심

40) Cf. *Ibid.*, p.171.
41) Cf. *Ibid.*, p.173.
42) Cf. *Ibid.*, p.173.

문을 하여야 한다.”

그리고 분명하게 밝혀둘 점은, 개정에 참여하는 사람에 대한 것이다. 「절차 지침」 제18조 1항은 다음과 같이 규정한다:

“당사자들과 그들의 변호인들은 다른 당사자들과 증인들의 심문에 참석할 수 있다. 다만 예심 조사관이 사물들과 사람들의(물적 및 인적) 상황 때문에 달리 진행해야 한다고 여기면 그러하지 아니하다.”

이 「절차 지침」은 통상적 혼인 무효 소송 절차의 규정과는 다른 규정이다. 교회법 제1677조 2항[43]에서는 “당사자들은 1항 1호에 언급된 심문에 참석할 수 없다.”고 규정하고 있다. 다시 말해서 당사자들, 증인들, 감정인들의 심문에 당사자들이 참여할 수 없다는 것이다. 그렇지만 「절차 지침」 제18조 1항의 규정은 절대적 의미로 해석될 수 없고, 그래서 예심 조사관은 당사자들이나 증인을 배제할 수도 있는 것이다.[44] 그렇지만 이렇게 당사자들이 개정에 참여하는 것을 제한할 수 있다고 해도, 당사자들의 방어권이 침해되어서는 안될 것이다.[45]

---

43) 교회법 제1677조 ① 성사 보호관과 당사자들의 보호인들 그리고 혹시 재판에 참여하고 있는 경우의 검찰관도 아래의 권리가 있다. 1. 당사자들, 증인들, 감정인들의 심문에 입회하는 것. 다만 제1559조의 규정은 유효하다. 2. 재판 기록이 아직 공표되지 아니하였어도 이를 열람하고 당사자들이 제출한 문서들을 검사하는 것. ② 당사자들은 1항 1호에 언급된 심문에 참석할 수 없다.

44) 참조: 교회법 제1559조. 이 조항에서 원칙적으로 당사자들은 증인들의 심문에 입회할 수 없다고 규정하면서도 사사로운 선익에 관한 사안의 경우, 재판관이 이를 인정하면 입회할 수 있음을 열어두고 있다. 동시에 당사자들의 변호인들이나 소송 대리인들은 증인들의 심문에 입회할 수 있으나, 사물들과 사람들의(물적 및 인적) 상황 때문에 비밀히 진행되어야 한다고 여기는 경우, 그들의 입회를 제한할 수 있다.

예심 조사관이 수집해야 할 증거는 교회법 제1684조 2호에서 규정하고 있다고 하겠다:

“제1684조 간략한 소송 절차를 제기하는 소장은 제1504조에 열거된 사항들 외에도 다음의 사항들을 표시하여야 한다. [...]

2. 재판관이 즉시 수집할 수 있는 증거들을 표시하여야 한다. [...].”

교회법 제1686조와 제1684조의 규정을 통해서 볼 때, 예심 조사관의 임무는 어떤 새로운 증거를 수집하는 것이 아니라 이미 소장에 기록된 증거들로서 재판관이 즉시 수집할 수 있는 증거들을 수집하는 것이며, 판결을 잘 내리기 위해서 필요한 자료들을 제공하는 데 있다.[46]

그리고 개정에 참여한 이들, 당사자들과 증인들의 답변들을 기록하는 것은 공증관의 임무이며, 이에 대해서「절차 지침」제18조 2항은 다음과 같이 규정한다:

“당사자들과 증인들의 답변들은 공증관이 서면으로 작성하되, 쟁송의 대상인 혼인의 실체에 속하는 것들만을 요약해서 기록하여야 한다.”

증거 수집 단계에서 성사 보호관의 임무는 상당히 중요하다. 성사 보호관은 제기된 혼인에 대한 무효성에 관해서 증거와 근거들을 검토하여 유일하게 소송을 제기한 당사자들과 상반된 입장

---

45) 참조: 교회법 제1598조 1항;「혼인의 존엄」, 제230조.

46) Cf. Massimo del Pozzo, *op.cit.*, p.175.

을 주장할 수 있는 사람이기 때문이다.[47] 특별히 「절차 지침」 제14조 2항에 규정된 사적이지만 '명백한 의학적 문서'[48]에 대한 성사 보호관의 평가는 상당한 주의를 요구하며, 그의 의견이 상당히 중요한 것이 될 것이다.[49] 그렇다고 해서 주교 앞에서 이루어지는 간략한 혼인 무효 소송 절차에서 전문 감정인의 평가서가 중요하지 않다는 것은 아니다. 다만 직무상 요구되어 제출된 감정서 외에도 사적이지만 명백한 의학적 문서도 증거 자료로서 제출될 수 있다는 것이고, 이에 대한 평가는 성사 보호관이 더욱더 철저하게 검토할 필요가 있다는 것이다.[50]

3. 증거 수집의 수단

증거 수집 수단들이란, 어떤 증거가 소송 절차에서 채택될 수 있도록 하는 법적 도구이다. 증거 수집 단계에서 이 수단들은 증거들을 모아놓은 일종의 책과 같다고 하겠다. 수집된 증거들이 목적하는 바는, 바로 어떤 사실에 대한 진실을 표시하는 데 있다.

주교 앞에서 이루어지는 간략한 혼인 무효 소송 절차에서 중요한 증거 수집 수단들은 당사자들의 진술, 증언들, 문서, 감정인의 의견 등이다. 추정은 간접적인 수단이며 비본질적인 수단으로서

47) Cf. *Ibid.*, p.119.

48) 「혼인 무효 선언 소송 사건의 절차 지침」 제14조 2항: (혼인 무효) 청구를 뒷받침하는 증서들에는 직무상 요구해야 할 감정을 명백하게 소용없게 하는 모든 진단서들이 있다.

49) Cf. Massimo del Pozzo, *op.cit.*, p.119.

50) 참조: 「혼인의 존엄」, 제56조; 교회법 제1432조.

어떤 사실에 대한 진실을 증명하는 데 한계가 있다.[51)]

3.1. 당사자들의 진술

3.1.1. 당사자들의 진술 의무

교회법 제1530-1538조는 당사자들의 진술에 대해서 규정하고 있다. 주교 앞에서 이루어지는 간략한 혼인 무효 소송은 당사자들이 공통적으로 어떤 사실에 대해서 동의하고 있음을 전제한다. 교회법 제1683조 1호에 따라서 배우자 양편의 동의를 얻은 청구가 전제되어야 주교 앞에서 이루어지는 간략한 소송으로 진행될 수 있기 때문이다.

한쪽 당사자가 개정에 출두하지 않는다는 것은 예비 조사에 심각한 손상을 가하는 행위가 된다.[52)] 정당한 불출석은 개정을 연기할 수 있는 이유가 될 수 있지만, 정당하지 못한 불출석은 다시 출두할 것을 초대하도록 강제한다고 보아야 할 것이다. 어찌하든 간에 한편 당사자의 불출석은 주교로 하여금 통상적 절차에 따라서 혼인 무효 소송을 진행하도록 되돌려 보내는 이유가 될 수 있다.[53)]

3.1.2. 당사자들의 진술의 증거적 가치

교회법 제1535조에 따르면, 재판상 자백은 "재판관 앞에서 재판의 대상에 관한 어떤 사실에 대하여 자발적으로나 재판관의 심문에 의하여 서면으로나 구두로 자기에게 불리하게 행한 주장

51) Cf. Massimo del Pozzo, *op.cit.*, p.178.

52) Cf. *Ibid.*, p.180.

53) Cf. *Ibid.*, p.180.

이 재판상 자백인 것이다.” 그렇지만 혼인 무효 사건에서 재판상 자백은 혼인 무효를 주장하면서 소송을 제기한 자기에게 유리한 주장을 재판상 자백이라고 한다.「혼인의 존엄」제179조 2항은 다음과 같이 재판상 자백을 설명한다:

“제179조 2항 재판상 자백은 관할 재판관 앞에서 자발적으로나 재판관의 심문에 의하여 서면으로나 구두로 행한 진술로 간주된다. 그러한 것으로 당사자는 혼인의 유효성에 반대되는 자기 자신과 관련한 사실을 주장한다.”

개정 전 교회법 제1679조와 비교할 때, 현 교회법 제1678조 1항에는 재판상 자백이나 당사자들의 진술이 재판관의 윤리적 확실성을 얻으려면 단순한 증명력이 아니라 ‘충분한 증명력Vis plenae probationis’을 가져야 한다고 규정하고 있다. 충분한 증명력을 가진다는 것은 그 증거로써 재판관이 판결을 내릴 때 요구되는 윤리적 확실성을 형성할 수 있는 증명력을 의미한다.[54)]

교회법 제1678조 1항은 재판상 자백과 당사자들의 진술이 충분한 증명력을 갖기 위해서 다음과 같이 규정하고 있다:

“제1678조 ① 혼인 무효 소송 사건들에서 재판상 자백과 당사자들의 진술들은, 그들의 신빙성에 대한 증인들에 의해 혹시라도 뒷받침된다면, 모든 간접 증거들과 보조 증거들을 고려하여 재판관이 평가해야 할 충분한 증명력을 가질 수 있다. 다만 그것을 반증하는 다른 요소들이 붙어 있으면 그러하지 아니하다.”

이 규정이 말하고 있듯이, 당사자의 주장을 통한 어떤 하나의 증거로써 충분한 증명력을 갖는 것이 아니라 간접 증거와 보조

54) Cf. Massimo del Pozzo, *op.cit.*, p.182.

증거들이 당사자들의 진술과 재판상 자백을 뒷받침해야 한다는 것이다.[55]

교회법 제1536조는 사사로운 사항에 관한 소송 사건과 공익에 관한 소송 사건들에서 재판상 자백과 당사자들의 진술이 갖는 증명력에 대해서 다음과 같이 규정하고 있다:

"제1536조 ① 공익에 관계없는 어떤 사사로운 사항에 관한 소송 사건에서는, 한 당사자의 재판상 자백은 그 밖의 당사자들에게 증명할 (거증) 책임을 면제시켜 준다.

② 그러나 공익에 관한 소송 사건들에서는, 재판상 자백과 당사자들의 자백이 아닌 진술들은, 재판관에 의하여 그 소송 사건이 그 밖의 상황들과 함께 평가될 증명력을 가질 수는 있으나 충분한 증명력을 인정받을 수는 없다. 다만 그것을 온전히 보강하는 다른 요소들이 붙어 있으면 그러하지 아니하다."

당사자들의 진술과 재판상 자백이 가질 수 있는 충분한 증명력에 대해서 교회법 제1536조와 제1678조 1항과 비교하면, 제1678조 1항이 긍정적 방식으로 충분한 증명력을 갖는 조건을 표현하고 있음을 발견하게 된다. 당사자들의 재판상 자백은 중요한 증거가 될 수 있으나, 만약에 그것에 관한 간접 증거와 보조 증거들과 증명되지 않으면 상당한 주의를 갖고 평가해야 할 부분인 것이다.[56] 주교 앞에서 이루어지는 간략한 혼인 무효 소송 절차에서 당사자들의 단순한 동의에 근거한 청구가 있어야 하지만, 상호 동의한 무효성에 대한 주장이 실질적인 무효성의 확신을 제

55) Cf. *Ibid.*, p.183.
56) Cf. *Ibid.*, p.185.

공하지 않는다면 재판관의 윤리적 확실성을 형성할 수 없다. 고려되어야 할 점은, 소장에 제시된 무효 근거들과 그것에 연관된 간접 증거들과 보조 증거들이 함께 고려되어 평가되어야 한다는 것이다.[57]

3.2. 증언

통상적 소송 절차에서 지켜야 할 원칙으로 교회법 제1553조는 증인의 수효가 재판관에 의하여 제한될 수 있음을 규정하고 있다:

"제1553조 증인의 수효가 너무 많지 아니하도록 제한하는 것은 재판관의 소임이다."

재판관이 평가할 때 판결을 내리는 데 있어서 충분하다고 여기는 것 이상으로 불필요하게 당사자가 요청한 증인들의 숫자를 제한할 수 있는 것이며, 이것에 당사자의 동의가 요구되는 것은 아니다.[58]

더욱이 주교 앞에서 이루어지는 간략한 혼인 무효 소송 절차에서는 증인들의 숫자를 제한하는 것은 온당한 것이라 하겠다. 당연히 사실 관계를 더욱 분명히 평가하기 위해 필요한 증인들을 제한하자는 것은 아니다. 필요한 경우 당사자가 요청한 증인들을 허용할 수는 있으되, 소송법 원칙과 간략한 혼인 무효 소송의 특

---

57) Cf. *Ibid.*, p.185.

58) Claudio Papale, *I processi - Commento ai canoni 1400-1670 del Codice di Diritto Canonico*, Urbaniana University Press, 2017, pp.268-269.

성을 고려하여 그 숫자를 관리하는 것이 필요하다는 것이다.[59)]

조사 과정에 대하여「절차 지침」제17조는 간략한 혼인 무효 소송 절차의 특징을 잘 드러내고 있다:

"제1685조에 따라 소환장을 발부할 때에, 당사자들에게 당사자들이나 증인들의 심문이 청구되는 논증의 조목을 적어도 예심 조사를 위한 개정 3일 전까지 제출할 수 있다는 것을 알려야 한다. 다만 소장에 논증의 조목이 첨부되었으면 그러하지 아니하다."

소환장 발부 시에 증인들에게 논증의 조목을 제출하도록 하는 것은 일종의 선택적 사항으로서 한 번의 개정으로 소송을 진행하려는 목적이 있는 것이라 하겠다. 개정 3일 전까지 증인들은 논증의 조목들을 제출하도록 초대될 수 있는 것이며, 이것을 예심 조사관은 개정을 준비하는 데 사용할 수 있게 된다.

보충적으로 밝혀야 할 점은 교회법 제1678조 2항에 규정된 내용이다:

"제1678조 ② 혼인 무효 소송 사건들에서, 특수 자격이 있는 증인이 직무상 행한 사항들에 대해 증언하거나 또는 사물들과 사람들의(물적 및 인적) 상황이 그것을 시사한다면, 한 명의 증인의 증언만으로 충분한 신빙성을 가질 수 있다."

이 규정은 교회법 제1573조[60)]를 변경하여 의미를 전달하고 있는데, 한 명의 증인이 행한 증언도 충분한 신빙성을 가질 수 있으

59) Cf. Massimo del Pozzo, *op.cit.*, p.186.

60) 교회법 제1573조 한 명의 증인의 증언만으로는 충분한 신빙성을 가질 수 없다. 다만 특수 자격이 있는 증인이 직무상 행한 사항들에 대하여 증언하거나 또는 사물들과 사람들의(물적 및 인적) 상황이 달리 시사하면 그러하지 아니하다.

려면 우선 증인이 특수 자격에 놓인 자로서 이미 검증된 사람인 경우와 재판관이 물적 및 인적 상황을 판단할 때 신빙성이 있다고 판단하는 경우이다.[61] 이런 원칙들은 소송법 일반 원칙에 부합하는 것이며, 주교 앞에서 이루어지는 간략한 혼인 무효 소송 절차가 요구하는 신속성의 원칙에도 부합하는 것이라 하겠다.[62]

3.3. 서증

교회법 제1684조 3호는 간략한 혼인 무효 소송 절차를 위한 소장에 필요 기재 사항으로 몇 가지 점들을 지적하고 있는데, 그 가운데 하나가 청구의 근거가 되는 문서들의 첨부이다:

"제1684조 간략한 소송 절차를 제기하는 소장은 제1504조에 열거된 사항들 외에도 다음의 사항들을 표시하여야 한다. [...]

3. 청구가 근거하고 있는 문서들을 첨부해서 제출하여야 한다."

소장에 이런 종류의 문서들을 첨부하도록 규정한 것은 간략하게 진행하는 소송 절차를 용이하게 하는 목적이 있다.[63] 그렇지만 소장에 기재되지 않았던 문서라도, 그리고 아직 준비되지 않았던 것이라도 만일 개정의 순간에 제출될 수 있다면 그것이 제출될 수 있을 것이다.[64] 그리고 성사 보호관은 소송을 위해 필요하다고 판단된 문서를 제출할 수도 있을 것이다.[65]

---

61) Cf. Massimo del Pozzo, *op.cit.*, p.187.

62) 참조: 교황 프란치스코, 자의 교서「온유한 재판관이신 주 예수님 - 혼인 무효 선언 소송 사건들에 관한 교회법전 규범들의 개정에 관하여」(*Mitis Iudex Dominus Iesus*, 2015.8.15.),『혼인 무효 선언을 위한 새로운 규범: 자의 교서「온유한 재판관이신 주 예수님」의 적용』, 한국천주교주교회의, 2016, 57쪽.

63) Cf. Massimo del Pozzo, *op.cit.*, p.188.

64) Cf. *Ibid.*, p.188.

65) Cf. *Ibid.*, p.188.

3.4. 감정인

교회법 제1678조는 3항은 성교 불능에 관한 소송 사건이나 정신 질환 혹은 심리적 본성의 이상에 따른 합의의 결함에 관한 소송 사건들에서는 감정인을 활용하도록 규정하고 있다:

"제1678조 ③ 성교 불능에 관한 소송 사건들이나 또는 정신 질환 혹은 심리적 본성의 이상에 따른 합의의 결함에 관한 소송 사건들에서 재판관은 한 명이나 여러 명의 감정인들의 활동을 활용하여야 한다. 다만 정황으로 보아 소용이 없음이 분명하면 그러하지 아니하다. 그 밖의 소송 사건들에서는 제1574조의 규정이 지켜져야 한다."

이 규정은 직무상 감정인을 활용하도록 하는 규정인데,「절차 지침」제14조 2항은 직무상 감정인의 평가서가 아닌 사적 차원의 의학적 문서들이 있다는 점을 비추고 있다:

"(혼인 무효) 청구를 뒷받침하는 증서들에는 직무상 요구해야 할 감정을 명백하게 소용없게 하는 모든 진단서들이 있다"

「절차 지침」14조 2항의 취지는 직무상 감정인의 평가서가 필요하지 않을 만큼의 명백한 의학적 문서라면 그것을 간략한 혼인 무효 소송 절차의 감정인 문서로도 활용할 수 있다는 점을 열어 둔 것이라고 하겠다.[66]

66) Cf. Massimo del Pozzo, *op.cit.*, pp.188-189.

제3장
소송의 종료

1. 판결 전 이행해야 할 주교의 임무

주교 앞에서 이루어지는 간략한 혼인 무효 소송 절차의 판결은 교구장 주교에게 유보된다. 교구장 주교는 판결 이전에 기록 문서들에 대한 검토, 예심 조사관과 배심관의 의견 청취, 당사자들의 방어와 성사 보호관의 의견을 숙고하고 난 후에 판결해야 한다.

특별히 예심 조사관과 배심관과 논의해야 하는 규정은 단독 재판관으로서 판결하는 교구장 주교가 윤리적 확실성을 갖는 데 도움을 준다. 예심 조사관과 배심관의 자문은 의무적이다.[67] 이런 자문은 교구장 주교의 비전문성을 보완하는 역할을 한다는 의미에서 상당히 중요한 것이라 하겠다.[68] 교회법 제127조 2항 2호에 따라서 볼 때, "만일 교구장 주교가 예심 조사관과 재판관의 자문을 듣지 않고 판결을 내릴 경우 그 판결은 무효가 될 수 있을 것이다."[69]

67) 참조: 교회법 제127조 2항 2호.

68) Cf. Manuel Jesús Arroba Conde - Claudia Izzi, *Pastorale giudiziaria e prassi processuale nelle cause di nullità del matrimonio*, San Paolo, 2017, p.158.

69) 아로바 콘데는 판결문에 자문의 내용까지는 아닐지라도 자문을 들었다는 내용을 기록하는 것이 필요하다는 의견을 밝히고 있다. Cf. *Ibid*., p.158.

그리고 교구장 주교는 성사 보호관의 견해도 들어야 한다.[70] 주교 앞에서 이루어지는 간략한 혼인 무효 소송 절차에서 성사 보호관의 임무는 단지 제출된 소장에 대한 시비점 결정이나 증거 수집 단계에서 요구되는 것이 아니라, 판결을 위해 주교에게 제출된 문서들을 검토하는 과정에서도 요구된다.[71] 성사 보호관의 견해는 어쩌면 유일하게 원고가 주장하는 내용에 대해서 반대할 수 있는 입장이며, 그런 반대는 진행되었던 조사와 문서에 근거하여 중요한 의견이 제시될 수 있기 때문이다.[72] 성사 보호관은 자신의 견해를 밝히는 문서에서 일반적인 원칙을 제시하기보다 제기된 사안에 대한 더욱 구체적인 점들과 명확한 요인들을 제시해야 할 것이다.[73]

또한 당사자들이 자신들을 방어할 기회를 주는 것도 중요하다. 당사자들의 마지막 방어서는 자신들의 주장을 더욱 논리적으로 종합적으로 주장할 수 있는 좋은 기회이기도 하다. 당사자들의 의견은 재판관인 주교가 판결을 내리는 데에 상당히 유용한 것들이며, 주교는 이를 면밀하게 검토하여 판결을 내려야 한다.[74]

---

70) 성사 보호관의 견해를 숙고하는 것과 당사자들의 방어를 숙고하는 것을 구분할 필요가 있고, 성사 보호관의 견해를 숙고하는 것은 의무적인 것임을 분명하게 밝혀 둘 필요가 있다. 당사자들의 방어는 교회법 제1687조가 표현하고 있듯이 "만일 당사자들의 방어가 있다면[...] perpensisque [...], si quae habeantur, defensionibus partium, [...]."이란 단서가 있기 때문이다. 사실 이 방어권은 소멸적인 것이며, 15일 간의 유용 기간 내에 제출되어야 할 것이다.

71) Cf. Massimo del Pozzo, *op.cit.*, p.121

72) Cf. *Ibid.*, p.200.

73) Cf. *Ibid.*, p.201.

74) Cf. *Ibid.*, p.201.

2. 주교의 판결

교회법 제1687조 1항에 따라서 주교는 윤리적 확실성을 얻게 된 경우에 무효 확인 판결을 내린다. 그렇지 않으면 주교는 그 소송을 통상적 절차로 되돌려 보내야 한다. 주교 앞에서 이루어지는 간략한 혼인 무효 소송 절차에서는, 오직 무효에 대한 윤리적 확실성이 존재하는 경우에만 무효 판결만을 내릴 수 있다. 다시 말해서 제기된 혼인의 무효성을 확인하는 무효 판결이 아니면, 소송 사건을 통상적 소송 절차로 돌려보내야 하는 것이다.[75)]

주교가 간략한 절차로 혼인 무효 소송이 제기되었던 사건을 통상적 절차로 돌려보내는 경우, 이런 결정은 무효성에 반대하는 판결이 아니고 당사자들의 소송을 받아들이는 또 다른 방식을 보장하는 것이며 통상적 절차로 되돌려보내는 주교의 재결은 무효에 반대하는 판결문이 아닌 것이다.[76)] 통상적 절차로 돌려보내는 재결을 위해서는 윤리적 확실성에 대한 회의가 있어야 되는 것이라기보다 무효성에 대한 윤리적 확실성의 단순한 부재이면 충분하다고 본다.[77)] 주교가 무효를 확인하는 판결을 내린 경우, 그 판결문 전문은 되도록 빨리 당사자들에게 통지되어야 한다고 교회법 제1687조 2항은 다음과 같이 규정하고 있다:

"제1687조 ② 판결의 이유가 명시된 판결문 전문을 되도록 빨리 당사자들에게 통지하여야 한다."

---

75) "자의 교서「온유한 재판관이신 주 예수님」의 적용 지침", 116쪽: "따라서 주교는 요구되는 윤리적 확실성을 얻게 되면, 무효 판결만을 내릴 수 있다. 무효 판결이 아니라면, 소송 사건을 통상적 소송 절차에 맡긴다."

76) Cf. Massimo del Pozzo, *op.cit.*, p.205.

77) Cf. *Ibid.*, p.206.

만일에 통상적 절차로 돌려보내는 재결도 이와 같이 되도록 빨리 당사자들에게 통지되어야 할 것이며, 성사 보호관에게도 통지되어야 할 것이다.[78]

3. 판결문의 형식과 이유 근거

주교 앞에서 이루어지는 간략한 혼인 무효 소송 절차에서 판결을 내리는 것은 주교에게 유보된 것이며, 그는 판결을 발표하는 방식을 정해서 실행해야 한다. 만일 판결의 이유가 결여된 판결문은 보정될 수 있는 무효의 하자가 있는 경우가 된다.[79] 판결의 이유는 진정한 의미에서 무효 확인 결정의 이유 근거들을 제공한다. 다시 말해서 당사자들이 요구하는 내용에 대한 설명을 검토하면서, 재판관으로서 주교는 윤리적 확신성에 근거하여 왜 혼인 무효를 확인하는지에 대한 이유를 밝혀야 한다.

교회법 제1678조 2항이 요구하는 "판결의 이유가 명시된 판결문"은 당연히 통상적 절차에서 요구하는 판결문의 일반적 요구사항들이 모두 포함되어야 할 것이다. 교회법 제1611조 3호에 따르면, '판결sententia'에는 "판결의 주문이 근거하고 있는 법률상 및 사실상의 이유 즉 판결 이유를 제시하여야 한다." 판결의 이유들에는 당사자들이 주장하는 사실과 그 사실이 법률적으로 무효하다는 이유들이 일관성 있게 제시되어야 하는 것이다.

78) Cf. *Ibid*., p.207.

79) 교회법 제1622조 2호는 "판결의 동기 즉 이유들을 포함하지 아니한 경우"에 판결이 보정될 수 있는 무효의 흠결이 있는 판결문이 된다는 점을 밝히고 있다.

교회법 제1612조는 판결문의 구성은 다음과 같이 되어야 한다는 점을 규정하고 있다:

"제1612조 ① 판결문에는 하느님의 이름을 불러 기원한 다음, 순서대로 누가 재판관 또는 법원인지, 누가 청구인(원고), 피청구인, 소송 대리인인지 그 이름들과 주소들을 정식으로 표기하고, 검찰관과 성사 보호관이 재판에 관여하였다면 이들도 명기하여야 한다.

② 그다음에 사실의 종류를 당사자들의 논증들과 시비점들의 서식과 더불어 간단히 서술하여야 한다.

③ 그리고 판결의 주문이 근거하고 있는 이유들을 먼저 기술한 다음 판결의 주문이 따라야 한다.

④ 선고된 날짜와 장소를 표기하고, 재판관 또는 합의제 재판부의 경우에는 모든 재판관들 및 공증관의 서명으로 끝맺어야 한다."

1항은 소송에 참가하는 재판관과 사적 당사자들과 공적 당사자들의 이름과 주소에 대하여 기재하는 것이다. 2항은 소위 'species facti'로서 여기에는 첫째는 소송 이전의 사실들이 포함되어야 하고, 둘째는 시비점의 서식이 포함되어야 하며, 셋째는 소송의 증거 수집 상황들과 사건에 대해서 간략하게 요약하여 표시되어야 한다.[80] 3항이 요구하는 것은 주문이 근거하는 이유들을 서술하는 것이다. 이 판결의 이유를 설명하는 부분은 어쩌면 판결문에서 가장 많은 부분을 차지할 것이며, 여기에는 재판관이 판결을 내리게 되는 법적인 근거(In Jure)가 무엇인지 기술되고 무

80) Cf. Massimo del Pozzo, *op.cit.*, p.213.

효를 확인하는 데 요구되는 증거들과 사실들(In Facto)에 대한 확인 부분이 기술되어야 한다. 이런 판결 이유들은 주문을 형성하게 되고, 이에 근거한 주문은 법률적 명령으로 주어지면서 판결을 실행하도록 한다.[81] 4항에서 요구하는 내용들은 판결의 유효성을 위해서 요구되는 것들로서, 선고된 날짜, 장소, 재판관(교구장 주교), 공증관의 서명이 기재되어야 한다. 교회법 제1612조의 내용은 당연히 주교 앞에서 이루어지는 간략한 소송 절차에서도 지켜져야 할 것들이다.

주교 앞에서 이루어지는 간략한 혼인 무효 소송 절차에서 좀 더 살펴야 할 부분은「절차 지침」제20조다:

“제20조 ① 교구장 주교는 자신의 현명한 재량에 따라 판결을 내릴 방법을 정하여야 한다.

② 주교가 공증관과 함께 서명한 판결은 결정 이유를 간략하게 정리하여 제시해야 하고, 통상적으로 판결일로부터 한 달의 기한 내에 당사자들에게 통지되어야 한다.”

「절차 지침」제20조 1항에서 언급하고 있는 ‘판결을 내릴 방법 modum pronuntiationis sententiae.’[82]이란, 일종의 공개 청문회 같

---

81) Cf. *Ibid*., p.213.

82) Art. 20 § 1. Episcopus dioecesanus pro sua prudentia statuat modum pronuntiationis sententiae. § 2. Sententia, ab Episcopo utique una cum notario subscripta, breviter et concinne motiva decisionis exponat et ordinarie intra terminum unius mensis a die decisionis partibus notificetur.
Art. 20 § 1. Il Vescovo diocesano stabilisca secondo la sua prudenza *il modo con cui pronunziare la sentenza*. § 2. La sentenza, comunque sottoscritta dal Vescovo insieme con il notaio, esponga in maniera breve e ordinata i motivi della decisione e ordinariamente sia notificata alle parti entro il termine di un mese dal giorno della decisione.

은 기회를 통해 판결을 낭독해 주는 것이다.[83] 로마 공소 법원이 제시하고 있는 공개 청문회 방식이나 교구장 주교가 직접 당사자들을 만나서 무효 확인 판결을 알려주는 방식은 자의 교서의 입법권자의 정신인 사목적 다가감의 표현이라고도 해석될 수 있을 것이다.[84]

그리고 「절차 지침」 제20조 2항에 따르면, 주교는 공증관과 함께 판결문에 서명해야 한다. 로마 공소 법원이 설명하고 있는 "적용 지침"에 따르면 비록 배심관이나 또는 예심 조사관에 의해서 판결문의 초안이 작성되더라도 판결문에는 주교의 직접 서명이 있어야 한다.[85] 주교가 직접 판결문에 서명해야 하는 이유는, 비록 판결문의 초안이 다른 이들에 의해서 작성되었다고 해도 그에 대한 책임은 주교에게 있다는 책임감을 부여하는 것이라 하겠다. 그리고 이런 판결문은 통상적으로 한 달 이내에 당사자들에게 통지되어야 한다.

---

83) 로마 공소 법원에서 발표한 "적용 지침"에 따르면, 교구장 주교는 판결을 공표하는 방식을 정하도록 규정하고 있다: "교구장 주교는 자신의 현명한 재량에 따라, 이에 관해 당사자들이 표현한 의지를 염두에 두면서, 판결을 내릴 방법을 정하여야 한다(예를 들어, 공개 청문에서)." "자의 교서 「온유한 재판관이신 주 예수님」의 적용 지침", 116쪽.

84) Cf. Massimo del Pozzo, *op.cit.*, p.214.

85) "자의 교서 「온유한 재판관이신 주 예수님」의 적용 지침", 116쪽: "판결문은 주교가 직접 서명해야 한다. (그러나 예를 들어, 배심관이나 또는 예심 조사관에 의해서 초안이 작성될 수도 있다.) 결정 이유를 간략하게 정리하여 제시한 내용을 담은 판결문은, 최대한 빨리, 통상적으로 판결일로부터 한 달의 기한 내에 당사자들에게 통지되어야 한다."; 교회법 제1610조 1항에 따르면, 주교 앞에서 이루어지는 간략한 혼인 무효 소송 절차에서 주교는 단독 재판관이므로 사실상 그는 직접 판결문을 작성해야 할 의무가 있으나, 교회법적 전문성의 이유 때문에 판결문을 배심관 또는 예심 조사관이 그 초안을 작성할 수 있도록 "적용 지침"은 열어 놓은 것이라 하겠다.

제4장
상소심 절차

1. 주교의 판결에 대한 상소

개정된 혼인 무효 소송 절차법 제1679조는 더 이상 두 개의 합치된 판결이 필요하지 않다는 것을 규정하고 있다:

"제1679조 혼인 무효를 처음으로 선언한 판결은 제1630-1633조에서 정한 기한이 지나면 집행된다."

이런 판결의 집행력은 통상적 소송 절차나 간략한 소송 절차나 문서에 의한 소송 절차에 모두 공통된 것이다. 다시 말해서 어떤 형식의 소송 절차든 판결문이 집행력을 갖기 위해서 두 개의 합치된 판결이 더 이상 요구되지 않는다는 것이다. 교회법 제1630조에 비추어 볼 때 판결의 집행력은 판결문이 공포된 지 15일이 지나면 발생한다.

교회법 제1687조 3항과 4항은 있을 수도 있는 상소에 대한 것을 다룬다. 그러나 교회법 제1680조와 제1681조에서 제시되어 있는 그 밖의 다른 방법으로 선고된 판결에 대한 공격권이 배제된 것은 아니다. 다시 말해서 판결 무효 확인의 항고, 판결에 반대하는 상소, 재심의 방법이 배제된 것은 아니다. 주교 앞에서 이루어지는 혼인 무효 소송 절차에서 제시된 혼인을 공격할 방법은 단지 상소만이 제시되고 있다. 그렇더라도 다른 방법들이 배제되

는 것은 아니다.[86)]

2. 상소권자와 상소 법원

상소권은 당사자들에게 있다. 그러나 주교 앞에서 이루어지는 간략한 소송에 대한 소장을 수리하는 단계에서 요구되는 중요한 요건인, 두 당사자의 합의나 적어도 다른 편 당사자의 동의하에 작성된 소장 제출을 고려하면 무효 확인이 확정된 상태에서 그것에 대한 상소를 할 당사자는 없을 것이다.[87)] 그렇기 때문에 주교 앞에서 이루어진 간략한 혼인 무효 소송의 판결에 대해서 누가 상소하겠는가 하는 문제가 남아 있다. 만약 주교가 판결했다면 그것은 당연히 무효 확인 판결일 것이고, 무효 확인에 대한 판결이 아닐 경우 주교는 통상적 절차로 그 사건을 돌려보내야 하기 때문이다.[88)] 이 경우 상소는 성사 보호관에 의해서 제기될 수 있다.[89)] 만일 성사 보호관에 의해서 상소가 제기되면 관할 상소심 법원의 성사 보호관이 개입되어야 한다.[90)]

교회법 제1687조 3항은 상소에 관한 규정을 다룬다:

"제1687조 ③ 주교의 판결에 불복하는 경우 관구장이나 로마

---

86) Cf. Massimo del Pozzo, *op.cit.*, p.216.

87) 이런 입장은 로마 공소 법원이 발표한 "적용 지침"에서도 제시하고 있다. 참조: "자의 교서「온유한 재판관이신 주 예수님」의 적용 지침", 117쪽: "유의해야 할 점은 이 경우 양편 당사자들이 합의하거나 적어도 한편 당사자가 상대편의 동의를 얻어 소송을 시작한 경우이므로, 비록 가능하다 할지라도, 사실상 매우 드물 것이다."

88) 참조: 교회법 제1687조 1항.

89) 참조: "자의 교서「온유한 재판관이신 주 예수님」의 적용 지침", 117쪽.

90) Cf. Manuel Jesús Arroba Conde - Claudia Izzi, *op.cit.*, p.159.

공소 법원에 상소한다. 만일 관구장 자신이 판결을 내렸다면 선배 관하 교구장 주교에게 상소한다. 그리고 교황 이하의 상급 권위자가 없는 다른 주교의 판결에 불복하여서는 그가 고정적으로 선택한 주교에게 상소한다."

비록 주교 앞에서 이루어지는 간략한 혼인 무효 소송 사건의 상소에 대한 규정이 있다고 해도, 이것은 기존의 상소에 관한 원칙을 강화하는 의미가 있다고 보아야 할 것이다. 교회법 제1438조 1호에서는 관구 관하 교구장 주교들의 법원에서 다루어진 소송 사건에 대한 상소는 관구장 법원이 심리하도록 규정하고 있다.[91] 주교 앞에서 이루어지는 간략한 소송 사건에 대해서 관구장 자신이 판결을 내렸다면 선배 관하 교구장 주교에게 상소한다. "선배 관하 교구장 주교antiquior suffraganeum"가 누구인가에 대해서 교황청 교회법평의회는 출생 연도상 선배, 주교직 수품 시기상 선배, 주교좌 설정 연도상 선배라는 기준을 언급하면서, 소송법에서 주교좌 설정 연도상 선배라는 기준이 더욱더 적합한 것이라는 답서를 내린 바 있다.[92] 그러나 로마 공소 법원이

91) 참조: 제1438조: "제1444조 1항 1호의 규정은 유효하되, 제2심 법원은 다음과 같다. 1. 관구 관하 교구장 주교들의 법원에서는 관구장의 법원에 상소한다. 다만 제1439조의 규정은 보존된다. [...]."

92) Cf. Pontificio Consiglio per I Testi legidlativi. *Risposta particolare circa il Suffraganeus antiquior nel nuovo can.1687* § 3 Mitis Iudex, Prot.15155/2015, 13.X.2015, in www.delegumtextibus.va. 그러나 학자들에 따라서는 교황청 교회법평의회의 답서가 애매한 부분이 없지 않으며 'antiquior'란 의미를 주교좌와 연관된 것인지 아니면 주교직에 선임에 연관된 것인지 불분명하다고 주장하기도 한다. 그래서 주교 직무에 더 오랫동안 봉사하는 주교를 뜻한다고 보아야 한다고 주장하기도 한다. Cf. Manuel Jesús Arroba Conde - Claudia Izzi, *op.cit.*, p.160. 그렇지만 이탈리아 주교회의는 'antiquior'를 오래된 주교좌와 연관 지어서 해석한다고 주장하는 학자도 있다. Cf. Elena Di Bernardo, *op.sit.*, p.145.

발표한 "적용 지침"에 따르면, 그 선배 관하 교구장 주교는 바로 "직무상 선배 관하 교구장 주교"이다.[93)]

그리고 주교 앞에서 이루어지는 간략한 혼인 무효 소송의 상소심에 대한 규정에서 특이한 점은, 교황 이하 다른 상급 권위자가 없는 주교가 판결을 내린 경우에, 그것은 그가 고정적으로 선택한 주교에게 상소하도록 규정되어 있다는 것이다.[94)] 교회법 제1438조 2호는 관구장 앞에서 제1심으로 심리된 사건은 관구장이 사도좌의 승인 아래 고정적으로 지정한 법원에 상소하도록 규정하고 있다. 현 교회법 제1687조 3항은 더 이상 성좌의 승인 여부에 대한 언급이 없기 때문에 사도좌의 승인은 더 이상 필요하지 않다고 판단된다.[95)]

교회법 제1687조 4항은 이렇게 제기된 상소가 순전히 연기적인 경우, 그런 상소는 처음부터 재결을 통하여 기각되어야 한다고 규정하고 있다:

"제1687조 ④ 만일 상소가 순전히 연기적임이 분명하다면, 관구장이나 3항에 언급된 주교 또는 로마 공소 법원장은 자기의 재결로 이를 처음부터 기각하여야 한다. 그러나 상소가 수리되었다면, 소송 사건을 제2심의 통상적 절차로 되돌려 보내야 한다."

---

93) 참조: "자의 교서「온유한 재판관이신 주 예수님」의 적용 지침", 117쪽.

94) 교회법 제1687조 3항에서 언급하고 있는 '교황 이하의 상급 권위자가 없는 주교Episcopus qui auctoritatem superiorem infra Romanum Pontificem non habet'란 어떤 교회 관구에 속하지 아니하는 교구의 교구장을 뜻한다고 본다. 왜냐하면 엄밀한 의미에서 교구장 주교는 교황 이하의 다른 장상을 모시지 아니하기 때문이다. Cf. Manuel Jesús Arroba Conde - Claudia Izzi, *op.cit.*, p.160.

95) Cf. Massimo del Pozzo, *op.cit.*, p.218; "자의 교서「온유한 재판관이신 주 예수님」의 적용 지침", 117쪽.

"상소가 순전히 연기적임이 분명하다면si appellatio mere dilatiori evidenter appareat"이라는 표현은 청구된 상소가 기각되느냐 수리되느냐의 기준이 된다는 면에서 상당히 중요한 단서가 된다. 교회법 제1680조 2항에서도 동일한 단서가 상소심의 합의제 재판부가 제1심 판결을 확정하는 재결의 결정 요인으로 규정되어 있다. 물론 제1687조 4항이 '상소가 순전히 연기적임이 분명하다면' 기각하는 재결을 언급하고 있다면, 제1680조 2항은 제1심에서 무효로 확인된 판결에 대한 확정 재결을 언급하고 있는 점이 차이점이라고 하겠다.[96)]

어떤 것을 통하여 상소가 순전히 연기적임이 분명한지 판단하는 데에는 교회법 제1634조 1항의 내용을 참조할 필요가 있다:

"제1634조 ① 상소의 수속을 수행하려면 당사자가 공격하는 판결을 정정하여 주도록 그 판결문의 등본을 첨부하고 상소의 이유를 표시하여 상급 재판관의 근무를 신청하는 것이 필요하며 충분하다."

곧 상소를 원하는 당사자는 판결을 정정해 줄 것을 요청하여 등본을 첨부하고 상소의 이유를 표시하여 상급 재판관의 근무를 요청해야 한다. 그런데 만일 상소의 이유가 명확하지 않다면, 다시 말해서 판결이 정정되어야 할 어떤 이유도 표시되지 않았다면 그것은 순전히 연기적인 성격의 상소인 것이라 하겠다.[97)] 그러니

96) 개정된 혼인 무효 소송 절차에서는 만일 무효 확인 판결이 제1심에서 나왔다면 상소심이 의무적인 것이 아니기 때문에, 상소가 순전히 연기적임이 분명한 경우에 제1심을 확정하는 재결이 필요한 것이다.

97) Cf. Adolfo Zambon, "Esecutività della sentenza e impugnazione", in AA.VV., *La riforma del processo canonico per la dichiarazione di nullità del matrimonio*, Quaderni della MENDOLA 26, Golssa, 2018, p.285.

까 상소하는 당사자의 지향 또는 이유가 명확하지 않거나 근거가 없고, 재판관이 당사자의 이유만이 아니라 제1심의 소송 기록 문서들과 윤리적 확실성이 근거하고 있는 사실과 법률상의 이유 근거들이 부족하지 않다는 점을 확실하게 확인하는 경우, 그런 상소는 순전히 연기적인 것이 분명하다고 하겠다.[98)]

만일에 상소가 수리되는 경우에는, 그것을 제2심의 통상적 절차로 돌려보내야 한다.

98) Cf. *Ibid.*, pp.282-283.